Schöne alte Kinderbücher

Christine Pressler

Schöne alte Kinderbücher

Eine illustrierte Geschichte
des deutschen Kinderbuches aus
fünf Jahrhunderten

Bruckmann München

Schutzumschlag unter Verwendung der kolorierten Titellithographie von: Niklaus Bohny, Neues Bilderbuch. Esslingen (1847)

Vorderer Vorsatz:
Die Kinderstube. Kolorierter Kupferstich aus: Zwölf Blätter Kinder-Bilder zur Unterhaltung und mündlichen Belehrung. 1. Heft für Mädchen. Nürnberg um 1835

Hinterer Vorsatz:
Marienkind. Farbillustration von Heinrich Lefler und Joseph Urban zu dem Märchen der Brüder Grimm. Mainz (1904)

Titeldoppelseite (Abb. 1):
›Caspar Mops aus Chemnitz‹ (Der Christmarkt). Lithographie nach Ludwig Richter aus: Wilhelm Hey, Bilder und Reime, Reime und Bilder für Kinder. Dresden (1844).
Vergrößerter, seitenverkehrter Ausschnitt

Seite 6 (Abb. 2):
Kinder- und Hausmärchen gesammelt durch die Brüder Grimm.
Die Märchenerzählerin mit den Zügen der Dorothea Viehmann.
Radierung von Ludwig Emil Grimm um 1815

2., durchgesehene Auflage 1984

Herstellung: F. Bruckmann KG, München
Graphische Kunstanstalten
Printed in Germany
ISBN 3 7654 1817 X

Inhaltsverzeichnis

Kinder u. Hausmärchen
g.d.d.
Brüder Grimm.

Vorwort

Schöne alte Kinderbücher – dieses Buch ist von einer Liebhaberin für Liebhaber geschrieben. Es soll einen kurzen Einblick in Geschichte und Bedeutung des deutschen Kinderbuches geben und anhand von zahlreichen zum Teil farbigen Abbildungen die Vielfalt und den Reiz der Kinderbuchillustration vergangener Jahrhunderte vor Augen führen. Vielleicht wird mancher Leser durch die Beschäftigung mit diesem vielseitigen und kurzweiligen Thema selbst zum Sammeln angeregt. Das Gebiet des alten Kinderbuches ist so reich und so weit gefächert, daß es heute immer noch für jeden etwas zum Sammeln gibt. Findet zudem auch der Fachmann und Kenner den einen oder anderen Hinweis oder eine ihm neue Abbildung in diesem Buch, so hat die Autorin ihr gestecktes Ziel erreicht. Es war zuallererst die Freude an alten Kinderbüchern, die sie zum Schreiben veranlaßt hat; diese Freude möchte sie hier einem breiteren Leserkreis vermitteln.
Nach einer kurzen historischen Einleitung ist das Buch in vierzehn Kapitel eingeteilt, in denen Einzelthemen chronologisch dargestellt und illustriert sind. Dieses Konzept wurde bewußt gewählt, um auch dem interessierten Laien die vielschichtige Materie überschaubar zu machen. Daß es dabei Überschneidungen geben kann, ist jedem klar, der sich einmal näher mit dem Thema des alten Kinderbuches beschäftigt hat. Zugunsten der besseren Lesbarkeit wurde auf einen spezifischen Anmerkungsapparat verzichtet. Soweit Zitate im Text gegeben werden, ist der genaue Titel, dem sie entnommen sind, aus dem Verzeichnis der benutzten Literatur zu ersehen. Der Leser findet dort außerdem eine große Anzahl weiterführender Titel. Die ausführliche Bibliographie aller abgebildeten Bücher dürfte auch dem Fachmann willkommen sein.
Mancher Leser wird möglicherweise ein ganz bestimmtes, ihm liebes oder wichtiges Buch besonders vermissen. Die Autorin ist sich der Tatsache bewußt, daß ein Buch wie das hier vorliegende nur subjektiv sein kann, was die Auswahl der einzelnen Titel und Bilder betrifft. Der Leser wird vielleicht Verständnis für ihre Qual der Wahl haben, wenn er in Betracht zieht, daß beispielsweise die Deutsche Staatsbibliothek in Berlin (DDR) nach ihrem jüngst erschienenen Bestandsverzeichnis der Kinder- und Jugendbuchabteilung – bei aller für eine öffentliche Sammlung auf diesem Gebiet typischen Zufälligkeit – aus dem Zeitraum zwischen 1507 und 1850 insgesamt 2360 Titel besitzt, und daß die Flut bis 1945 auf etwa 30000, bis heute auf etwa 80000 Titel angeschwollen ist.
Trotzdem wird im vorliegenden Band eine zeitlich möglichst umfassende Darstellung angestrebt. Sie beginnt mit den frühesten bekanntgewordenen Beispielen von Büchern für Kinder und reicht im 20. Jahrhundert bis zum Ende der zwanziger Jahre. So konnte noch manches Wegweisende aus diesem geistig unruhigen, im wahren Sinne modernen Jahrzehnt berücksichtigt werden. Diese Strömungen brachen dann jedoch mit der nationalsozialistischen Ära und deren eigener, oft tendenziöser Kinder- und Jugendliteratur sowie mit der Unterdrückung und Emigration wichtiger Autoren und Illustratoren jäh ab. Andererseits war die Auswahl auch dadurch begrenzt, daß in der Hauptsache auf solche Bücher zurückgegriffen wurde, die im Original zur Abbildung verfügbar waren. Nur so konnten Qualität und Authentizität der Abbildungen gesichert werden.
Die Autorin ist zahlreichen Privatsammlern, Antiquars-Kollegen und öffentlichen Sammlungen für ihre Leihgaben zu großem Dank verpflichtet. Viele haben außerdem mit hilfreichen Hinweisen dazu beigetragen, daß historische, bibliographische oder drucktechnische Detailfragen geklärt werden konnten. Unser Dank gilt besonders:
Dr. Josef Bellot, Augsburg; Werner Bodenheimer, München; Helmuth Domizlaff, München; Werner Fritsch, München; Dr. Arnold und Dr. Ingrid Heinecke, München; Dr. Helmut Herbst, Ludwigsburg; Dr. Elmar Hertrich, München; Raimund Kitzinger, München; Hans Horst Koch, Berlin; Rainer Köbelin, München; Wilhelm Lukas Kristl, München; Angelika Marsch, Hamburg; Klaus Petritsch, München; Dr. Barbara Murken, Ottobrunn; Fritz Neidhardt, Stuttgart; Günther Rossipaul, Stammheim; Hans Ries, München; Dorothea Rammensee, Nürnberg; Dr. Anton Roth, Vierkirchen; Gerhard Scheppler, München; Kristina von Schmeling-Diringshofen, Grünwald; Dr. Eberhard Semrau, München; Margrit Tenner, Heidelberg;

Dr. Wolfgang Till, München; Dr. R. A. Winkler, München; Hilary Wöhler, München; Gertrud Wölfle, München.
Staats- und Stadtbibliothek Augsburg; Bayerische Staatsbibliothek, München; Internationale Jugendbibliothek, München; Münchner Stadtmuseum; Stadtbibliothek Nürnberg; Württembergisches Landesmuseum, Stuttgart; Brüder Grimm-Museum, Kassel.
Als besonderer Glücksfall darf es gelten, daß während der Vorarbeiten zu diesem Buch die Sammlung Hobrecker in der Universitätsbibliothek Braunschweig bearbeitet wurde. Aus dieser bedeutenden Kinderbuchsammlung konnten dank des Entgegenkommens von Prof. Dr. Josef Daum zahlreiche Bücher abgebildet werden, die heute zu den großen Seltenheiten und Kostbarkeiten auf dem Gebiet des alten Kinderbuches gehören. Wir hoffen, damit unseren Beitrag geleistet zu haben, die lange verloren geglaubte Hobrecker-Sammlung wieder in das öffentliche Bewußtsein zu rücken.
Dr. Karl H. Pressler und Ruth Steinbauer, die auch wesentlichen Anteil am bibliographischen Anhang hat, gilt der Dank der Autorin für manches klärende Gespräch über alte Kinderbücher.

Einleitung

Kinder brauchen Bücher – diese uns heute durchaus berechtigt klingende Forderung ist keineswegs so alt wie die Geschichte des Buches. Es ist eigenartig, wie spät man das Kind als eigenständigen Literaturkonsumenten entdeckt hat, nämlich erst im späten 18. Jahrhundert. Betrachten wir Gemälde verflossener Jahrhunderte, so staunen wir über die Kleidung der Kinder, die wie kleine Erwachsene ausstaffiert sind. Nicht viel anders war es mit dem Essen, den Möbeln und eben auch den Büchern. Der Begriff des Kindgemäßen ist erst eine Erfindung des 19. Jahrhunderts.
Alte Kinderbücher: darunter wird landläufig Pflichtlektüre *und* Privatlektüre verstanden. Diese Begriffsvermengung verschleiert, daß es eine spezifische Kinder- und Jugendliteratur erst relativ spät gegeben hat. Erst die philanthropischen Pädagogen der Aufklärung schrieben ausdrücklich für Kinder. Was es vorher an Lesestoff für die Jugend gab, diente nahezu ausschließlich der Wissensvermittlung, der Belehrung und der Bildung. Doch sollte man diese Bücher nicht unbedenklich Schulbücher nennen. Die allgemeine Schulpflicht wurde beispielsweise in Bayern erst 1802 eingeführt; der Begriff des Schulbuchs gilt also nicht uneingeschränkt für frühere Jahrhunderte.
Zwei weitere Fakten tragen zur Verwischung der Begriffe bei. Zum ersten sind die Vorläufer der ›Schulbücher‹ oft so aufwendig ausgestattet und so reizend illustriert, daß sie uns heute eine entzückende und amüsante Unterhaltung bieten. Zum zweiten ist nicht zu unterschätzen, daß Kinder früherer Jahrhunderte verschwindend wenig Bücher zur Verfügung hatten, geschweige denn besaßen. Jedes Büchlein, und wenn es noch so lehrhaft war, mußte ihnen ein Schatz werden, besonders, wenn es mit ein paar kleinen Holzschnitten geschmückt war.
Von einem Kinderbuch des 15., 16. oder 17. Jahrhunderts zu sprechen, ist deshalb unserer Meinung nach nur dann richtig, wenn man dabei immer im Auge behält, daß es sich vorrangig um ein Lehrbuch handelt, wobei dieser Begriff weit ausgelegt werden sollte. Unter Kinder- und Jugendbüchern verstehen wir im folgenden Bücher für alle Altersstufen vom Kleinkind bis zum etwa 15jährigen Leser.

3 Titelseite mit Holzschnitt-Umrahmung, bestehend aus Rollwerk, einem Maler zur Linken und einem Bildhauer zur Rechten sowie Putten mit den entsprechenden Attributen. – Kinder in einem blühenden Garten, in der Mitte ein lesender Knabe mit einem ABC-Täfelchen und Buchstabiergriffel. Beide Holzschnitte von Jost Amman aus: Kunnst- vnd Lehrbüchlein für die anfahenden Jungen *Daraus reissen vnd Malen zu lernen Darjnnen allerley Art lustige vnd artliche fürreissung von Mans vnd Weybsbildern Deßgleichen von Kindlein Thierlein vnd andern stucklein Allen liebhabenden Jungen dieser Kunst zum bessten an Tag geben. Frankfurt a. M. 1580*

Traditionell wird ›Der Seelen Trost‹ des Augsburger Inkunabeldrukkers Anton Sorg aus dem letzten Viertel des 15. Jahrhunderts an den Beginn der Entwicklung des deutschen Kinderbuches gestellt. Wir möchten dagegen einwenden, daß es sich hier nicht einmal um ein Lehrbuch für Kinder im vorher definierten Sinne handelt, sondern schlicht um ein Vorlesebuch, das unter anderem auch in Klosterschulen Verwendung gefunden haben mag. Mit Holzschnitten illustrierte Bücher des 15. Jahrhunderts waren einfach zu teuer, um sie in Kinderhände zu geben. Was es hingegen für Kinder gab, waren Abecedarien, also Alphabete zum Lesenlernen. Sie wurden – auf Papier oder Pergament gedruckt – in kleine Holz- oder Metalltäfelchen eingelassen und zum Schutz vor den Kinderfingern mit einem dünnen, durchsichtigen Hornplättchen bedeckt. Diese Horntäfelchen wurden mittels einer Schlaufe an den Gürtel des ABC-Schülers gehängt, so daß er buchstabieren konnte, wo er gerade ging oder stand. Eine der frühesten, vielleicht sogar die früheste Darstellung eines Kindes mit einem solchen ABC-Täfelchen verdanken wir dem Holzschnitt-Künstler Jost Amann in seinem ›Kunnst und Lehrbüchlein für die anfahenden Jungen‹, 1580 in dritter (und zweiter deutscher) Ausgabe erschienen. Die ABC-Tafeln selbst reichen zurück in das 15. Jahrhundert. Aus dieser frühen Zeit gibt es auch Abecedarien mit den Hauptgebeten der Heiligen Messe. Der Schüler sollte als erste Leseübung gleich die lateinischen Gebete zur Hand haben, die er ohnehin zum Ministrieren auswendig lernen mußte, einer an den mittelalterlichen Klosterschulen üblichen Pflicht.

Das 16. Jahrhundert brachte den Kindern neben weiteren ABC-Büchern in den theologischen Hauptsprachen Deutsch, Lateinisch, Griechisch und Hebräisch vor allem die sogenannten Reiß- und Schreibmeisterbücher, also Anleitungen zum Zeichnen, Malen und Schönschreiben. Diese Musterbücher waren jedoch ebenso »angehenden Malern und kunnstbaren Werckleuten dienlich«. In hoher Blüte stand die Produktion von Katechismen und verwandter religiöser Unterweisung, gespeist durch das Gedankengut der Reformation. Diese Bücher dienten gleichfalls zum Lesenlernen und Lesenüben.

Auch im 17. Jahrhundert gab es ein Kinderbuch in unserem engeren Sinne noch nicht. Der berühmte, epochemachende und nicht hoch genug einzuschätzende ›Orbis pictus‹, die ›Gemalte Welt‹ des Johann Amos Comenius von 1658, war letzten Endes noch immer ein reines Lehrbuch, wenn der pädagogisch revolutionäre und pansophisch denkende Autor auch etwas ganz Neues propagiert hatte: das Lernen durch das Bild. Die Abbildung der ganzen Welt in kleinen bescheidenen Holzschnitten muß für die Kinder dieses kriegsgeplagten Jahrhunderts eine wahre Offenbarung gewesen sein. Diese Anschauung der nächsten Umwelt und der weitesten Ferne hat eine seit Comenius nicht mehr fortzudenkende Bedeutung behalten. Ein Werk wie der ›Curiose Spiegel, in welchem der allgemeine Lauff des ganzen menschlichen Lebens, von der zartesten Kindheit an, bis in das gestandene Alter, in allerhand schönen Figuren, mit beygefügten artigen Reimen zur Belustigung vorgestellet wird‹ (erschienen bei Endter in Nürnberg, dem Originalverleger des Comenius), ist ein Vorläufer des Bilderbuches, illustriert dem Kind aber doch noch zuallererst Sitten, Gebräuche, Berufe und verschiedene Lebensalter in lehrhafter Absicht. Seit Comenius sind jedoch Anschauung und Lernen so eng miteinander verbunden, gehen so ineinander über wie die Belehrung

4 Der Schnitzelmann von Nürnberg. Radierung von Ludwig Richter aus: Funfzehn Radirungen aus den alten und neuen Kinderliedern. *Herausgegeben von Georg Scherer. Leipzig 1849. – Illustration zu dem gleichnamigen Gedicht von Friedrich Güll, in dem das Angebot des Bildschnitzers ausführlich beschrieben wird: Riesen, Zwerge, Ritter, Nußknacker, Soldaten, verschiedene Musikinstrumente, Wiegengaul und Steckenpferd, Gliederpuppen, eine ganze Schäferei und der Hanswurst.*

und Unterhaltung in diesen Büchern für Kinder. Man darf eben nie außer acht lassen, daß speziell das kleine Kind aus *allem* lernt, daß es die Welt mit den Händen begreifen und mit den Augen erfassen muß. Das bebilderte Buch ist bei diesem Lernvorgang immer unübertroffenes Hilfsmittel gewesen.

Speziell für Kinder und Jugendliche geschriebene Lektüre bringt dann, wie bereits erwähnt, die Aufklärung des 18. Jahrhunderts. Die Ideen Jean-Jacques Rousseaus über die Erziehung mögen dazu beigetragen haben, daß Deutschland mit Joachim Heinrich Campe als einem der frühesten Jugendschriftsteller aufwarten kann. Eine Flut von Jugendliteratur setzte nun ein; neue Erziehungsideen, Erziehungsmodelle und Erziehungsanstalten waren nur der äußere Ausdruck eines veränderten Lebensgefühls. Frei von den Fesseln der kirchlichen Bevormundung, verantwortlich nur mehr dem eigenen Gewissen und der klaren Vernunft, sollte ein neuer junger Mensch herangebildet werden. Der Glaube an die Macht der Erziehung ist bestimmend für diese Epoche. Was haben nun die aufklärerischen Philanthropen Adelung, Campe, Basedow, Bertuch, Rochow, Salzmann, Weiße, und wie sie alle noch heißen mögen, den Kindern beschert? Zwar schrieben sie ausdrücklich für das Kind und den Jugendlichen, unterschieden dabei sogar als erste nach Lesealtern, aber das meiste ist doch wieder betonte Übung des Verstandes und trockene Belehrung, wenn man die hübsche und geschickte Bemäntelung abstreift.

Die Generation der deutschen Romantiker des frühen 19. Jahrhunderts, zu der Arnim, Brentano, Eichendorff und auch die Brüder Grimm zählen, waren wohl noch mit dieser Art von Büchern großgezogen worden. Sie gingen als Literaten dann genau in die entgegengesetzte Richtung – eine junge Generation, die gegen die Ideen der Väter revoltierte. Alles, was den Aufklärern ein Dorn im Auge gewesen war, wurde jetzt auf den Thron gehoben: Märchen, Sagen, Volksbücher, Kinderlieder, Kinderreime; sämtlich altes, meist mündlich überliefertes Erzählgut wurde nun als Zeugnis echter Volkspoesie gesammelt, bearbeitet und neu herausgegeben. Dieser Tätigkeit verdankt die Kinderliteratur vielleicht den größten Zuwachs, was die Substanz wie auch die Gemütswerte angeht. Hatte das 18. Jahrhundert die Kinder und Jugendlichen als selbständige Literaturkonsumenten entdeckt und mit vernünftigem Lesestoff versorgt, so kam jetzt die schweifende Phantasie, das Geheimnisumwobene und das Gefühlvolle zum Zuge. Kinder- und Volksliteratur gehen ineinander über, wie es beim Titel der ›Kinder- und Hausmärchen‹ deutlich sichtbar wird. Aus vielen Zeugnissen wissen wir, daß die Kinder schon lange vorher meist das lasen, was auch für das einfache Volk als passende Lektüre erachtet wurde. Nicht zuletzt daraus erklärt sich ein gewisser Hochmut der ›großen‹ Literatur gegenüber der Kinder- und Jugendliteratur, der soweit ging, daß Literaturhistoriker die Kin-

5 *Die Verwandlung des Froschs in einen Prinzen. Illustration von Bernhard Wenig zu dem Märchen der Gebrüder Grimm ›Der Froschkönig oder der eiserne Heinrich‹ aus:* Das Märchenbuch vom Jungbrunnen. *Band 1 mit Märchen von den Gebrüdern Grimm, Ludwig Bechstein, Hans Christian Andersen und Johann Karl August Musäus. Illustriert von Franz Stassen, Bernhard Wenig, Maximilian Dasio und Georg A. Strödel. Berlin (1900)*

derliteratur lange Zeit nicht zur Nationalliteratur rechneten, sondern sie eher als Trivial- oder Subliteratur einstuften.

Die Wiederentdeckung der alten Volksmärchen für die Kinder ist wohl einer der wichtigsten Marksteine in der Entwicklungsgeschichte des deutschen Kinderbuches. Doch das 19. Jahrhundert hält noch eine weitere Überraschung bereit: Mit dem ›Struwwelpeter‹ des Dr. Heinrich Hoffmann ist erstmalig ein Bilderbuch entstanden, das nicht mehr auf die reine Wissensvermittlung und Abbildung der sichtbaren Umwelt ausgerichtet ist. Es bringt etwas ganz Neues: ungezwungene, lustige, ja skurrile Unterhaltung für kleine Kinder in vereinfachenden Bildern und klingenden Versen. England war uns auf dem Gebiet des rein unterhaltenden Bilderbuches längst weit voraus. John Newbery hatte die Kinder mit seinen bunten Heftchen schon lange erfreut, und Nonsens-Verse für Kinder waren weit verbreitet, als in Deutschland noch die Belehrung vorrangig war. Frankreich und Italien hatten ihrerseits längst die Märchen in eine literarische Form gegossen, als sie hierzulande wegen der mangelnden Nutzanwendung noch verpönt waren. Das Spielerische ist bei uns lange zu kurz gekommen; der Arzt Heinrich Hoffmann entschädigte uns allerdings im Jahre 1845 mit seinem Struwwelpeter um so nachhaltiger.

Kinderbücher haben neben ihrer eigenen Aussage immer auch Bedeutung als Spiegel ihrer Zeit, indem sie Grundtendenzen der Philosophie und Weltanschauung ebenso reflektieren wie den künstlerischen Stil einer Epoche oder den Zeitgeschmack. So fand um die Wende vom 19. zum 20. Jahrhundert die von England ausgehende Erneuerung der Buchkunst im Kinderbuch ebenso ihren Niederschlag wie die Bemühungen um eine proletarische Literatur in den ersten Jahrzehnten unseres Jahrhunderts.

Die Illustration des Kinderbuches hat gleichfalls ihre eigene Geschichte. Wie im Erwachsenenbuch durchläuft sie die ganze entwicklungsgeschichtliche Skala der Stile und graphischen Techniken. Teils von ungelenken Dilettanten, teils von Künstlern allerersten Ranges ausgeführt, ist die Illustration meist wesentlicher Bestandteil des Kinderbuches, ja oft sogar die Hauptsache. Der Begriff des Lernens durch das Bild macht deutlich, wie wichtig die Illustration gerade für das Kinderbuch ist. Es würde in diesem kurzen historischen Abriß zu weit führen, auf einzelne Strömungen oder bestimmte Künstler einzugehen. Dies wird in den verschiedenen Kapiteln anhand der Abbildungen geschehen.

Was zeigt uns nun dieser kurze Gang durch die Jahrhunderte? Kinder waren immer wissensdurstig, Bücher waren für sie durch alle Zeiten von größter Wichtigkeit. Bücher haben den Kindern die sichtbare Welt und die Welt der Phantasie geöffnet. Sie haben die Kinder belehrt, erfreut, unterhalten, oft ein Leben lang begleitet. Immer sollten wir im Auge behalten, wieviel ein Buch für die Kinder vergangener Jahrhunderte bedeutet hat, als es noch nicht die Bilderflut unserer Tage gab. »Gebt uns Bücher, gebt uns Flügel« – diese Worte legt Paul Hazard 1932 den Kindern aller Jahrhunderte in den Mund. Ohne Bücher bliebe den Kindern eine ganze Welt verschlossen. Das Beste sollte für Kinder, diese bildungsfähigen kleinen Wesen, gerade gut genug sein – heute ebenso wie in vergangenen Jahrhunderten.

Können Bücher bessere Menschen machen? Wir meinen, Kinderbücher können es.

6 Typographische Doppelseite mit vier Alphabeten aus: Elias Huther (auch Hutter), *Künstlich New ABC Buch. Darauß ein Junger Knabe, die nötigsten vier Hauptsprachen Ebraisch, Grieckisch, Lateinisch, Deutsch Zugleich, als ein alleine, mit großem vortheil lesen lernen kan, allgemeiner Christlichen Jugend zum besten angestellet. Hamburg 1593*

ABC-Bücher

Am Anfang war das ABC. Vor alles Lesevergnügen ist von jeher die Mühe des Lesenlernens gesetzt. Bis zur Einführung der allgemeinen Schulpflicht und der Fibeln waren es die ABC-Bücher, die in keineswegs trockener Form das Wissen und die Fähigkeit vermittelten, abstrakte Zeichen für Bilder und Laute zu setzen. Die frühesten gedruckten Beispiele von ABC-Büchern sind fast so alt wie der Buchdruck selbst; sie stammen aus dem 15. Jahrhundert. Bis heute, über fünf Jahrhunderte hinweg, haben sich Illustratoren und Schriftkünstler immer wieder am ABC versucht, damit experimentiert und neue Ausdrucksformen gefunden. Immer wollten sie dem Kind das Lesenlernen, das doch der Ausgangspunkt allen Wissens ist, anschaulicher und damit leichter machen.

Die Geschichte des ABC-Buches, der Fibel und des ›Orbis pictus‹, der ›Gemalten Welt‹ des Johann Amos Comenius, sind eng miteinander verbunden. Es ist die Geschichte des Lernens durch das Bild; moderne audio-visuelle Methoden sind die folgerichtige Weiterentwicklung dieser uralten Idee. Daß ABC-Bücher heute zu den gesuchten Seltenheiten des Antiquariatsmarktes gehören, nimmt nicht wunder: Diese Bücher wurden beim Benutzen, beim intensiven Lernen verbraucht und zerlesen, bei den teuren Bücherpreisen oft von mehreren Generationen von Leseschülern.

»One grosse arbait unnd bitterhait, So mag kunst nicht werden süssigkait Darumb zu lernen bis berait 1481.« Dieser Spruch ist zusammen mit dem ABC in ein Holztäfelchen geschnitten, das heute die Staats- und Stadtbibliothek Augsburg aufbewahrt (Abb. 7). Das xylographische Täfelchen – die Buchstaben sind nicht mit beweglichen Lettern gesetzt, sondern wie beim Holzschnitt erhaben herausgeschnitten –, wurde eingefärbt und auf Papier abgezogen. Die Kinder konnten nun damit das ABC erlernen.

Eines der frühesten bekannt gewordenen Beispiele in Buchform stammt aus der Offizin des berühmten Frühdruckers Erhard Ratdolt, der zuerst in Venedig und später in Augsburg tätig war. Es ist das ›Psalterium puerorum‹, erschienen in Venedig nicht nach 1486 (Abb. 12). Die Bayerische Staatsbibliothek in München besitzt ein Exemplar, möglicherweise das einzig erhaltene, das wir unseres Wissens hier zum ersten Mal abbilden. Es ist – wie Ernst Schulz im Gutenberg-Jahrbuch 1929 treffend beschrieben hat – die Ausgabe eines »ehemals weitverbreiteten und vielgestaltigen Büchleins, das mindestens ein Jahrhundert lang als Elementarfibel an den Lateinschulen Deutschlands und wohl auch anderer Länder benutzt, in der neueren schulgeschichtlichen Literatur aber meines Wissens bisher übersehen worden ist«. Die erste Seite, mit prachtvoller rotgedruckter Holzschnittbordüre im typischen Stil der venezianischen Zeit Ratdolts, bringt das ABC und das Paternoster. Es folgen Ave Maria, Benedicite, Merkverse zu den Zehn Geboten, Psalmen, das Glaubensbekenntnis und andere Gebete. Aus Schulordnungen der Zeit wissen wir, daß im Mittelalter sowohl der Besuch des Unterrichts als auch das Ministrieren beim Gottesdienst für die Schüler obligatorisch war. Die Knaben erhielten deshalb als ersten Lesestoff solche Texte, die sie für diese kirchlichen Pflichten ohnehin auswendig wissen mußten. Das ›Psalterium puerorum‹ ist also »nicht nur eine Lesefibel mit Übungsstücken, sondern gleichzeitig ein Textbüchlein für Meßdiener und Chorknaben« (Ernst Schulz). Ratdolt hat, entsprechend diesem Verwendungszweck, als Schrift eine klare und schöne Rotunda gewählt und nur wenige Abkürzungen verwendet, was im 15. Jahrhundert wegen der Kostbarkeit des Papiers absolut unüblich war.

Auch frühe Beispiele aus dem 16. Jahrhundert sind zumeist noch nicht illustriert, lehren aber wie Elias Huthers ›Künstlich New ABC Buch‹ von 1593 nicht nur Deutsch, sondern auch Hebräisch, Griechisch und Latein, also die vier theologischen Hauptsprachen (Abb. 6). Wir sehen, wie stark noch Ende des 16. Jahrhunderts der theologisch-humanistische Einfluß auf den Leseunterricht ist.

Im 17. und 18. Jahrhundert wird das ABC-Buch dann zunehmend und immer reicher und phantasievoller bebildert. Ein Höhepunkt dürfte im ausgehenden 18. und in der ersten Hälfte des 19. Jahrhunderts erreicht worden sein. Aus dieser Zeit sind uns besonders schöne, originelle Bücher mit einprägsamen Bildern erhalten, beste

7 ABC-Blatt. *Abzug von einem xylographischen Täfelchen im Format 9×11,5 cm. Wohl Augsburg 1481*

Beispiele dafür, was die Illustratoren leisteten, um den Kindern ›spielend‹ das Lesen beizubringen und durch die Anschauung ihre Beobachtung und Kombinationsfähigkeit zu fördern. Das optische Zusammenspiel von Buchstabe und Bild ist auch vom graphischen Gesichtspunkt her interessant. Oft ist der Buchstabe groß in die Mitte gesetzt und mit einer Szene oder einer collageähnlichen Ansammlung von Gegenständen umgeben, die uns zuerst wie eine surrealistische Allegorie anmuten mag. Alles Dargestellte fängt mit dem entsprechenden Buchstaben an: So sind zum Beispiel für den Buchstaben ›A‹ Aal, ABC-Buch, Adler, Affe, Amboß, Ampel, Anker, Armbrust, Arznei, Ast und Axt zu einem ungewöhnlichen Stilleben aufgetürmt. Dies ist eine Methode, den Kindern auf amüsante Weise den Buchstaben und verschiedene Wörter beizubringen, ihre optische Erinnerungsfähigkeit und ihre Phantasie anzuregen, oder, um es mit einem Buchtitel zu sagen ›Das Alphabet in Bildern, zum Zwecke den Kindern die Buchstaben spielend ins Gedächtnis zu bringen‹ (Abb. 18). Es ist beeindruckend, wie der einzelne Zeichner diese Aufgabe jeweils bewältigt hat, gilt es doch, den typographischen Buchstaben mit den ganz anders gearteten Objekten zu einem bildhaften Ganzen zu verbinden.

Der phantasievollen Variation dieses Themas sind keine Grenzen gesetzt. Bei dem ›Neuen Abeze- und Lesebuch‹ des berühmten Joachim Heinrich Campe von 1807 (1830 als Band 1 der Gesamtausgabe letzter Hand erschienen) sind es die von W. Arndt nach Gottlob Junge gestochenen Kupfer mit Kinderszenen und Attributen, die uns in ihrem zurückhaltenden Charme bezaubern (Abb. 11). Jedem Buchstaben ist eine Fabel zugeordnet, die man auch als aufklärerisch-philanthropisches Lehrstück bezeichnen könnte. Die Fabeln handeln vom Ackermann und Affen, vom Bär und den Bienen, vom Löwen und dem Lamm, vom Mops und dem Mond oder vom Wiedehopf und dem Windspiel. Campe, der erste Jugendschriftsteller im modernen Sinn, nannte sein 1778 verfaßtes ABC-Buch, das er 1807 neu bearbeitet herausgab, bezeichnenderweise ›Neue Methode, Kinder auf eine leichte und angenehme Weise lesen zu lehren‹. Mit ihm beginnt die bewußte Beachtung eines systematischen, lesemethodischen Aufbaus.

Diese neue Bearbeitung des ABC-Buchs enthält allgemeine Grundsätze und Regeln zum Lesenlernen. Wir stimmen Campe auch oder gerade heute voll und ganz zu, wenn er schreibt, daß hierbei der »allererste und unerlaßlichste unter diesen Grundsätzen unstreitig der sei, daß man die Kinder, wie mit jedem anderen Unterricht aus Büchern, so auch mit dem Lesenlernen, nicht übereilen müsse«. Und er fügt hinzu: »Uebereilung aber scheint es mir aus mehr als Einem wichtigen Grunde zu sein, wenn man sowol vor ihrem sechsten Jahre dazu schreitet, als auch, wenn man zu schnell dabei zu Werke geht.« Als zweiten Grundsatz nennt Campe: »Man verheimliche den Leseschülern anfangs die Hauptschwierigkeiten des Lesenlernens, und lasse dieselben erst nach und nach, langsam und nur in demjenigen Maße hervortreten, in welchem eine nach der andern glücklich überwunden sein wird.« Insgesamt stellt er die pädagogische Forderung des behutsamen Fortschreitens vom Leichteren zum Schwereren, von dem, was vorbereiten soll, zu dem, was dadurch vorbereitet wird. »Wer diesen ersten Grundsatz allen Unterrichts nicht anerkennt, sich nicht entschließen kann, ihn strenge zu befolgen, der werfe, bitte ich, dieses Büchlein nur gleich auf die Seite!«

Bei J. Gschihay ist zu jeweils einem Buchstaben die dreisprachige Unterschrift in Antiqua, Fraktur und Schreibschrift gegeben (Abb. 19). Das Kind lernt so nicht nur die entsprechenden Schriftarten kennen und schreiben, sondern erwirbt sich auch einen fremdsprachlichen Grundwortschatz. Am weitesten in dieser Richtung geht das um 1820 in Wien erschienene ›Neue ABC Bilderbuch zum Nutzen und Vergnügen für die lernende Jugend in sieben Sprachen‹. Hier kann das Kind den Namen des abgebildeten Gegenstandes auf

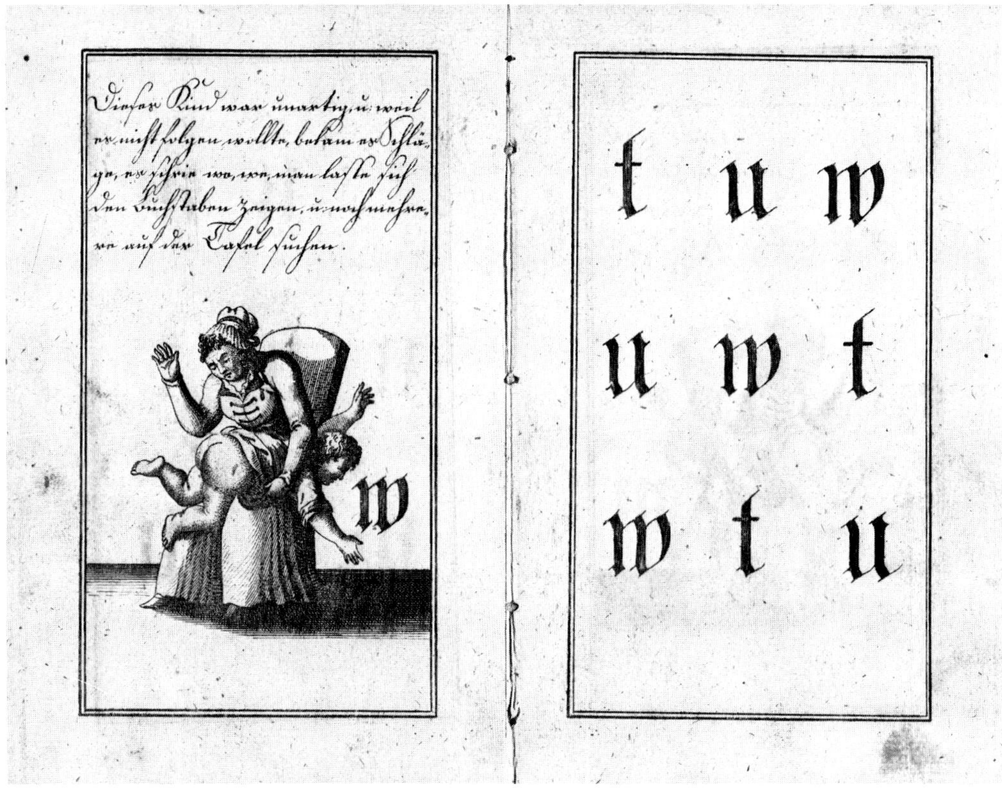

8 In Kupfer gestochene Doppelseite aus: Neuer Lust-Weg zum Ziel nützlicher Künste und Wissenschaften. *Ein unterhaltendes Lehrbuch für Zöglinge aus dem Kindesalter, um ihnen durch bildliche Vorstellungen die Erlernung des A, b, c, Buchstabirens, Lesens und Schreibens, sowohl in deutscher als in lateinischer Sprache, zu einer Spielbeschäftigung zu machen und dadurch auf die angenehmste Weise zu erleichtern. Nürnberg um 1810*

9 In Kupfer gestochene Seite mit Bild und Schriftmustern aus: Neue ABC Tafeln nach Pestalozzi Lehrart. *Mit Kupfern gezieret. Nürnberg um 1800*

10 Kolorierter Holzschnitt des vielfach abgebildeten Fibel-Gockelhahns, der als Sinnbild des Frühaufstehens und des Fleißes galt, aus: ABC-Fibel. *Stargard um 1780*

11 Kolorierter Kupferstich von W. Arndt nach Gottlob Junge aus: Joachim Heinrich Campe, *Neues Abeze- und Lesebuch mit vielen schönen Bildern. Neue Gesammtausgabe der letzten Hand. Braunschweig 1830*

Deutsch, Lateinisch, Französisch, Italienisch, Hebräisch, Böhmisch und Ungarisch lesen, selbstverständlich in Fraktur sowie in deutscher und lateinischer Schreibschrift.

Gegen die »traurigen Folgen einer trockenen Methode« wendet sich Johann Loth in seinem ABC-Buch ›Der erste Unterricht meiner Tochter‹, das 1844 erschienen ist (Abb. 17). Sein Ziel ist, »durch das Anschauungsvermögen die Ideenkraft des Kindes zu wecken, und durch diese auf den Geist desselben wohlthätig einzuwirken, was ich nur dadurch zu bezwecken glaubte, wenn ich Unterricht und Vergnügen in eines verband«. Was er so in der Einleitung ankündigt, ist ihm auf das Beste gelungen, obwohl das Buch kein einziges Bild aufweist. Die einzelnen Seiten mit den Schriftmustern sind so ausgewogen und schön, die Buchstaben teils in Schwarz- und Golddruck, teils als aquarellierte Blütengirlanden wiedergegeben, daß er weit über das reine Lesenlernen hinausgeht: Es sind typographische Musterblätter von hohem Rang, der Buchstabe selbst wird zum belebten Bild.

An Johann Bernhard Basedow, der das ABC aus Lebkuchenteig backen ließ und seinen Schülern zum Aufessen gab – Anschauungsunterricht im wahrsten Sinne des Wortes –, erinnert das ›Pfefferkuchen-ABC‹, dessen Einband die Farbe und Form eines mandelbesetzten Lebkuchens hat (Abb. 22). Dies ist nur eine der vielen Variationen, die vom biblischen bis zum geographischen ABC reichen, vom originellen bis zum wirtschaftlichen ABC, vom Künstler- und Handwerker-ABC bis zum Jahrmarkt-ABC, vom militärischen bis zum unzerreißbaren ABC, vom Tugend- bis zum Laster-ABC.

Die Tradition der ABC-Bücher hat sich dann auch in unser Jahrhundert fortgesetzt. 1862 erschien das nicht unbedingt für Kinder erdachte ›A-B-C-Buch aus dem Thierreich in Reimen und Bildern‹ von Wilhelm Busch, 1906 die von Adolf Hengeler illustrierte Münchener Fibel (Abb. 23). Aus dem Jahre 1920 stammt das ›Vogel-ABC‹ von F. W. Kleukens (Abb. 24), und Conrad Felixmüller verdanken wir ›Ein geschütteltes, geknütteltes Alphabet in Bildern und Versen‹, das 1925 im Selbstverlag des Künstlers in 100 Exemplaren erschienen ist und von ihm selbst koloriert wurde (Abb. 25).

Jesus. · Maria.

·A A a b c d
e f g h i k l
m n o p q r ꝛ ſ s
t v u x y z ⁊ ꝯ ꝫ

Pater noster qui es in celis. Sanctificetur nomē tuuz. Adueniat regnum tuum. Fiat voluntas tua: sicut in celo ⁊ in terra. Panem nostrum quottidianuz da nobis hodie. Et dimitte nobis debita nostra sicut ⁊ nos dimittimus debitoꝛibꝰ nostris. Et ne nos inducas in tentationē. Sed libera nos a malo. Amen

12 *Titel mit Holzschnittbordüre und großer Initiale in Rot- und Schwarzdruck sowie zusätzlicher Kolorierung in Blau aus:* Psalterium puerorum. *(Venedig) Erhard Ratdolt (nicht nach 1486). Rubrizierung und Foliierung (105–112) von der Hand Hartmann Schedels, des Schöpfers der großen ›Weltchronik‹.*

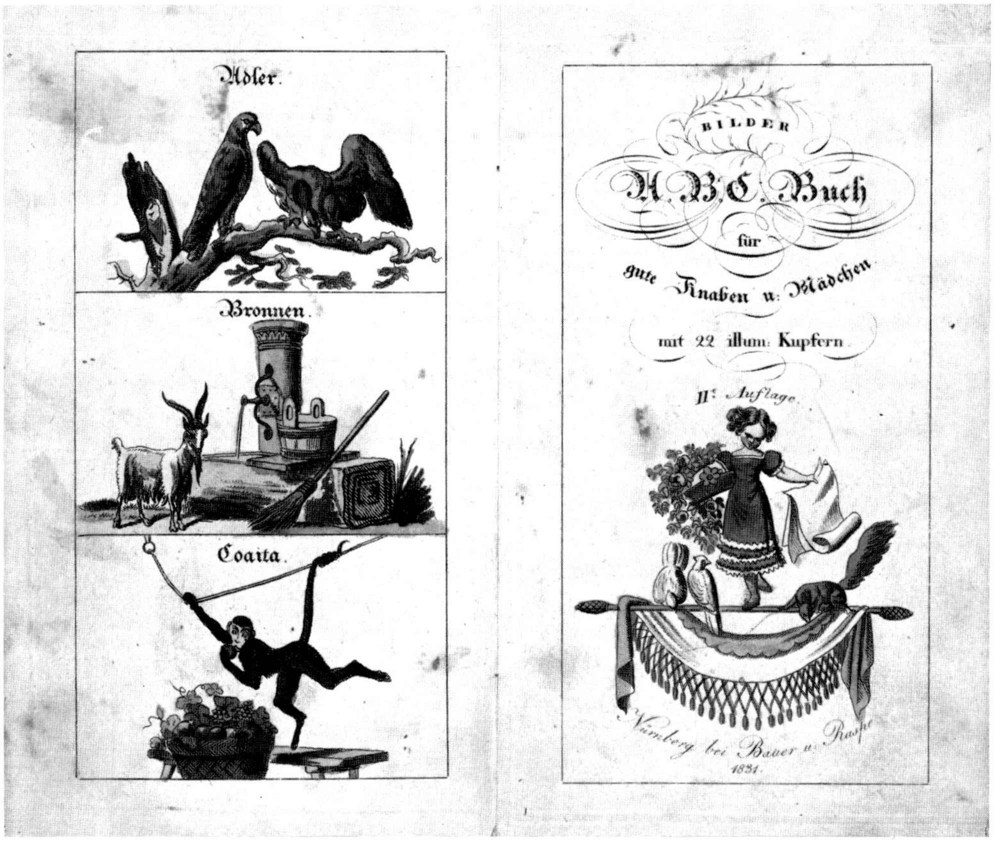

13 Frontispiz und Titel mit Vignette in koloriertem Kupferstich aus: Bilder A.B.C. Buch für gute Knaben u. Mädchen. *Nürnberg 1831*

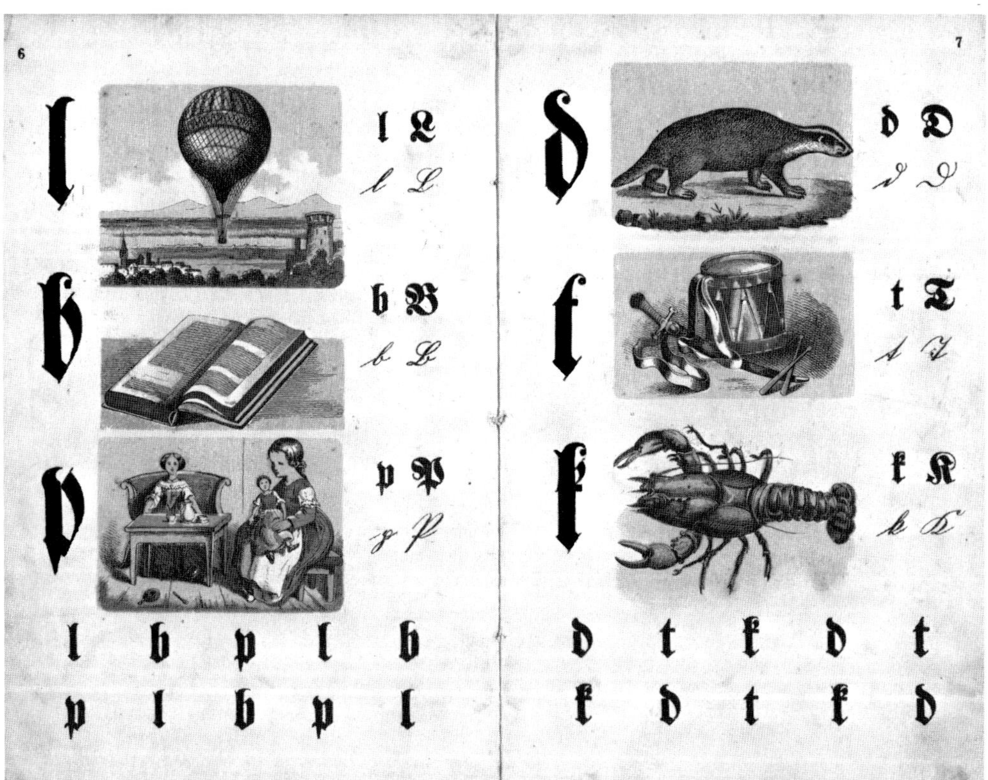

14 Doppelseite in Farblithographie aus: Friedrich Schröder, *Wilhelm's und Clara's Bilder-A-B-C-Buch. Die erste Stufe des Elementarunterrichts. Wesel um 1850*

15 Holzschnitt nach Ludwig Richter aus: ▷ Robert Reinick, *ABC-Buch für kleine und große Kinder. Gezeichnet von Dresdner Künstlern. Mit Erzählungen und Liedern von Reinick und Singweisen von Ferd. Hiller. Leipzig 1845. – Außer Richter wirkten Eduard von Bendemann, Karl L. Ehrhardt, Julius Hübner, Ernst Oehme, Th. van Oer, Carl Peschel, Robert Reinick, Ernst Rietschel und Otto Wagner als Illustratoren mit. Die »Dresdner Künstler« trafen sich zwanzig Jahre lang wöchentlich einmal. Durch Los wurde jedem ein Buchstabe des Alphabets zum Illustrieren zugeteilt.*

B. b.
B. b.
Amen
Uhr
ABC
Buch
G. Wigand
Bilderman.
I.G. FLEGEL. SC

16 Kolorierter Holzstich im Stil der Struwwelpeter-Illustrationen aus: (H. Oswalt), *Der kleine A-B-C-Schütz; Lustiges Bilderalphabet. Frankfurt a. M. (1874). Erschienen bei der Literarischen Anstalt Rütten und Loening, dem Originalverlag des Struwwelpeter.*

17 Lithographie in Schwarz- und Golddruck, zum Teil koloriert, aus: Johann Loth, *Der erste Unterricht meiner Tochter; Ein ABC Buch, Dem zartesten Kindesalter gewidmet. Prag (1844)*

18 Kolorierte Lithographie von Johann Michael Voltz aus: Das Alphabet in Bildern, *zum Zwecke den Kindern die Buchstaben spielend ins Gedächtnis zu bringen. Mit umfassendem Text. Reutlingen 1843*

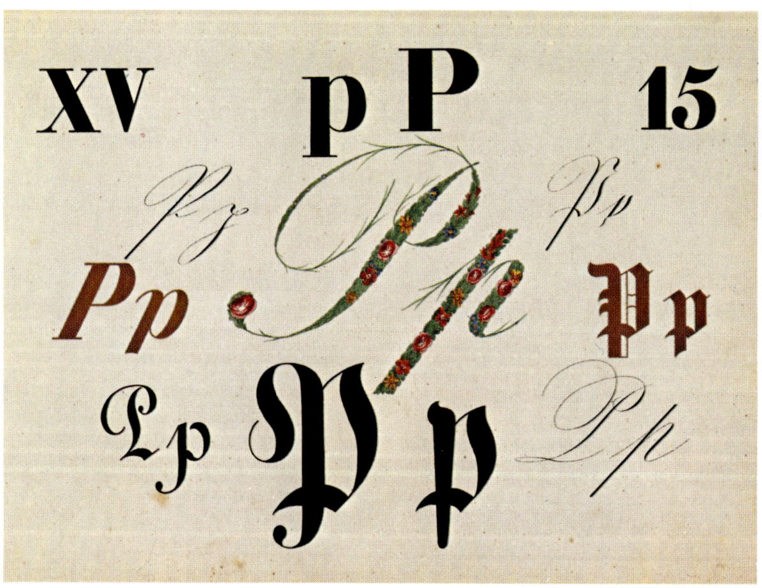

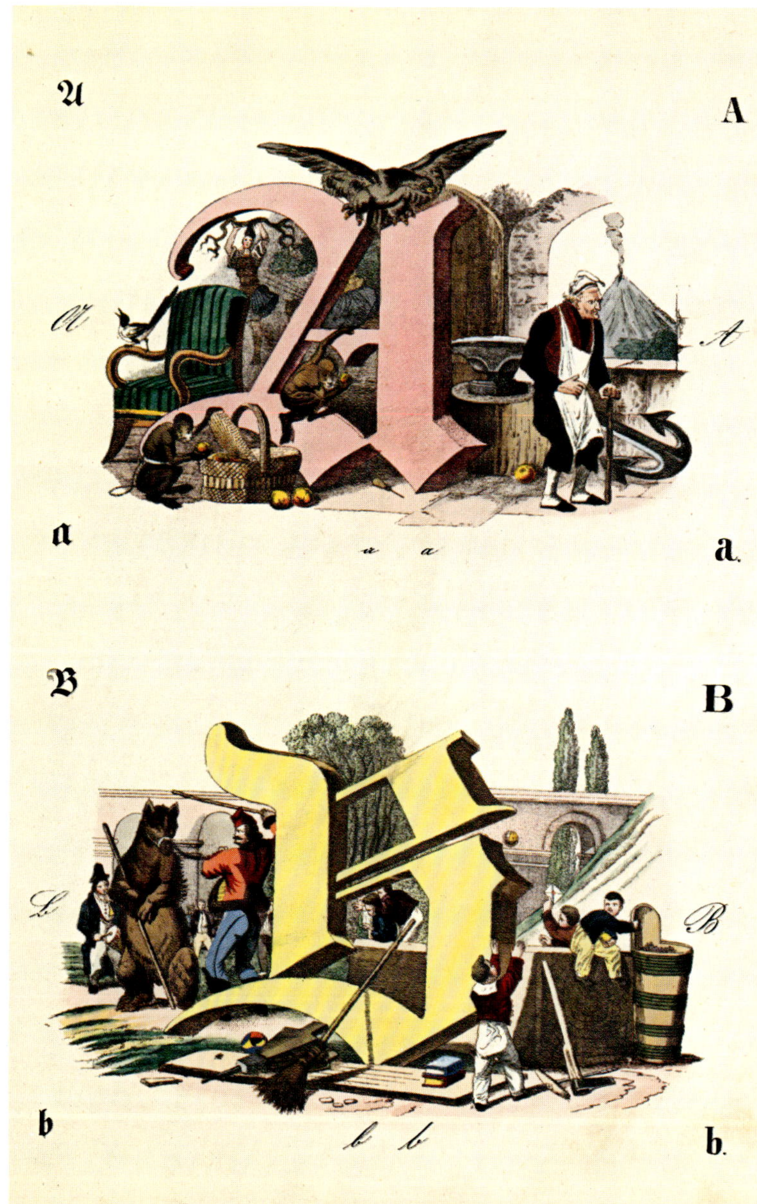

19 Kolorierte Lithographie von J. Gschihay aus: ABC-Buch. *Ohne Titel, Ort und Verlag. Möglicherweise Wien. Datiert 1836*

20 Kolorierter Kupferstich von Peter Carl Geißler mit vier Einzelszenen zu vier verschiedenen Buchstaben aus: W. K. Schultheiß, *Aehrenlese auf dem Gebiethe des Nützlichen und Schönen für Knaben und Mädchen. Nürnberg 1831*

21 Silhouettenbild von Karl Fröhlich aus: Karl Fröhlichs *fröhliches ABC-Buch. Nach der ersten Ausgabe Berlin 1859*

22 *Titel in Farblithographie aus:* Neuestes Pfefferkuchen-ABC für artige Kinder. *Stuttgart 1887. – Der Original-Leinenband ist in Farbe und Form einem mandelbesetzten Lebkuchen nachgebildet.*

23 *Farbige Illustration von Adolf Hengeler aus:* Münchener Fibel. *Erstes Lesebuch für die Volksschulen Münchens. Herausgegeben im Auftrag der Lokalschulkommission. München 1906*

24 Doppelseite in kolorierter Lithographie von F. W. Kleukens aus: Das Vogel-ABC in 52 Bildern. *Darmstadt 1920. Erster Ratio-Druck in 110 numerierten und von Kleukens signierten Exemplaren.*

25 Kolorierter Holzschnitt von Conrad Felixmüller aus: Conrad und Londa Felixmüller, *Ein geschütteltes, geknütteltes Alphabet in Bildern und Versen. Berlin 1925. Eines von 100 numerierten und signierten Exemplaren.*

Religiöse Unterweisung

Wie man am Beispiel des ›Psalterium puerorum‹ aus dem 15. Jahrhundert sehen kann, das als »das erste Lesebuch an den Lateinschulen des späten Mittelalters« bezeichnet wurde (Abb. 12), waren Lesenlernen und religiöser Unterricht zunächst eng miteinander verbunden. Das sollte auch geraume Zeit, nämlich bis in das 17. Jahrhundert hinein, so bleiben. Es gab zuerst keine, später dann nur verschwindend wenig wirkliche Schulbücher. So wurden die Bibeln und Katechismen außer zur religiösen Unterweisung auch gleich zum Lesenlernen und Lesenüben benutzt. Nicht selten findet man frühe Katechismus-Bearbeitungen für Kinder, in denen auch das ABC und das Einmaleins abgedruckt sind. Ein typischer Titel, der diese Verknüpfung zeigt, ist die 1534 in Nürnberg erschienene ›Teutsche Kinder Tafel. Anfang des Christenlichen Glaubens und Teutscher sprach, wie sie die jungen kinder in den teutschen schulen lernen sollen‹ (Abb. 26).
Ohne Zweifel war diese Art von Büchern zum täglichen Gebrauch in den Schulen bestimmt, kam also durchaus in Kinderhände. Ob dies für die unter anderem 1478 und 1483 von Anton Sorg in Augsburg gedruckte Inkunabel ›Der Seelen Trost‹ ebenfalls zutraf, mag dahingestellt bleiben. Dieses mit Holzschnitten illustrierte, in mehreren Ausgaben erschienene Werk wird von zahlreichen Historiographen der Kinder- und Jugendliteratur traditionell an den Anfang der Entwicklung gestellt, vor allem, weil es in Gesprächsform mit der direkten Anrede »liebes Kind« abgefaßt ist. Andere Forscher, so etwa Abraham Horodisch, halten dies für ein Mißverständnis und nehmen vielmehr an, »daß es als ein Buch für Erzieher gedacht war und daß es an Klosterschulen verkauft wurde, um dort als Anregung und Quelle für diejenigen Laienbrüder und -schwestern zu dienen, deren Aufgabe die Betreuung kleiner Knaben und Mädchen war« (Gutenberg-Jahrbuch 1960). Es ist jedenfalls mit Sicherheit anzunehmen, daß in der Frühzeit des Buchdrucks, als Bücher meist unerreichbar teuer waren, ein solches Werk nur selten in Kinderhände gelangte. Eher war es wohl ein Moral- und Erbauungsbuch für Erwachsene, in deutscher Sprache abgefaßt, und deshalb naturgemäß – durch Vorlesen – nicht ohne Einfluß auf die Erziehung der Kinder.

Teütſche Kinder Tafel.
Anfang des Chriſtenlichen Glaubens vnd Teütſcher ſprach/wie ſie die jungen kinder in den teütſchen ſchůlen lernen ſöllen.
L·C·V·C·
1534.

26 Titel mit Holzschnittbordüre aus: Teutsche Kinder Tafel. *Anfang des Christenlichen Glaubens vnd Teutscher sprach, wie sie die jungen kinder in den teutschen schulen lernen sollen. Nürnberg 1534*

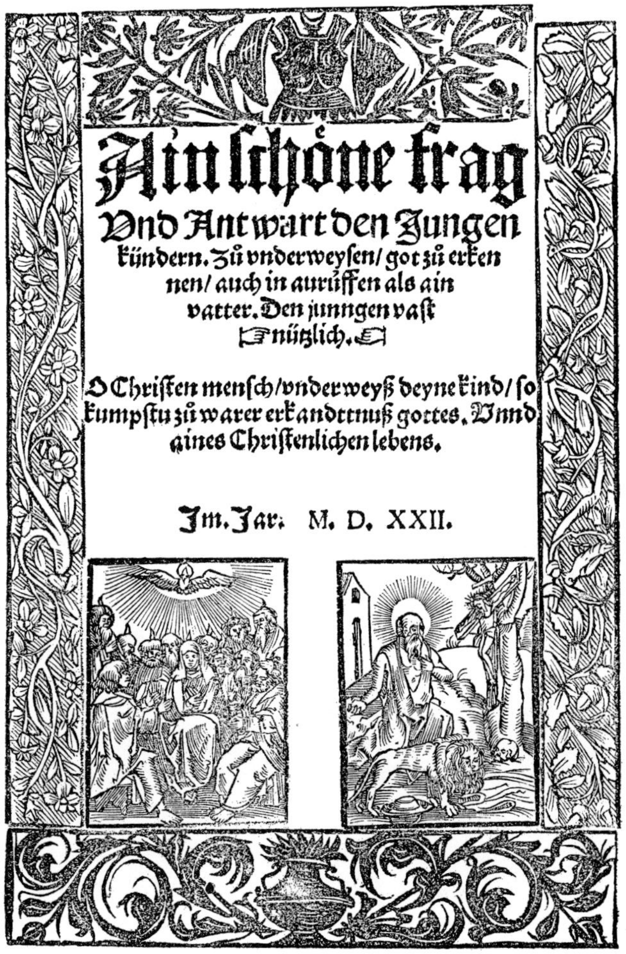
Ain schöne frag Vnd Antwart den Jungen kündern. Zů vnderweysen/ got zů erken nen/ auch in anrůffen als ain vatter. Den jungen vast nützlich.

O Christen mensch/ vnderweyß deyne kind/ so kumpstu zů warer erkandtnuß gottes. Vnnd aines Christenlichen lebens.

Im. Jar. M. D. XXII.

27 Titel mit Holzschnitt-Randleisten und zwei kleinen Holzschnitten (Pfingsten und der hl. Hieronymus) aus: Ain schöne frag Vnd Antwurt den Jungen kündern. *Zu underweysen, got zu erkennen, auch in anruffen als ain vatter. Augsburg 1522*

28 In Kupfer gestochener Titel und Doppelseite aus: Die Heilige Schrifft *Alt und Neuen Testaments abgebildet der Christlichen Jugend zu nützlicher Erbauung. Nürnberg um 1710. – Miniaturbibel in originalgroßer Abbildung.*

Im Zeitalter der Reformation rückte der Katechismus mit seinen ›Hauptstücken der christlichen Lehre‹ (Zehn Gebote, Glaubensbekenntnis, Vaterunser etc.) in den Vordergrund und fand weiteste Verbreitung. Von Luthers ›Kleinem Katechismus‹ erschienen zwischen 1529 und 1580 über 250 Ausgaben mit einer Gesamtauflage, die an die 150000 Exemplare reichte, eine für die Zeit fast unvorstellbar hohe Zahl. Die meisten Katechismen sind in der einprägsamen Form von Frage und Antwort abgefaßt, so zum Beispiel ›Ain schöne frag Vnd Antwurt den Jungen kündern. Zu underweysen, got zu erkennen, auch in anruffen als ain vatter‹ von 1522. Lange galt Andreas Osiander, einer der maßgeblichen Theologen Süddeutschlands als Autor, was sich jedoch durch die neuesten Forschungsergebnisse als nicht mehr haltbar erwiesen hat (Abb. 27).

Mit dem Nürnberger ›Lese Büchlein, auß H. Schrifft, der lieben Jugend zum besten gedruckt‹, verfaßt von Johannes Saubertus im Jahre 1639, haben wir ein Beispiel vor Augen, bei dem der reiche ornamentale und figürliche Kupferstich die schlichten Holzschnittbordüren des 16. Jahrhunderts endgültig abgelöst hat (Abb. 29). Seit 1625 war in Frankfurt heftweise die große Kupferstichbibel von Merian erschienen (›Icones Biblicae‹), der Goethe in ›Dichtung und Wahrheit‹ ein Denkmal gesetzt hat: »Man hatte zu der Zeit noch keine Bibliotheken für Kinder veranstaltet. Die Alten hatten selbst noch kindliche Gesinnungen und fanden es bequem, ihre eigene Bildung der Nachkommenschaft mitzuteilen. Außer dem ›Orbis pictus‹ des Amos Comenius kam uns kein Buch dieser Art in die Hände; aber die große Foliobibel, mit Kupfern von Merian, ward häufig von uns durchblättert.« Im Gegensatz zu diesem großen Band steht ›Die Heilige Schrifft Alt und Neuen Testaments‹, bei Christoph Weigel in Nürnberg im ersten Jahrzehnt des 18. Jahrhunderts erschienen, eine Miniaturbibel für Kinder im Format von 85×53 Millimeter und ganz in Kupfer gestochen (Abb. 28). Die vielfach verfolgte Idee des Kleinen für die Kleinen, die über Maria Montessoris kindgemäße Möbel bis in unsere Tage reicht, hat hier eine frühe Verwirklichung in Buchform gefunden.

Die Bibel, das meistgedruckte Buch aller Zeiten, erfuhr verschiedenste Bearbeitungen für das Kinderzimmer. Die ›Historien- Kinder- und Bet-Bibel‹ von Abraham Kyburz, in sechs Bänden 1737–1763 erschienen, greift die didaktische Form des Katechismus auf: An den Rand sind in kleinerer Type die Fragen gedruckt, auf die der laufende Text die Antwort gibt. Von bester Augsburger Kupferstecher-Tradition zeugen die zahlreichen Stiche nach Catharina Sperling (Abb. 30). Daß im Text die moralische Nutzanwendung nicht zu kurz kommt, braucht wohl nicht besonders betont zu werden.

Bedeutend amüsanter für Kinder dürften da die sogenannten Spruchbücher gewesen sein. Bestimmte Gegenstände, Figuren und Begriffe werden in der Art eines Rebus' wiedergegeben. Solche Bilderrätsel machten die belehrenden und erbauenden Bibelsprüche für Kinder unterhaltend und erleichterten das Auswendiglernen. Uns geben sie heute noch so manche Nuß auf, und es ist oft hilfreich, daß Melchior Mattsberger eine sinngemäße Zusammenfassung unterhalb des Kupferstichbildes gibt. Seine ›Geistlichen Herzenseinbildungen‹ in zwei Bänden, deren erster Band zuerst 1684 bei Bodenehr in Augsburg erschien, wurden zu einem lang anhaltenden Erfolg und noch in den

dreißiger Jahren des 18. Jahrhunderts neu aufgelegt. Drei Bilderrätsel befinden sich jeweils auf einem Blatt nebeneinander (Abb. 39). Mattsberger selbst empfiehlt in seiner Vorrede, die Blätter »zu zertheilen, für Merckerlein in die Bücher zu legen oder die Gemählein den Kindern zu verschenken« – wohl wissend, daß dadurch den Kindern die Sprüche immer vertrauter würden –, vielleicht auch nicht ohne den kleinen Hintergedanken an den durch solchen Konsum entstehenden neuen Bedarf.

Daß sich in der Nachfolge Mattsbergers geschaffene Figurspruchbücher auf den ›Orbis pictus‹, die ›Gemalte Welt‹ des Johann Amos Comenius berufen, nimmt nicht wunder. Hier wie dort ist die enge Verknüpfung von Wort und Bild angestrebt, der die Erkenntnis vorausgeht, daß man durch das Bild am besten lernt. Die ›Curieuse Bilder-Bibel oder die vornehmsten Sprüche heiliger Schrifft in Figuren vorgestellt wodurch dieselben der zarten Jugend auf eine angenehme und ergötzende Art bekannt gemacht werden können‹, deren erste Auflage auf das Jahr 1737 zurückgeht, war auch noch in der neuen Auflage von 1806 frisch und begehrt bei den Kindern (Abb. 31). Hier wird der Text im Typendruck von kleinen Holzschnittbildern unterbrochen: »Das Schif Salomonis kam in drei Jahren einmal, und brachte Gold, Silber, Elfenbein, Affen und Pfauen.« Mit nicht weniger als sechs sprechenden Bildern ist dieser Text ausgeschmückt.

Ein anderer ›Longseller‹ waren Johann Hübners ›Biblische Historien aus dem alten und neuen Testamente‹ von 1714. Bis 1828 waren allein 100 rechtmäßige Auflagen erschienen. Wir bilden eine Reutlinger Ausgabe aus dem Jahre 1831 ab (Abb. 33). Das Werk war neben dem ›Orbis pictus‹ des Comenius eines der wichtigsten Schulbücher des 18. Jahrhunderts. Den Historien sind jeweils »deutliche Fragen« und »nützliche Lehren« angefügt. In protestantischen Gegenden waren die ›Biblischen Historien‹ lange Zeit *das* Religionsbuch schlechthin. Anders in der Grundtendenz war hingegen die ›Moralische Bilderbibel‹ von Caspar Friedrich Lossius, in fünf Bänden 1805 bis 1813 in Gotha erschienen und mit Kupfern nach Zeichnungen von Johann David Schubert illustriert (Abb. 35). Die religiös-moralische Belehrung in Wort und Bild ist in diesem der Aufklärung und Rousseauschen Ideen verpflichteten Werk zurückgedrängt. Es handelt sich eher um ein umfassendes geschichtliches Werk, in dem *auch* die Heilsgeschichte ihren Platz einnimmt; menschliche Vernunft, Gewissen und Verantwortung sind die höchsten sittlichen Werte.

Diese geistige Freiheit und Weitsicht war neu im religiösen Kinderbuch und sollte auch keinen langen Bestand haben. Um die Mitte des 19. Jahrhunderts mehren sich Titel wie Isabella Brauns ›Das Vaterunser in Erzählungen für Jung und Alt‹, die wieder ganz zum Moralisch-Lehrhaften zurückkehren (Abb. 37). Die Illustrationen, jetzt zumeist in kolorierter Lithographie, sind voll Grazie, wenn ein Künstler wie Theodor Hosemann zum Stift greift (Abb. 38); gegen Ende des Jahrhunderts tendieren sie dann mehr und mehr zum Süßlichen. Das eher historisch anmutende ›Luther Büchlein oder Dr. Martin Luthers Leben durch Schrift und Bild dargestellt‹, in Leipzig 1840 erschienen, gehört mit seinen elf kolorierten Lithographien hingegen zum Hübschesten, was an Kinderbüchern mit religiöser Thematik um die Mitte des Jahrhunderts herausgebracht worden ist (Abb. 36).

29 In Kupfer gestochener Titel aus: Johannes Saubertus, *Lese Büchlein, auß H. Schrifft, der lieben Jugend zum besten gedruckt. Nürnberg 1639. – Der typographische Titel lautet: ›Lesebüchlein für Kleine Kinder, welche allbereit nunmehr im Lesen einen Anfang machen sollen.‹*

30 Joseph offenbart sich seinen Brüdern. Kupferstich nach Catharina Sperling und Text aus: Abraham Kyburz, *Historien- Kinder- Bet- und Bilderbibel, Oder: Das Geheimnis der Gottseeligkeit und der Boßheit in Löblichen und sträflichen Geschichten, In Einem Ordentlichen Zusammenhang nebst einfältigen Rand-Fragen. Augsburg, Basel und Bern 1737–1763*

1.B.Mos.C.44.u.45. u. sich offenbahrende Joseph. 247

Joseph offenbaret sich seinen Brüdern. 1.B.M.C.XLV.v.1-8.

Verwundert, erstaunet, entsetzt euch ihr Brüder,
Hier zeigt der Verworffene Joseph (JESUS) sich wider.

Da nun Joseph aus dieser Erzehlung ersehen, die grosse Liebe zu seinem Vatter und jüngsten Bruder, brach ihm das Hertz, und konnte seinem heissen Liebes-Trieb nicht mehr länger Einhalt thun. Er wolte vorjetzo seiner brüderlichen Neigung den Lauf lassen, und dabey wolte er keine Fremden zu Zeugen haben, darum hieß er alle hinaus gehen. Da sprach er zu seinen Brüdern: Ich bin Joseph. O Donner-Wort vor die schon zuschlagene Brüder! Sie verstummeten. Ihr Gewissen redete aber laut genug, wie sie es mit ihm gemacht, und wie er nun Gewalt habe,

Was wolte Joseph dadurch erfahren?
Wie war ihm zu Muth, da ers erfuhr?
Was wolte er dabey thun?
Wie gibt er sich zu erkennen?
Was würckte diese Anred?
Was schreyt aber dabey ihr Gewissen?

Q 4

31 Doppelseite mit in den typographischen Text gestreuten Holzschnitten aus: Curieuse Bilder-Bibel *oder die vornehmsten Sprüche heiliger Schrifft in Figuren vorgestellt wodurch dieselben der zarten Jugend auf eine angenehme u. ergötzende Art bekannt gemacht werden können. Nürnberg 1806*

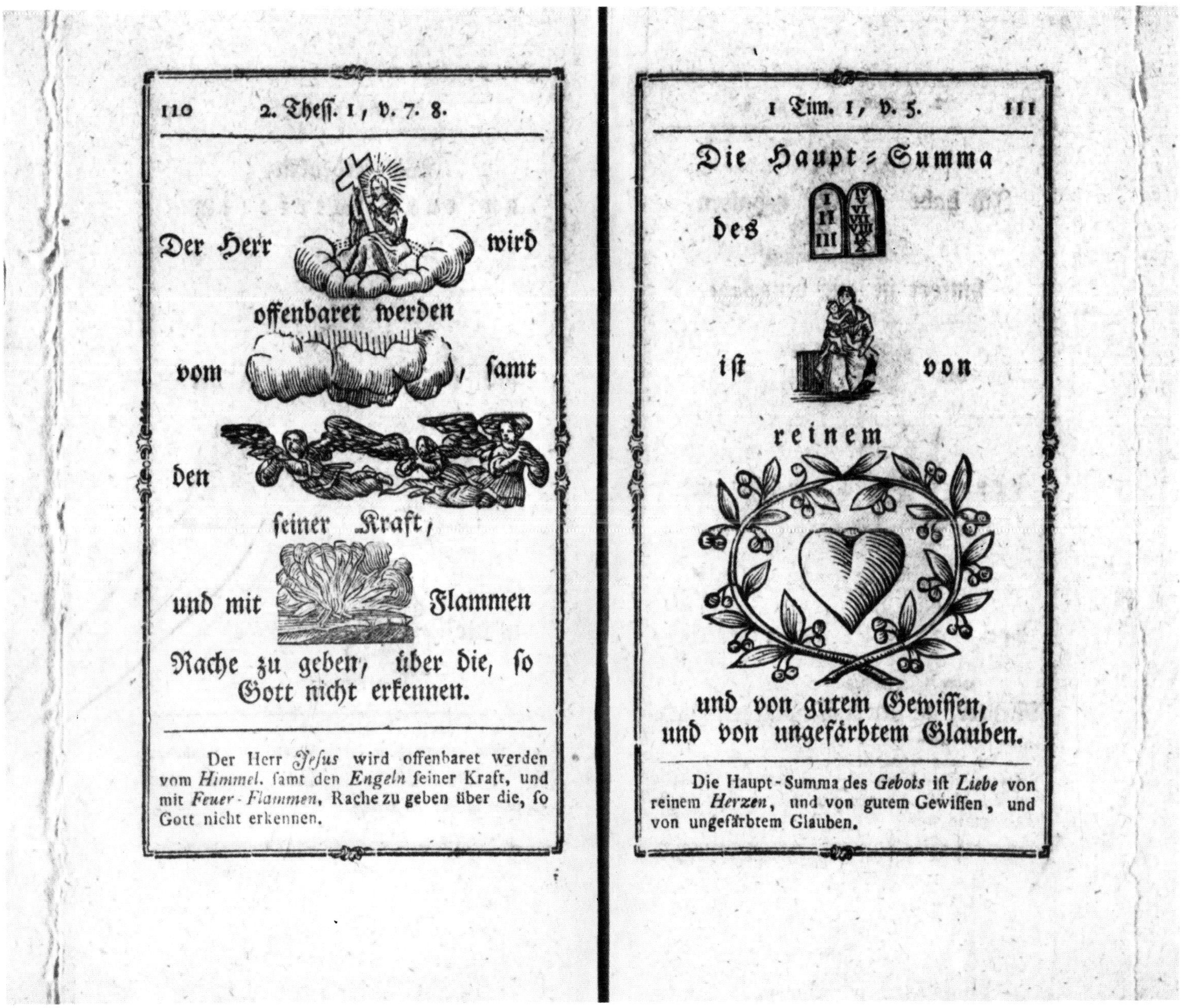

110 2. Theſſ. 1, v. 7. 8.

Der Herr wird offenbaret werden vom, ſamt den ſeiner Kraft, und mit Flammen Rache zu geben, über die, ſo Gott nicht erkennen.

Der Herr *Jeſus* wird offenbaret werden vom *Himmel*, ſamt den *Engeln* ſeiner Kraft, und mit *Feuer-Flammen*, Rache zu geben über die, ſo Gott nicht erkennen.

1 Tim. 1, v. 5. 111

Die Haupt-Summa des iſt von reinem und von gutem Gewiſſen, und von ungefärbtem Glauben.

Die Haupt-Summa des *Gebots* iſt *Liebe* von reinem *Herzen*, und von gutem Gewiſſen, und von ungefärbtem Glauben.

32 Frontispiz mit sechs kleinen Einzelszenen (Erschaffung der Welt nach Rubens, Paradies nach Raffael, Sündenfall nach Rubens, Kains Brudermord nach Champaigne, Sündflut nach Marillier, Turmbau zu Babel nach Locatelli). Steinradierung von Thoenert aus: Johann Gottfried Daniel Schmiedtgen, *Erzählungen aus dem alten und neuen Testament. Für die Jugend. Leipzig 1807*

33 Jesus segnet die Kinder. Lithographie aus Johann Hübner, *Biblische Historien aus dem alten und neuen Testamente. Für die Jugend und Volksschulen nach der Anforderung unserer Zeit aufs Neue bearbeitet mit leicht faßlichen Fragen unter dem Texte, einer kurzen Geschichte der christlichen Religion, 51 Steindrücken und 1 Kärtchen von Palästina. Reutlingen 1831*

34 Titel mit Holzschnittvignette aus: Eine Sammlung auserlesener Gebeter und Lieder, *zum Gebrauch der Jugend, sowohl zu Hause als auch in der Schule. Herausgegeben von A. Henkel. Neumarkt 1824*

35 Schöpfungsmorgen. Kupferstich von J. A. Darnstedt nach Johann David Schubert aus Caspar Friedrich Lossius, *Moralische Bilderbibel mit Kupfern nach Schubertschen Zeichnungen und mit Erklärungen von Kaspar Friedrich Lossius, Diakonus an der Prediger-Kirche zu Erfurt und Mitglied der dasigen Akademie nützlicher Wissenschaften. Gotha 1805–1812*

Eine
Sammlung
auserlesener
Gebeter u. Lieder,
zum
Gebrauch der Jugend,
sowohl
zu Hause als auch in der Schule.

Neu-Market: gedruckt in S. Henkel's Druckerey,
1824.

◁ *36 Der jugendliche Martin Luther (links). Johann Tetzel als päpstlicher Ablaßprediger auf dem Markt zu Jüterbog (»So wie das Geld im Kasten klingt, die Seele aus der Hölle in den*

37 Kinder am Grabe. Kolorierte Lithographie mit Tonplatte von Ferdinand Rothbart aus: Isabella Braun, *Das Vater Unser in Erzählungen für Jung und alt. Stuttgart (1854)*

38 Adam und Eva mit Kain und Abel. Kolorierte Lithographie von Theodor Hosemann aus: Gustav Holting, *Biblische Geschichten. Für die Jugend bearbeitet. Das alte Testament. Berlin (1840)*

Himmel springt«) (rechts). Kolorierte ▷ *Lithographien aus:* Das Lutherbüchlein *oder Dr. Martin Luthers Leben durch Schrift und Bild dargestellt. Leipzig 1840*

39 Drei Bilderrätsel mit Sprüchen aus dem Hohen Lied auf einer Seite. Kolorierter Kupferstich von Hanns Georg Bodenehr aus: Melchior Mattsperger, *Geistliche Herzens-Einbildungen Inn (je) Zweihundert und Fünfzig Biblischen Figur-Sprüchen angedeutet. Allen andächtigen Herzen u. der Tugentliebenden Jugent zu einer Gottseligen Belustigung. Augsburg 1684ff.*

Der Orbis pictus und andere Elementarbücher

Im Jahre 1658 erschien in Nürnberg ein kleines, unscheinbares Büchlein, das eine Revolution auf dem Gebiet der Pädagogik bedeutete und jahrhundertelang nachwirken sollte: der ›Orbis sensualium pictus‹, ›Die sichtbare Welt, Das ist, Aller vornemsten Welt-Dinge und Lebensverrichtungen Vorbildung und Benahmung‹. Der Verfasser war Johann Amos Comenius, eine faszinierende Persönlichkeit, vielfach gepriesen als Vater der modernen Pädagogik.

Im Jahre 1592 in Mähren als Jan Amos Komenský geboren, gehörte er schon in früher Jugend der humanistisch-christlichen Böhmischen Brüdergemeinde an. In den Jahren des Dreißigjährigen Krieges war er vielfach auf der Flucht: Lissa in Polen, London, Elbing, Saros-Patak in Ungarn und Amsterdam waren Stationen seines Lebensweges, auf dem er von weiteren Schicksalsschlägen nicht verschont blieb. Zweimal verbrannte seine ganze Habe, sowohl seine Bücher als auch die Manuskripte der eigenen Werke; Frau und Kinder starben ihm an der Pest. Dieser vielgeprüfte Mann hat gesehen, wie die Kinder seiner Zeit entweder gar keine Bücher hatten oder mit zuviel theoretischem Wissen traktiert wurden. Er, der bereits so bedeutende Titel veröffentlicht hatte wie ›Das Labyrinth der Welt und das Paradies des Herzens‹, ›Die geöffnete Sprachentür‹ und ›Die Kunst alle alles zu lehren‹, schenkte nun zehn Jahre nach Beendigung des Dreißigjährigen Krieges den Kindern seinen ›Orbis pictus‹, die ›gemalte Welt‹ (Abb. 40).

»Es ist, wie ihr sehet, ein kleines Büchlein: aber gleichwol ein kurzer Begriff der ganzen Welt und der ganzen Sprache, voller Figuren oder Bildungen, Benahmungen und der Dinge Beschreibungen«, so lesen wir es in der Vorrede. Der erste ›Orbis pictus‹ ist eine Bilderfibel für die Muttersprache und das Lateinische. Beginnend mit Gott und endend mit der Vorsehung Gottes und dem Jüngsten Gericht werden dem Kind die nächste Umwelt und die weiteste Ferne, der einfache Gegenstand und der abstrakte Begriff beschrieben und in kleinen prägnanten Holzschnitten dargestellt. Diese Anschauung der wirklichen Welt machte das schlichte Büchlein zu einem epochalen Erfolg und verhalf ihm zu seinem unvergleichlichen Siegeszug durch die Welt

(2)

Invitatio. Einleitung.

M. Veni, Puer! disce Sapere. — L. Komm her/ Knab! lerne Weißheit.
P. Quid hoc est, Sapere? — S. Was ist das/ Weißheit?
M. Omnia, quæ necessaria, rectè intelligere, rectè agere, rectè eloqui. — L. Alles/ was nöhtig ist/ recht verstehen/ recht thun/ recht ausreden.
P. Quis me hoc docebit? — S. Wer wird mich das lehren?
M. Ego, cum Deo. — L. Ich/ mit GOtt.
P. Quomodo? — S. Welcher gestalt?
M. Du-

41 Der Buchdrucker. Radierung von Johann Wilhelm Meil aus: Spectaculum Naturae & Artium, *in vier Sprachen, Deutsch, Lateinisch, Französisch und Italiänisch. Berlin 1761–1765*

40 Invitatio – Einleitung. Holzschnitt mit der Darstellung von Lehrer und Schüler sowie Text in deutscher und lateinischer Sprache aus: Johann Amos Comenius, *Orbis sensualium pictus. Hoc est, omnium fundamentalium in Mundo Rerum & in Vita Actionum Pictura & Nomenclatura. Die sichtbare Welt, Das ist Aller vornemsten Welt-Dinge und Lebens-Verrichtungen Benahmung. Nürnberg 1658*

und die Jahrhunderte. Kurt Pilz hat für den Zeitraum von 1658 bis 1964 insgesamt 211 Ausgaben nachgewiesen, von den Nachfolgern und Nachahmern ganz zu schweigen.

Es ist ein geschlossenes, pansophisches Weltbild, geprägt von den Ideen der Zeit, das Comenius dem lernenden Kind vor Augen hält; nur ein Mensch mit einer geschlossenen Weltanschauung, einem tiefgreifenden Verständnis und einer im Religiösen wurzelnden Menschenliebe konnte ein solches Buch verfassen. »Veni, Puer! disce Sapere. Komm her, Knab! lerne Weißheit.« Mit diesem Zwiegespräch zwischen Lehrer und Schüler beginnt die Einleitung. »Was ist das, Weißheit? – Alles, was nöthig ist, recht verstehen, recht thun, recht ausreden. – Wer wird mich das lehren? – Ich, mit Gott. – Welcher gestalt? – Ich will dich führen durch alle Dinge, ich will dir zeigen alles, ich will dir benennen alles.«

Die konkrete, einfache, und daher einprägsame Form des ursprünglichen ›Orbis pictus‹ wurde bald erweitert: schon die 4. Ausgabe von 1666 ist durch Hinzufügen von Französisch und Italienisch viersprachig. Die Nachfolger des ›Orbis pictus‹ wurden in der Folge immer prachtvoller und ausführlicher; zumeist sind es viersprachige Bildwörterbücher, geordnet nach dem Alphabet und nicht mehr im Sinne eines Weltbildes, wie es die Absicht von Comenius gewesen war. Das bescheidene Bändchen der Erstausgabe von 1658 gehört heute zu den ganz großen Seltenheiten und Kostbarkeiten auf dem Gebiet des alten Kinderbuches.

Goethe, im Jahre 1749 geboren, erinnert sich in ›Dichtung und Wahrheit‹: »Außer dem ›Orbis pictus‹ des Amos Comenius kam uns kein Buch dieser Art in die Hände.« Tatsächlich war in den etwa hundert Jahren seit dem Erscheinen der ersten Ausgabe nicht viel wirklich Neues für Kinder veröffentlicht worden. Eine neue Entwicklung setzte, beflügelt durch den Geist der Aufklärung, erst im letzten Drittel des 18. Jahrhunderts ein. Schon die Kindergeneration nach Goethe konnte sich an neuen Büchern delektieren und bilden; man darf allerdings nicht vergessen, daß diese zumeist aufwendig ausgestatteten und reich bebilderten Werke nicht mehr – wie der einfache ›Orbis pictus‹ – für jeden erschwinglich waren.

Eines der schönsten dieser Bücher, die im Geiste Nachfahren des

42 Kolorierte Lithographie aus: Niklaus Bohny, *Neues Bilderbuch. Anleitung zum Anschauen, Denken, Rechnen und Sprechen für Kinder von 2½ bis 7 Jahren, zum Gebrauche in Familien, Kleinkinderschulen, Taubstummen-Anstalten und auf der ersten Stufe des Elementarunterrichts. Stuttgart und Esslingen (1847)*

43 Der Buchstabe ›P‹ mit Puppenspielszene, Puppenhändlerin, Perückenmacher, Postillon etc. Kolorierte Lithographie von Peter Carl Geißler aus: Neuester orbis pictus für die Jugend *Oder lehrreiche und unterhaltende Bilderschau von Gegenstaenden aus der Natur, der Kunst und dem Menschenleben, mit beigefügter Erklärung in deutscher, französischer, italienischer und englischer Sprache. Nürnberg 1842*

›Orbis pictus‹ sind, ist das ›Elementarwerk‹ des philanthropischen Pädagogen Johann Bernhard Basedow, 1774 erschienen und hauptsächlich von Daniel Chodowiecki mit hundert anschaulichen Kupfertafeln illustriert (Abb. 44). Basedow war Begründer einer Musterschule, des ›Philanthropinums‹ in Dessau, zu deren Lehrern auch Joachim Heinrich Campe gehörte. Wie Comenius war Basedow praktischer Pädagoge. Das ›Elementarwerk‹ ist laut Titel ›Ein geordneter Vorrath aller nöthigen Erkenntniß. Zum Unterrichte der Jugend, von Anfang bis ins akademische Alter. Zur Belehrung der Eltern, Schullehrer und Hofmeister. Zum Nutzen eines jeden Lesers, die Erkenntnis zu vervollkommnen. In Verbindung mit einer Sammlung von Kupferstichen und mit französischer und lateinischer Übersetzung dieses Werkes.‹ Wir haben also wieder ein umfassendes Lehr- und Bilderbuch vor uns; neu im Gegensatz zu Comenius ist das Hereinnehmen des enzyklopädischen Wissens der Zeit, außerdem die nicht konfessionsgebundene aufklärerische Tendenz, auf deren Konto auch die freimütigen Bemerkungen über Fortpflanzung und Geburt gehen. Die Kupfer sind ein einzigartiger kulturhistorischer Bilderschatz der Zeit; sie illustrieren Dinge des täglichen Lebens ebenso wie abstrakte Begriffe. Laut Basedows Empfehlung soll der Benutzer nur eine Tafel am Tag betrachten und so das Gesehene gründlich verarbeitet haben, bevor er zur nächsten übergeht.

Von Johann Sigmund Stoy erschien 1780 bis 1783 in Lieferungen die ›Bilder-Akademie für die Jugend‹. »Der erste Entwurf dieses Werkes war schon vor der Erscheinung des Basedow'schen gemacht«, betont der Verfasser. Die 54 Kupfer, zum Teil wieder nach Chodowiecki, sind jeweils in ein Hauptbild biblischen Inhalts sowie darauf bezügliche rahmende Bilder aus acht anderen Bereichen eingeteilt (Abb. 47). Die Szene ›Lasset die Kindlein zu mir kommen‹ wird so unter anderem von Kinderspielen, den Silhouetten berühmter Pädagogen wie Weiße, Basedow und Campe und der Fabrikation von Kinderspielzeug eingerahmt. Der gegen Stoys Bilderakademie vorgebrachte Einwand, die Vielfalt des Dargestellten verhindere die Konzentration, ist sicher nicht ganz unberechtigt.

Ganz anders hingegen Friedrich Johann Justin Bertuchs ›Bilderbuch für Kinder, enthaltend eine angenehme Sammlung von Thieren, Blumen, Früchten, Insekten, Trachten, und allerhand andern unterrichtenden Gegenständen aus dem Reiche der Natur, der Künste und Wissenschaften‹. Im Jahre 1790 begann das Werk in Lieferungen zu erscheinen, bis 1830 lagen zwölf Bände mit über 1100 Kupfertafeln und kurzen Erklärungen vor, außerdem in gesonderten Bänden ›Wissenschaftliche Commentare‹ von Carl Philipp Funke. Das Bertuchsche Bilderbuch ist ohne Zweifel die bedeutendste und wertvollste Bilderenzyklopädie für Kinder, die je herausgegeben wurde. Die Dinge der Natur kommen stärker zum Zug als bei Basedow und Stoy. Die Illustrationen, die unter der künstlerischen Aufsicht von J. H. Lips gestochen wurden, bezaubern uns in ihrer wunderbaren Vielfalt und Anschaulichkeit (Abb. 46). Vermutlich sollte auch hier immer nur eine Tafel für sich betrachtet werden. Um dies nicht langweilig werden zu lassen, ist die Abfolge bunt gemischt und ohne Systematik. Dem umfangreichen Werk schickte Bertuch einen ›Vorbericht‹ voraus, in dem er viel Prinzipielles über das gute Kinderbuch gesagt hat, das in seinen Augen »für eine Kinderstube ein ebenso wesentliches und noch unentbehrlicheres Meuble als die Wiege, die Puppe oder das Steckenpferd« ist.

Im 19. Jahrhundert ging die Produktion der Orbis-pictus-Nachfolger in die Breite, auch als Folge der neuen Drucktechniken wie Lithographie und Holzstich. Manche dieser Bücher haben außer dem immer noch werbewirksamen Orbis-pictus-Begriff im Titel nichts mehr mit der ursprünglichen Konzeption gemeinsam. Andere hingegen erweisen sich als späte Gesinnungsgenossen, so der ›Neue Orbis pictus für die Jugend, oder Schauplatz der Natur, der Kunst und des Menschenlebens‹, verfaßt von dem schwäbischen Pädagogen Jacob Eberhard Gailer, zuerst 1832 in Stuttgart erschienen und mehrfach nachgedruckt (Abb. 50). In über 300 lithographierten Abbildungen wird wieder die ganze Welt dargestellt. Sie ist seit den Tagen des Comenius säkularisiert worden, wieviel ist aber an Neuem hinzugekommen: Eisenbahn und Elektrisiermaschine, Taucherglocke, Telegraph und

44 Die Dankbarkeit: drei Knaben verneigen sich gegen die Eltern. Die Ehrliebe: die Kinder bringen den Eltern ihre Zensuren. Der Geschlechtstrieb: Freuden des Ehestandes, ein verheiratetes und ein unverheiratetes Paar. Das Verlangen nach Gütern: Wohlstand – eine Mutter mit ihren arbeitenden Kindern, Geldsäcke im Schrank. Kupferstich mit vier Einzeldarstellungen nach Daniel Chodowiecki aus: Johann Bernhard Basedow, *Des Elementarwerks erster (bis vierter) Band. Ein geordneter Vorrath aller nöthigen Erkenntniß. Zum Unterrichte der Jugend, von Anfang, bis ins academische Alter. Zur Belehrung der Eltern, Schullehrer und Hofmeister. Zum Nutzen eines jeden Lesers, die Erkenntniß zu vervollkommnen. In Verbindung mit einer Sammlung von Kupferstichen und mit französischer und lateinischer Übersetzung dieses Werks. Dessau und Leipzig 1774*

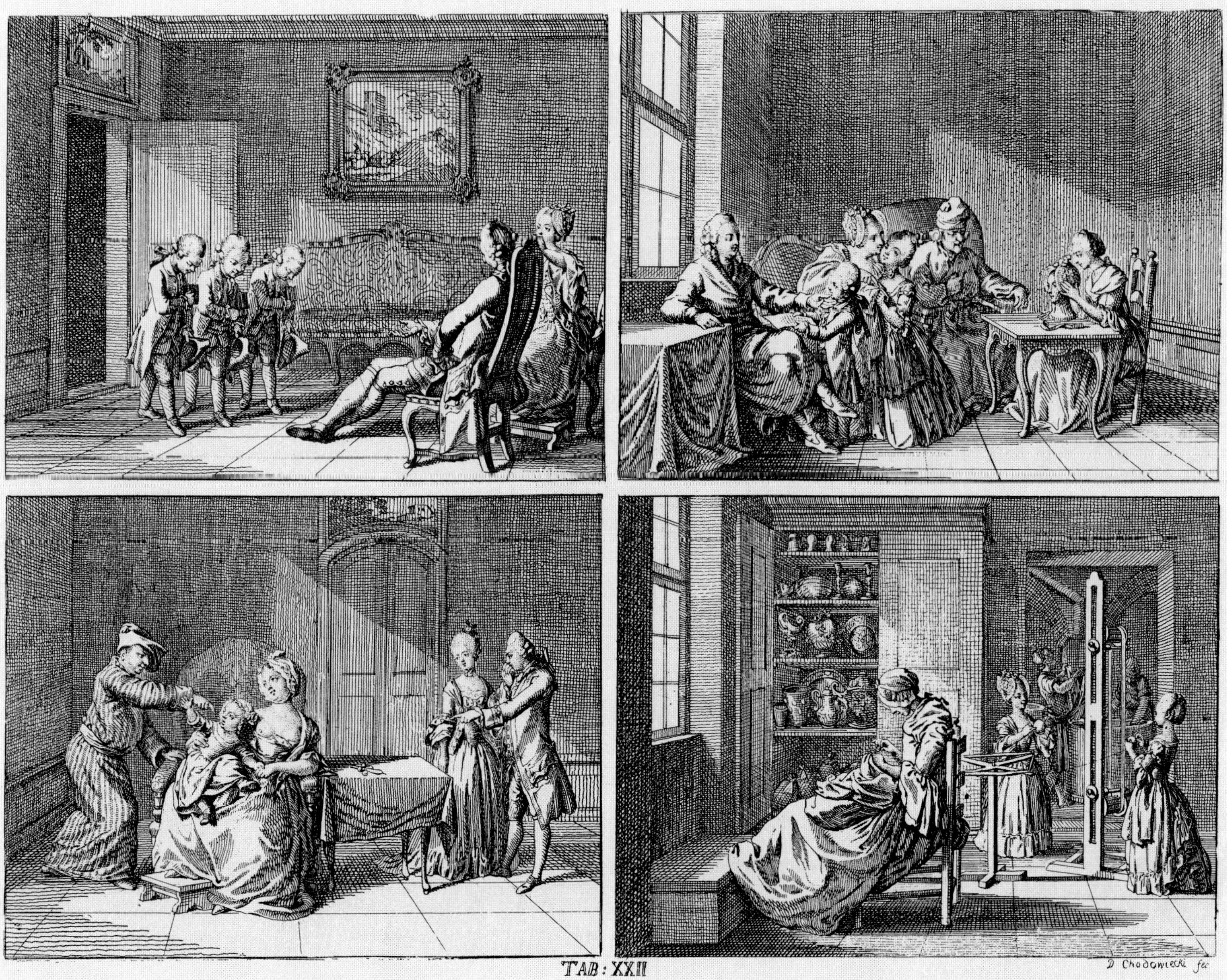

DIE THURMUHR
eine
Rechen-Fibel
für
kleine Kinder
zur
Erkennung der Uhr, Erlernung der Zahlen u. practisch. Entwickelung
der ersten Begriffe der Rechen-Kunst
in Bildern
von
und Reimen
F. G. Normann.
BERLIN,
Plahn'sche Buchhandlung
(L. Nitze.)
Normann del.

1 Birne kostet 1 Gr. wieviel kostet 1/2 B.?
Eine Birne in der Mitte durchschnitten giebt 2 halbe. Nehme ich von einer Birne die Hälfte fort, so bleibt noch? *
(2 halbe sind eine ganze.)
* Anmerkung: Um den Kindern das Subtrahiren begreiflich zu machen, decke man mit der Hand die eine Hälfte zu.
Einspänner.
Normann del.

45 Titel und Einzeltafel in kolorierter Lithographie nach Zeichnungen des Verfassers aus: Friedrich Gustav Normann, *Die Thurmuhr eine Rechen-Fibel für kleine Kinder zur Erkennung der Uhr, Erlernung der Zahlen u. practisch. Entwickelung der ersten Begriffe der Rechen-Kunst in Bildern und Reimen. Berlin 1841*

46 Der Ausbruch des Vesuv. Kolorierter Kupferstich aus: Friedrich Johann Justin Bertuch, *Bilderbuch für Kinder, enthaltend eine angenehme Sammlung von Thieren, Pflanzen, Blumen, Früchten, Insekten, Trachten und allerhand anderen unterrichtenden Gegenständen aus dem Reiche der Natur, der Künste und Wissenschaften; alle nach den besten Originalen gewählt, gestochen und mit einer kurzen wissenschaftlichen, und den Verstandes-Kräften eines Kindes angemessenen Erklärung begleitet. Weimar und Gotha 1790ff.*

Luftpumpe, um nur einige der technischen Errungenschaften zu nennen, die in Deutsch, Lateinisch, Französisch und ab 1835 auch in Englisch, der »neuen, modernen« Sprache, beschrieben werden. In der 5. Ausgabe von 1842 kommt noch Italienisch hinzu. Theodor Heuss erwähnt in seinen Jugenderinnerungen einen Orbis pictus – vermutlich handelte es sich um das Gailersche Werk aus Stuttgart beziehungsweise Reutlingen – und gibt damit, ähnlich wie Goethe in seiner Erinnerung an Comenius, ein Beispiel, wie stark und nachhaltig bildhafte Eindrücke aus der Kindheit nachwirken können.

Das 19. Jahrhundert hat außer den typischen Nachfolgern des ›Orbis pictus‹ eine Reihe vergnüglicher, eigenständiger Elementarbücher hervorgebracht. An erster Stelle ist hier das ›Neue Bilderbuch. Anleitung zum Anschauen, Denken, Rechnen und Sprechen für Kinder von 2½ bis 7 Jahren‹ von Niklaus Bohny zu nennen. Der Basler Lehrer knüpft in seinem zuerst 1847 erschienenen Buch bewußt an Pestalozzis ›Buch für die Mütter‹ an. Die Mütter sollen die frühe kindliche Betätigung leiten und ordnen. Es handelt sich dabei um eine Art ›Vorschulprogramm‹, ausgestattet mit anschaulichen Bildern in frischem Kolorit (Abb. 42).

Ein Glanzstück unter den Elementarbüchern des 19. Jahrhunderts ist Friedrich Gustav Normanns ›Die Thurmuhr. Eine Rechen-Fibel für kleine Kinder zur Erkennung der Uhr, Erlernung der Zahlen u. practisch. Entwickelung der ersten Begriffe der Rechen-Kunst‹, 1841 in Berlin zuerst erschienen. Die Verse gehen auf die ›Ammenuhr‹ aus ›Des Knaben Wunderhorn‹ von 1805 bis 1808 zurück. Dem Vers zum Stundenschlag ist jeweils ein Rechenexempel mit der entsprechenden Zahl gegenübergestellt. Dinge aus dem Alltag des Kindes dienen wie bei Bohny als Beispiele: eine halbierte Birne, ein geviertelter Apfel und vier Spielkarten, fünf Finger, sechs Augen des Würfels und sechs Maikäfer, Erbsen, Orangen und neun Kegel. Normann, der auch als Musiker und Komponist tätig war, hat die Illustrationen selbst entworfen (Abb. 45). Sie rufen, vor allem in prachtvollem Altkolorit, noch heute unsere Begeisterung hervor und lassen uns gerne glauben, daß sie den Kindern das Lernen leicht gemacht haben.

47 »Lasset die Kindlein zu mir kommen«. Kupferstich von Schellenberg nach Penzel aus: Johann Sigmund Stoy, *Bilder-Akademie für die Jugend. Abbildungen und Beschreibungen der vornehmsten Gegenstände der jugendlichen Aufmerksamkeit – aus der biblischen und Profangeschichte, aus dem gemeinen Leben, dem Naturreiche und den Berufsgeschäften, aus der heidnischen Götter- und Alterthumslehre, aus den besten Sammlungen guter Fabeln und moralischer Erzählungen – nebst einem Auszuge aus Herrn Basedows Elementarwerke. Nürnberg 1784*

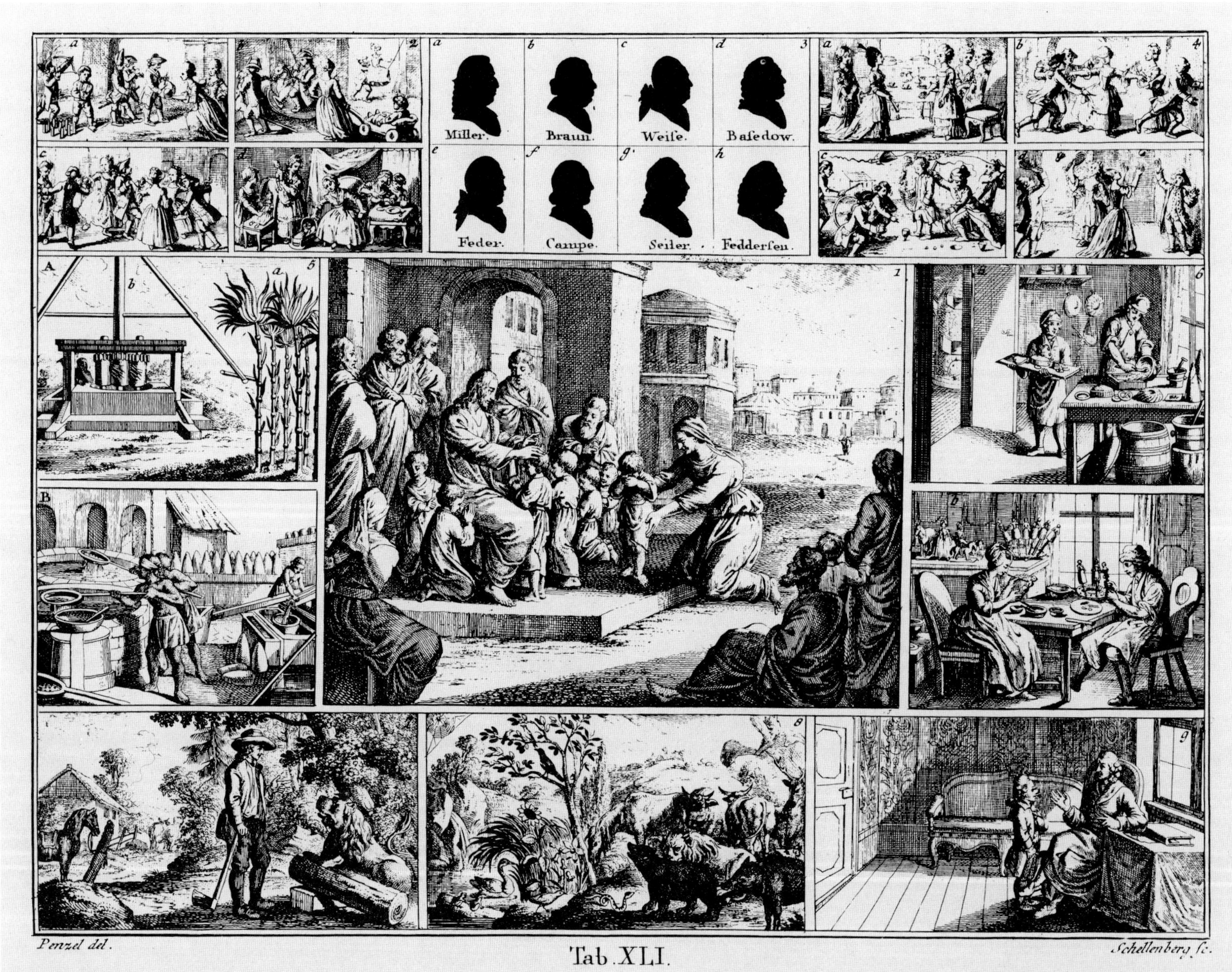

48 Der Uhrmacher. Kolorierter Kupferstich aus: Johann Georg Lederer, *Der kleine Lateiner oder gemeinnützige Kenntnisse aus der Natur und Kunst in der Gestalt eines neuen lateinischen Lesebuchs für Kinder zur Bildung des Verstandes und Herzens durch das Gedächtnis. Nürnberg 1802*

49 Die Redekunst. Kolorierter Kupferstich aus: The Progress of Man. *Neuer englischer Orbis Pictus oder Die Geschichte des Menschen und menschlichen Gesellschaft in Bildern zur Belehrung und Unterhaltung der Jugend. Leipzig um 1809*

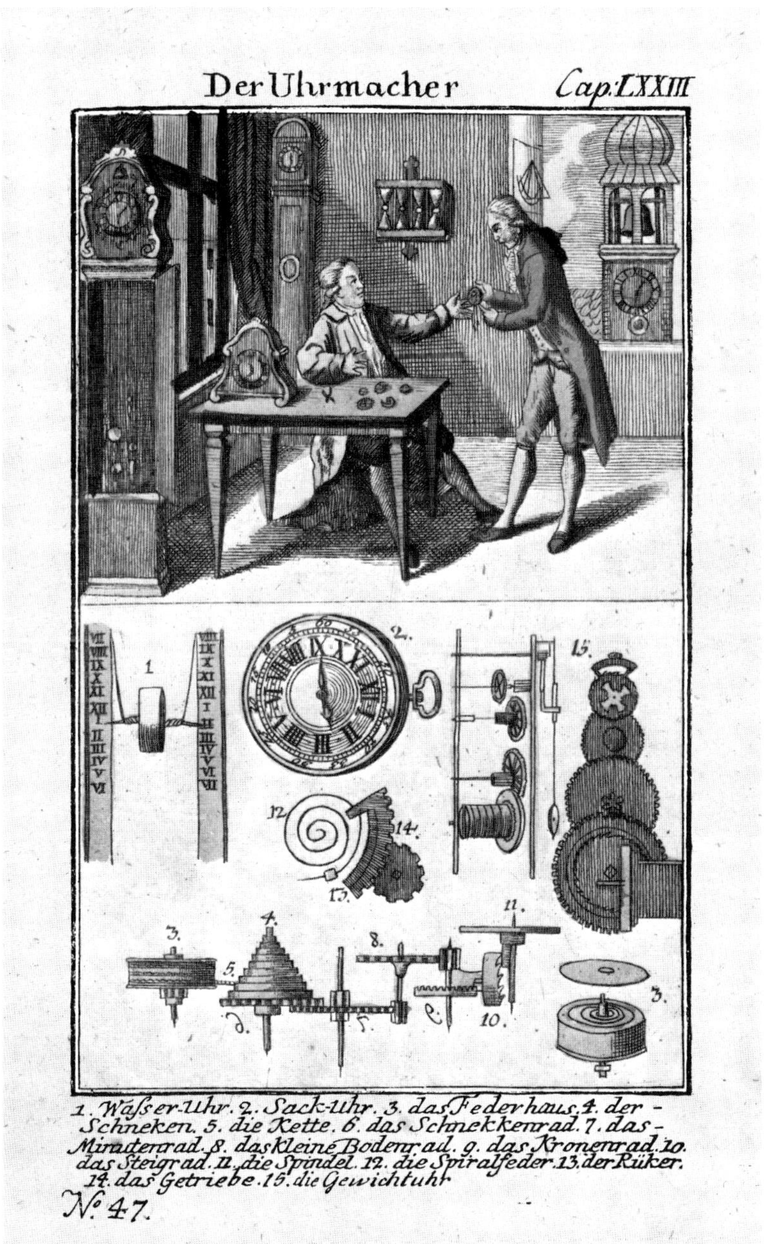

50 Titeldoppelseite mit Frontispiz in Lithographie aus: Jacob Eberhard Gailer, *Neuer Orbis pictus für die Jugend, oder Schauplatz der Natur, der Kunst und des Menschenlebens in 316 lithographirten Abbildungen mit genauer Erklärung in deutscher, lateinischer und französischer Sprache. Nach der früheren Anlage des Comenius bearbeitet und dem jetzigen Zeitbedürfnisse gemäß eingerichtet. Reutlingen 1832*

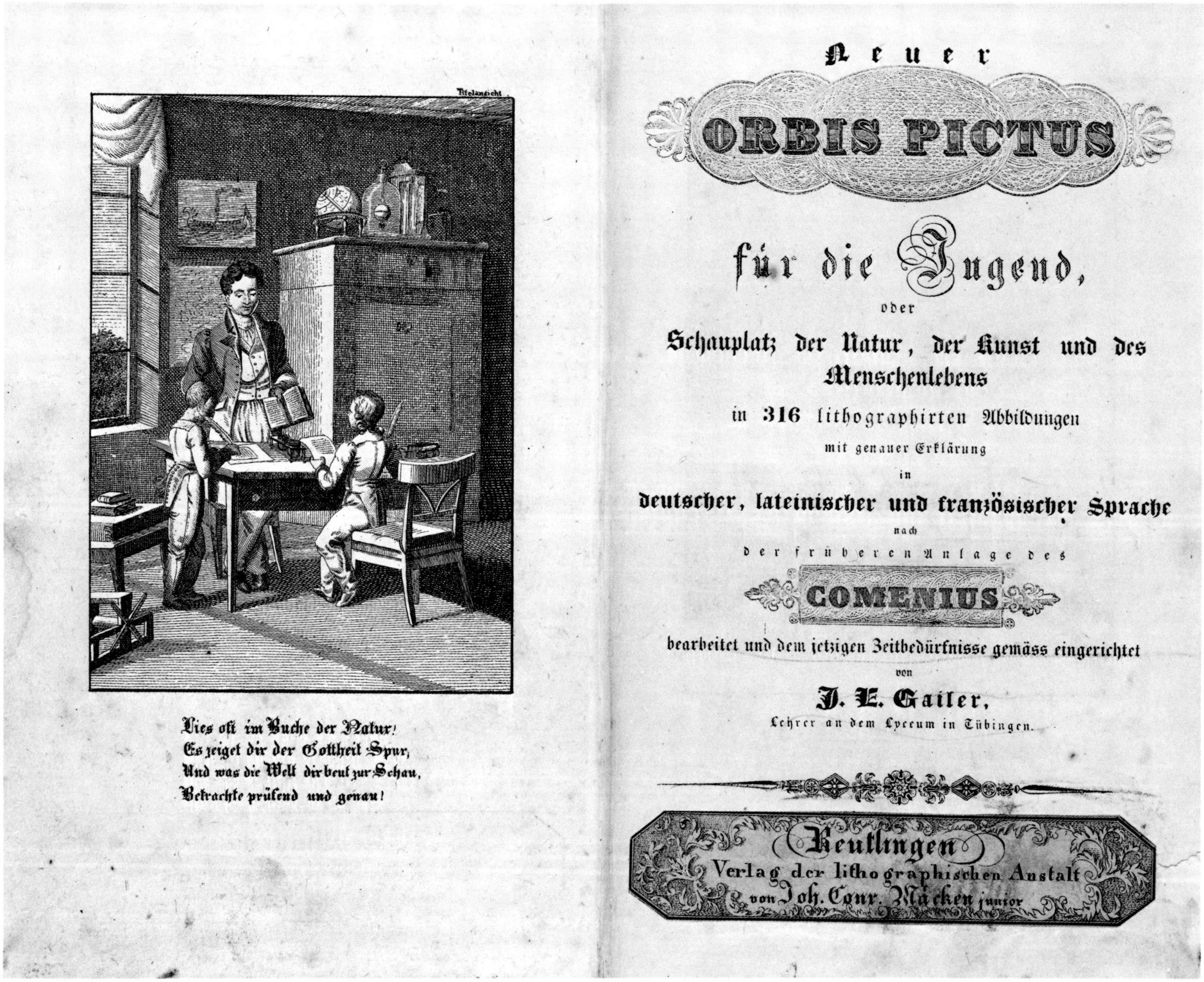

51 Titelblatt in Farblithographie aus: A. Winter, *Rechenbuch mit Bildern. Für die ersten Beschäftigungen des Kindes mit Zahlen. Langensalza um 1860*

52 Lithographierte Seite aus: J. Schulz, *Schreiblesebuch für den ersten Unterricht taubstummer Kinder. Mit 330 Versinnlichungsbildern. Erfurt 1842*

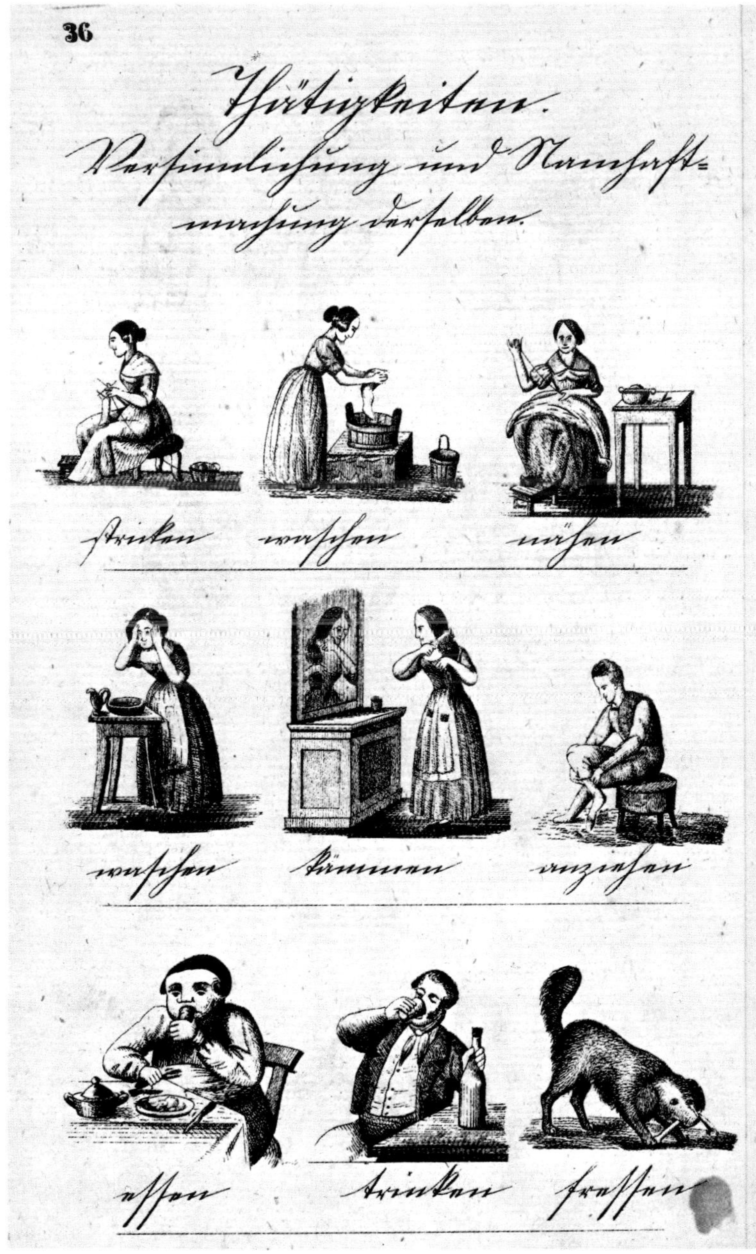

53 Der Garten. Kolorierter Stahlstich von Wilhelm Müller nach Theodor Neu aus: Carl Friedrich Lauckhard, *Die Welt in Bildern. Orbis pictus. Bilderbuch zur Anschauung und Belehrung. Leipzig (1883)*

54 Jagdbares Wild und Käfer (Hirsch und Hirschkäfer). Kupferstich aus: Georg Christian Raff, *Naturgeschichte für Kinder. Göttingen 1793* ▷

Realienbücher

Comenius hatte im 17. Jahrhundert den Kindern seinen ›Orbis pictus‹ geschenkt: die ganze Welt in einem Buch beschrieben und abgebildet. Dies war zu seiner Zeit noch möglich gewesen; es gab ein geschlossenes Weltbild, das überschaubar war. Die fortschreitende Entwicklung brachte dann im 18. und vor allem im 19. Jahrhundert geradezu eine Explosion an Wissenszuwachs: neue naturwissenschaftliche, geographische und historische Erkenntnisse, neue Errungenschaften der Technik fanden auch im Kinderbuch ihren Niederschlag. Hatten der pansophisch denkende Comenius und seine gründlichen Nachfolger, die philanthropischen Pädagogen der Aufklärung, noch angestrebt, die Einheit, das Ganze zu lehren, so war dies doch schon Ende des 18. Jahrhunderts nur mehr bedingt möglich. Parallel zu den enzyklopädischen Orbis-pictus-Bearbeitungen entwickelte sich das sogenannte Realienbuch. In ihm wird ein Teilgebiet behandelt, meist mit großer Gründlichkeit, denn die Vermittlung von Spezialwissen rückt bei einer bildungsbeflissenen Bürgerschicht immer mehr in den Vordergrund. Gleichzeitig versuchen die Autoren, den Kindern das Lernen so vergnüglich wie möglich zu gestalten. Das Fachwissen wird selten isoliert dargeboten, sondern in einen erzählenden Rahmen eingefügt. Die meist prachtvoll kolorierten Kupferstiche und Lithographien tragen wesentlich zur praktischen Anschauung sowie Unterhaltung bei und machen die Realienbücher heute zu begehrten Sammelobjekten.

Naturgeschichte steht ganz oben in der Liste der Realienbücher. Sie reicht von Botanik und Zoologie bis zur Geographie, Völkerkunde und Astronomie. Für uns ist es heute kaum mehr faßbar, wieviel Detailwissen den Kindern hier vermittelt wurde. Wir bekommen einen Eindruck von den Bildungsvorstellungen der Zeit, die das Gedankengut der Aufklärung ebenso wie die Erkenntnisse aus Wissenschaft und Forschung umfassen.

»Eine Perle unter den Sachbüchern des 18. Jahrhunderts« nennt Horst Kunze in seinem ›Schatzbehalter‹ die zuerst 1778 erschienene ›Naturgeschichte für Kinder‹ des Pädagogen Georg Christian Raff, die sich großer Beliebtheit beim jugendlichen Publikum erfreute und

zahlreiche Neuauflagen erlebte (Abb. 54). Bis 1861 waren sechzehn rechtmäßige Ausgaben sowie zahlreiche Nachdrucke erschienen. Im Vorwort schreibt Raff: »Ich übergebe hier dem teutschen Publikum eine Naturgeschichte für Kinder, die so ziemlich in dem Ton geschrieben ist, wie es die Kinder haben wollen, und gewissermasen auch haben müssen, wenn sie mit Nuzen und Vergnügen drin lesen sollen. Bald rede ich mit den Kindern, bald sie mit mir; izt red ein Kind oder ich mit einem Thier; izt lassen wir das Thier seine Geschichte selbst hersagen; nun gehen wir spazieren, nun schiffen wir im weiten Weltmeer herum, und sehen Seehunde und Walfische fangen.« Der Kinderbuchsammler Karl Hobrecker war es, der den Reiz dieses Buches als erster wiederentdeckt hat. Wie hören sich nun die Unterhaltungen der Kinder mit den Tieren an? »Nun, großer Adler, dich wollen wir zuerst kennen lernen. – Eine große Ehre für mich. – Du wohnst und horstest also auf hohen Bäumen und steilen Felsen, und nährst dich vom Raube lebendiger Thiere? – Ja, das thue ich, nebst allen meinen Kameraden, kleinen und großen, schwarzen und grauen Adlern. – So? gibts also bei deiner Zunft und Gilde mehrere Rotten? – Ja wohl. Ich bin aber der König unter allen und auf der 9ten Tafel, bei Figur 2, bin ich abgebildet.« Die Kinder haben sich bei diesen Zwiegesprächen sicher amüsiert und gleichzeitig viele Fakten gelernt, wenn auch die zeitgenössischen Pädagogen die Raffsche Methode verurteilten: »Er ist bis zum Ekel kindisch. Herr Raff lässt sich zu gewissen Scherzen herab, die vielleicht einen Hofmeister in seiner Stunde ganz gut kleiden mögen, gedruckt aber sehr widerlich sind.« (Charakteristik der Erziehungsschriftsteller, 1790.) Es mag uns beruhigen, daß der Streit um Erziehungs- und Lernmethoden keine Erfindung unserer Tage ist.

Die nächste Umwelt führt Joseph Anton Pflanz den Kindern vor Augen. ›Die Natur in Bildern‹ von 1842 ist nach den vier Jahreszeiten geordnet und stellt Pflanzen, Tiere, Arbeiten und Feste des bäuerlichen Jahreslaufes dar (Abb. 56). Dem Kind soll eine »heitere Naturanschauung« beigebracht werden, damit es »auf diese Art von einseitiger, unnatürlicher Verbildung bewahrt« werde. Viele der Realien-

55 Titel und koloriertes Frontispiz, gestochen von A. Schule aus: Heinrich Müller, *Vater Beresfort's naturhistorische Unterhaltungen mit seinen Söhnen über die Wunder, die Pracht und den Nutzen der Meteore. Anleitung zur Betrachtung und Kenntniß großer, mächtiger, freundlicher und ergötzlicher Naturerscheinungen. Leipzig (1837)*

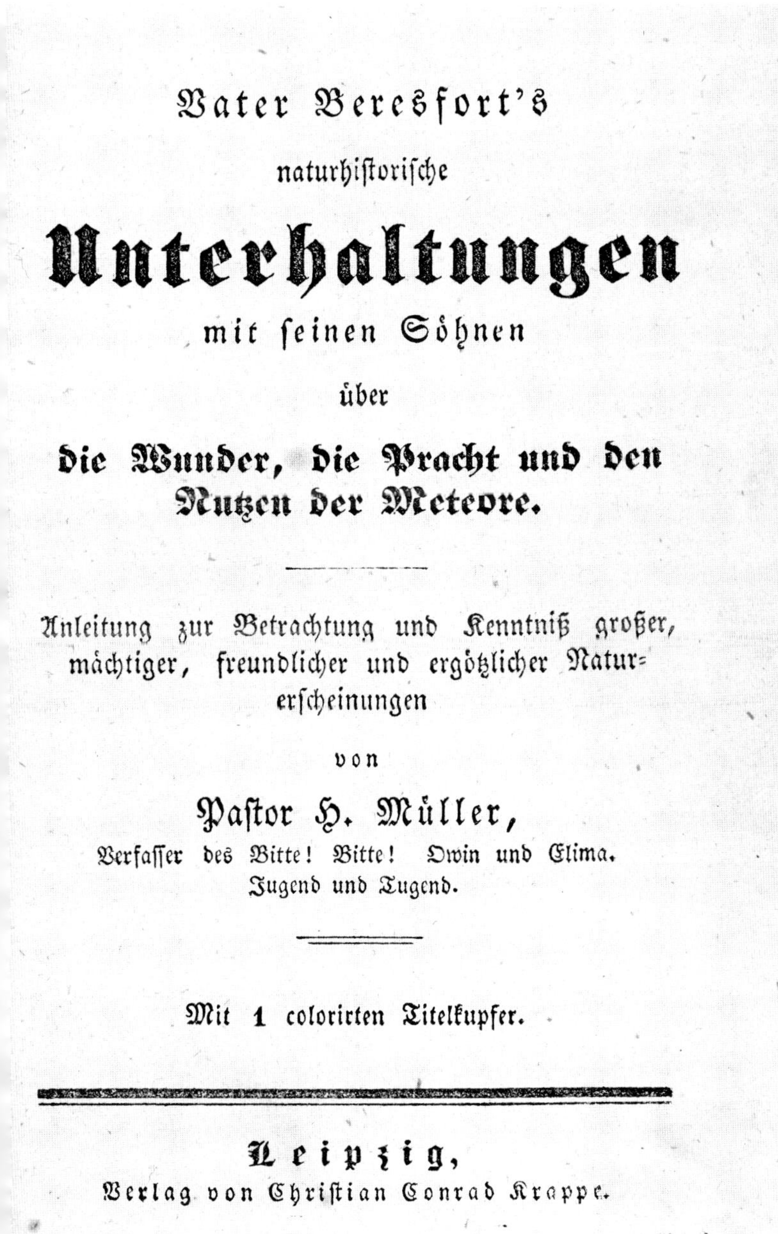

Vater Beresfort's

naturhistorische

Unterhaltungen

mit seinen Söhnen

über

die Wunder, die Pracht und den Nutzen der Meteore.

Anleitung zur Betrachtung und Kenntniß großer, mächtiger, freundlicher und ergötzlicher Natur-erscheinungen

von

Pastor H. Müller,

Verfasser des Bitte! Bitte! Owin und Elima. Jugend und Tugend.

Mit 1 colorirten Titelkupfer.

Leipzig,

Verlag von Christian Conrad Kappe.

bücher sind mit künstlerisch hervorragenden, qualitätvollen Illustrationen geschmückt, so zum Beispiel ›Der kleine Pferdeliebhaber. Ein Lesebuch für Knaben‹, im Jahre 1800 in Leipzig erschienen. Auf zwölf fein kolorierten Kupfertafeln sind 24 Reiter, zum Teil in historischen Kostümen, mit den verschiedenen Pferderassen abgebildet. Ein typisches Produkt der Zeit ist auch das Werk ›Zonengemälde. Naturgeschichte und Völkerkunde vollständig in Wort und Bild‹ von Traugott Bromme aus dem Jahre 1846. Nach dem jeweiligen Klima ist die Erde in Zonen eingeteilt. Große kolorierte Tafeln fassen die gesamte Naturgeschichte der einzelnen Zonen zusammen. So sehen wir bei der Abbildung ›Gemäßigte Zone, Zone des veränderlichen Niderschlags, Übergangszone in die Region des ewigen Schnees‹ auf einem Bild folgendes nebeneinander: die bayerische Tracht (Franken), Apfelbaum, Igel, Iltis, Fledermaus, Frosch, Meise, Kreuzschnabel, Dompfaff, Eichelhäher, Goldammer, Taube, Lerche, Kernbeißer, Wels (Waller), Forelle, Barbe, Hecht, Holunder, Heidelbeere, Himbeere, Brombeere, Erdbeere, Vogelbeere, Veilchen und Maiglöckchen (Abb. 68). Ein so vollständiges und anschauliches Lehrbuch besticht uns noch heute in seiner Gründlichkeit, ganz zu schweigen von den sehr gut gezeichneten und kolorierten Bildern.

Nicht unerwähnt bleiben soll in diesem Zusammenhang die reich illustrierte ›Naturgeschichte des Thier-, Pflanzen- und Mineralreichs‹, die ab 1840 als ›Geschichte der drei Reiche‹ nach und nach bei Schreiber in Esslingen erschien. Unter dem Herausgeber Gotthilf Heinrich von Schubert wurde dieses Werk ein großer, über Jahrzehnte anhaltender buchhändlerischer Erfolg im In- und Ausland, oft aufgelegt und neu bearbeitet.

Aber damit nicht genug: Die Kenntnis der Erde, ihrer Flora und Fauna reichte nicht aus. Von Heinrich Rockstroh stammt das ausführliche Werk ›Der gestirnte Himmel oder Anweisung zur Kenntniß der Gestirne und der vorzüglichsten Sterne. Zur Belehrung und Unterhaltung für gebildete Leser, besonders jüngeren Alters‹. In diesem 1830 in Berlin erschienenen Buch werden die Sternbilder auf vierzig Kupfertafeln abgebildet und die Sterne in die Tierkreiszeichen

1.
2.
3.
4.
5.
6.
7.
8.
9.
10.
11.
12.
13.
14.
15.
16.
17.

57 Frontispiz in koloriertem Kupferstich aus: Heinrich Eduard Maukisch, *Das Jagen und Fangen, Zähmen und Abrichten der Thiere. Ein Bilder- und Lesebuch zur Unterhaltung und Belehrung in der Naturgeschichte und Völkerkunde nebst einem Anhange unterhaltender und merkwürdiger Begebenheiten aus der Thierwelt für die Jugend. Nürnberg (1853)*

56 Herbst mit Apfelernte und Jagd. Kolorierte Lithographie aus Joseph Anton Pflanz, *Die Natur in Bildern. Ein belehrendes und unterhaltendes Bilderbuch zum Behufe einer naturgemäßen Entwicklung und Bildung des Verstandes und Gemüthes der Kinder. Mit sehr vielen Scenen aus der Natur, und 350 Abbildungen einzelner naturhistorischer Gegenstände. Stuttgart (1842)*

58 Titelbild in kolorierter Lithographie mit Tonplatte nach einer Zeichnung von Fedor Flinzer aus: Julius Zähler, *Robinson's Thierbude. Ein Bilderbuch für große und kleinere Kinder. Mit Verschen und Geschichten von Julius Zähler. Und mit in Ton gedruckten Bildern nach Originalzeichnungen, aufgenommen in der Kreuzberg'schen Menagerie von Fedor Flinzer. Dresden (1856)*

59 Gartenarbeiten im Frühjahr. Kolorierter Kupferstich von Ludwig Meyer nach L. Wolf aus: Friedrich Philipp v. Wilmsen, *Benigna oder Das Leben der Natur. Eine Vorschule der Naturgeschichte. Lesebuch für die Jugend. Berlin 1827*

60 Titel und Frontispiz in Kupferstich von G. W. Lehmann nach L. Wolf aus: Heinrich Rockstroh, *Der gestirnte Himmel oder Anweisung zur Kenntniß der Gestirne und der vorzüglichsten Sterne. Zur Belehrung und Unterhaltung für gebildete Leser besonders jüngeren Alters. Berlin 1830*

so eingesetzt, daß sie der jugendliche Beobachter selbst am Himmel auffinden kann (Abb. 60). Eine Einführung in die Astronomie und Meteorologie sind ›Vater Beresfort's naturhistorische Unterhaltungen‹, 1837 von Pastor Heinrich Müller verfaßt (Abb. 55). Von demselben produktiven Autor stammen ›Die Wunder der Natur und die Wunderwerke der Welt‹ aus dem Jahre 1831 (Abb. 61). Hervorragend illustriert und auf den neuesten Stand der Zeit gebracht ist das 1846 erschienene Buch ›Der Mensch und die Elemente, dargestellt in Bildern und Erzählungen für die reifere Jugend‹. Hier finden wir die Dampfmaschine, den großen Hamburger Brand von 1842, die Taucherglocke, Blüchers Übergang über den Rhein, Fallschirm und Blitzableiter, die Besteigung der Jungfrau durch Agassiz im Jahre 1842, den Themse-Tunnel, verunglückte Luftfahrten und den Vesuvausbruch von 1805 (Abb. 67).

Europas Länder und Völker werden von Dr. Felix Selchow (eigentlich Johann Heinrich Meynier) ausführlich im Jahre 1826 abgehan-

61 Frontispiz in koloriertem Kupferstich mit sechs kleinen Einzeldarstellungen nach dem Alphabet aus: Heinrich Müller, *Die Wunder der Natur und die Wunderwerke der Welt, oder Vater Brissons Unterhaltungen mit seinen Kindern über Natur- und Kunstmerkwürdigkeiten. Ein physikalisches und belehrendes Bilderbuch. Hamburg (1831)*

Der gestirnte Himmel
oder
Anweisung zur Kenntniß der Gestirne
und
der vorzüglichsten Sterne.
Zur
Belehrung und Unterhaltung
für
gebildete Leser
besonders jüngeren Alters,
von
Dr. H. Rockstroh.
L. Wolf inv. & del. G. W. Lehmann sc.
Mit 40 erläuternden Kupfertafeln.
Berlin, 1830.
Verlag der Buchhandlung von C. F. Amelang.
(Brüder Str. No 11.)

delt. In diesem ›lehrreichen Unterrichtsbuch‹ kann sich die gebildete Jugend über den Karneval in Rom ebenso informieren wie über Volksbelustigungen der Russen (Abb. 63). Reizend sind auch hier wieder die fein kolorierten Kupferstiche, ebenso wie die Darstellungen in Karl Grumbachs ›Kinder-Reisen oder des wißbegierigen Wilibalds Durchzüge merkwürdiger Länder und Völker der Welt auf seiner Stube gemacht und ans Licht gezogen‹ von 1827 (Abb. 66). Ihnen stehen die Illustrationen der ›Trachten der Völker für Kinder‹ nicht nach, die 1840 bei H. F. Müller in Wien erschienen, einem Verlag, dessen Name ein Gütezeichen für hervorragend ausgestattete Kinderbücher ist (Abb. 65).

Von der großen naturgeschichtlichen sowie der geographisch-völkerkundlichen Gruppe setzt sich die Spezies der historisch belehrenden Realienbücher ab. Der ›Orbis terrarum in nuce. Die Welt in einer Nuß‹, als ›Gedächtnuß- hülfliche Bilder-Lust Der Merckwürdigsten Welt-Geschichten aller Zeiten‹ zuerst 1697 in Nürnberg bei Christoph Weigel, der auch die Kupfer stach, erschienen und mehrfach bis in das 18. Jahrhundert aufgelegt, ist eine bebilderte Weltgeschichte, die uns gerade in heutiger Zeit fasziniert, in der sich die Wissenschaft in ›abstracts‹, in kompakten Zusammenfassungen artikuliert. Die ›Historische Darstellung aller Künste und Handwerke‹ ist ein Werk mit bezaubernden Berufsdarstellungen von Christian Gottfried Heinrich Geißler (Abb. 64). Daß Künstler wie Geißler Kinderbücher bebildert haben, darf in der Geschichte des Kinderbuchs überhaupt als Glücksfall angesehen werden.

62 *Titel und Frontispiz in koloriertem Kupferstich von Karl Heinrich Beichling aus:* Friedrich Holl, *Das Schiff und die See. Ein Lehr- und Bilder-Buch für kleine und grosse Leutchen, die sich vom Seewesen einen richtigen u. deutlichen Begriff verschaffen wollen. Pirna (1830)*

64 *Der Weinbau. Die Reitkunst. Kolorierte Radierung von Christian Gottfried Heinrich Geißler aus:* Historische Darstellung aller Künste und Handwerke. *Ein Weihnachtsgeschenk zur Belehrung und Unterhaltung für die Jugend. Leipzig 1807* ▷

63 *Das Carneval in Rom. Kolorierter Kupferstich aus:* Felix Selchow (d. i. Johann Heinrich Meynier), *Europa's Länder und Völker. Ein lehrreiches Unterhaltungsbuch für die gebildete Jugend. Stuttgart 1826*

Geißler del. f.

65 Sechs Einzeldarstellungen mit Chinesen und Indianern auf einem Blatt. Kolorierter Kupferstich aus: Trachten der Völker für Kinder. *Costumes des differentes nations à l'usage de la jeunesse. Wien um 1840*

66 Eskimos und Feuersbrunst in Rußland. Frontispiz in koloriertem Kupferstich von J. F. Schröter nach Geisler aus: Karl Grumbach, *Kinder-Reisen oder des wißbegierigen Willibalds Durchzüge merkwürdiger Länder und Völker der Welt auf seiner Stube gemacht und ans Licht gezogen. Leipzig (1827)*

67 Die Luft im Dienste des Menschen. Kolorierte Lithographie ▷ *aus:* Der Mensch und die Elemente, *dargestellt in Bildern und Erzählungen für die reifere Jugend. Kempten 1846*

Die Elemente im Dienste der Menschen.

III.

Luft.

68 *›Gemäßigte Zone, Zone des veränderlichen Niderschlags, Übergangszone in die Region des ewigen Schnees‹. Als typisch für diese Region sind dargestellt: die bayerische Tracht (Franken), Apfelbaum, Igel, Iltis, Fledermaus, Frosch, Meise, Kreuzschnabel, Dompfaff, Eichelhäher, Goldammer, Taube, Lerche, Kernbeißer, Wels (Waller), Forelle, Barbe, Hecht, Holunder, Heidelbeere, Himbeere, Brombeere, Erdbeere, Vogelbeere, Veilchen und Maiglöckchen. Kolorierte Lithographie aus:* Traugott Bromme, *Zonengemälde. Naturgeschichte und Völkerkunde vollständig in Wort und Bild. Stuttgart 1846*

1.
17.
18.
19.
9.
10.
16.
20.
32.
28.
30.
29.
4.
3.
2.
22.
23
24.

69 Titelblatt mit Rollwerk-Kartusche und zwei Mathematikern (Wenzel Jamnitzer oder Stephan Brechtel d. Ä. und Johann Neudörffer d. Ä.) vor der Stadtsilhouette von Nürnberg. Kupferstich von Georg Hermann aus: Christoph Fabius Brechtel, *Soli Deo Gloria, Schöne Zierliche Schrifften der lieben Jugend zu nützlichem vnterricht. Nürnberg nach 1613*

Beschäftigungsbücher

70 In Kupfer gestochener Titel aus: Theoria artis pictoriae, das ist: Reiß-Buch, *bestehend in kunstrichtiger, leichter und der Natur gemässer Anweisung zu der Mahlerey: vermittelst der grundverständigen Abbildung, Aufreißung oder Verzeichniß aller Gliedmassen der Menschen u. Thiere, zu Behuf der lieben Jugend, lehrartig verfasst (Typographischer Titel). Nürnberg 1656*

Kinder wollen nicht unentwegt lernen und lesen. Das Spiel ist für ihre glückliche Entwicklung von nicht zu überschätzender Bedeutung. Spielerische Beschäftigung mit den Dingen der nächsten Umgebung sowie weiterer Wissensgebiete trägt zu ihrer Bildung, aber auch zu ihrer Zufriedenheit und Freude bei. Das haben Pädagogen und Kinderbuchautoren früherer Jahrhunderte richtig erkannt. Ihren Bestrebungen, die Kinder »angenehm und nützlich« zu beschäftigen, verdanken wir eine eigene Spezies von Kinderbüchern, die sogenannten Beschäftigungsbücher, die sich in veränderter Form bis in unsere Zeit großer Beliebtheit beim jugendlichen Publikum erfreuen.
Comenius bildet in seinem ›Orbis pictus‹ von 1658 verschiedene Spiele ab und beschreibt sie auch: das Ballspiel, das Brettspiel, Laufspiele und Kinderspiele. Er fügt die Spiele in das für das kindliche Fassungsvermögen verständliche und begreifliche Bild der Welt ein; daran sieht man, daß er die Wichtigkeit der spielerischen Betätigung als Gegengewicht zum konzentrierten Lernen erfaßt hat. Auch Basedow zeigt in seinem ›Elementarwerk‹ von 1774 Kinderspiele, und Bertuch regt 1790 im Vorwort zu seinem ›Bilderbuch für Kinder‹ an, die Bilder nicht nur zu betrachten, sondern auch auszumalen, auszuschneiden und aufzukleben. Dieselbe spielerische Verwendung hatte schon Christoph Weigel für sein mit Kupferstichen reich illustriertes geschichtliches Werk ›Orbis terrarum in nuce. Die Welt in einer Nuß‹ vorgeschlagen, das unter verschiedenen Titeln ab 1697 erschien.
Die ersten Bücher zur ›Selbstbeschäftigung‹, die speziell für Kinder und Jugendliche verfaßt sind, entstanden folgerichtig auf dem Boden der aufklärerisch-philanthropischen Gesinnung des späten 18. Jahrhunderts: der pädagogische Aspekt war klar erkannt worden. So trägt das von Johann Christian Friedrich Gutsmuths im Jahre 1796 herausgegebene Spielbuch den Titel ›Spiele zur Uebung und Erholung des Körpers und Geistes‹. Inhaltlich umfassen die Beschäftigungsbücher einen weiten Bereich, beginnend mit den Mal- und Zeichenschulen des 16. und 17. Jahrhunderts und endend bei den chemischen und physikalischen Experimentier-Anleitungen nach den neuesten Erkenntnissen der Naturwissenschaften des späten 19. Jahrhunderts.

71 Ausschneidebogen für die sogenannte magnetische Nixe, deren Kopf sich hinter dem Tuch verbergen kann. Teilweise kolorierter Kupferstich von Steglich aus: Heinrich Rockstroh, *Belustigungen für die Jugend beiderlei Geschlechts, durch Selbstanfertigung mannichfacher, leicht ausführbarer technischer Künsteleien und Spielwerke; faßlich dargestellt und auf die frühzeitige Erweckung des Kunstsinnes und Ausbildung der Geschicklichkeit in Handarbeiten berechnet. Berlin 1836*

72 Doppelseite in kolorierter Radierung von T. J. Beyer aus: Christian Friedrich Poscharsky, *Die kleinen Gärtner, oder Gartenbeschäftigungen für Kinder, enthält einen deutlichen Unterricht, wie Kinder einen kleinen Garten anlegen, behandeln und abwarten können, ohne dabey einen Gärtner zu Hülfe zu nehmen. Pirna 1810*

73 Das Frühstück und der Unterricht der Puppe. Kolorierte Radierung aus: Wie Auguste und Wilhelmine ihre Puppe erzogen. *Von einer Kinderfreundin. Berlin (1837)*

74 Soldatenspiel. Kolorierte Radierung aus Robert Seifer, *Kinderspiele. Ein Hülfsbuch zur kräftigen Beförderung des Frohsinns, der Unterhaltung, Gesundheit und Heiterkeit guter Knaben und Mädchen. Nach J. G. Ziehnert bearbeitet und zusammengestellt. Pirna (1832)*

75 Familie bei Beschäftigungsspielen. In Kupfer gestochenes, koloriertes Frontispiz aus: Heinrich Rockstroh, *Leichte Künsteleien zum Vergnügen und zum Nutzen für Kinder und Nichtkinder. Ein Buch mannigfaltigen Inhaltes. Berlin 1819*

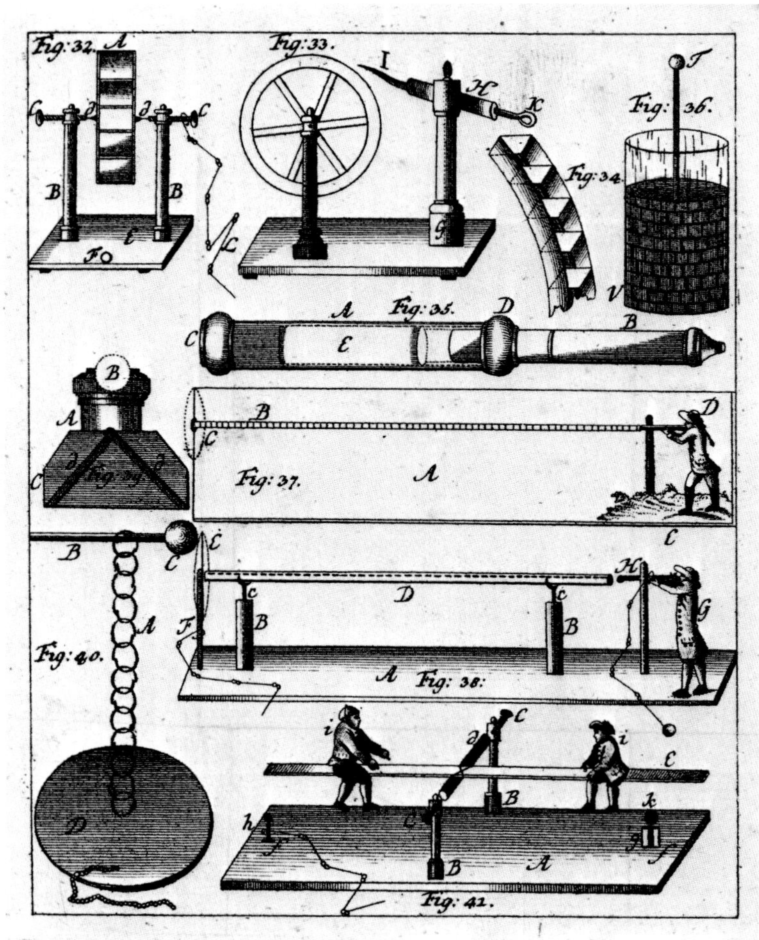

76 Darstellung von Windrad, elektrischem Perspektiv, leuchtender Flasche, Scheibenschütz, Feuermörser und lustigen Knaben. Kupferstich aus: Georg Heinrich Seiferheld, *Sammlung Electrischer Spielwerke für junge Electricer Erste (und Zweyte) Lieferung. Nürnberg und Altdorf 1787–1788*

77 Titeldoppelseite mit Kupferstichfrontispiz und gestochener Vignette von Daniel Chodowiecki aus: J. G. Schummel, *Kinderspiele und Gespräche. Erster Teil. Leipzig 1776*

Gewissermaßen als Vorläufer sind die Schreibmeister- und Reiß-Bücher zu sehen; sie stehen auf der Grenze zwischen Lehr- und Beschäftigungsbuch. ›Soli Deo Gloria, Schöne Zierliche Schrifften der lieben Jugend zu nützlichem unterricht‹ lautet der Titel eines Nürnberger Schreibmeisterbuchs von Christoph Fabius Brechtel aus dem Jahr 1614 (Abb. 69). Die Benutzer des Buches sollen sich anhand der kalligraphischen Vorlagen in der Schönschrift üben und zudem die einzelnen Schriftarten kennenlernen. Ebenfalls aus Nürnberg, der Stadt rühriger Verleger, stammt die ›Theoria artis pictoriae, das ist: Reiß-Buch‹ (Abb. 70). Im Jahre 1651 in erster Auflage erschienen, erinnert diese Anleitung an Hans Sebald Behams ›Kunst und Lere Büchlen. Malen und Reissen zu lernen‹ von 1546 oder Jost Ammans ›Kunnst und Lehrbüchlein für die anfahenden Jungen‹ von 1580 (Abb. 3), die beide ebenfalls als Zeichenvorlage gedient hatten.

Mit Johann Gottlieb Schummels ›Kinderspielen und Gesprächen‹, in Leipzig ab 1776 erschienen und zum Teil von Daniel Chodowiecki illustriert, betreten wir die pädagogische Bühne des 18. Jahrhunderts. Diese zu ihrer Zeit hochgerühmte Sammlung, die der Verfasser dem Pädagogen Friedrich Eberhard von Rochow widmete, umfaßt lehr-

78 Instrumente zum Insektenfang und Schrank zu ihrer Aufbewahrung. Kupferstich aus: Jakob Kaiserer, *Beschäftigungen für die Jugend in ihren Erholungsstunden. Ein Handbuch für Aeltern und Erzieher; worin Anleitung gegeben wird, wie man Säugthiere, Vögel, Amphibien, Fische, Insecten und Würmer fangen, Pflanzen einsammeln, und diese sowohl als jene für ein Naturalienkabinett zubereiten, und in denselben aufbewahren könne; ferner wie man Münzen oder Medaillen in verschiedenen Materien abdrucken oder abgießen könne; u. dgl. mehr. Wien 1802*

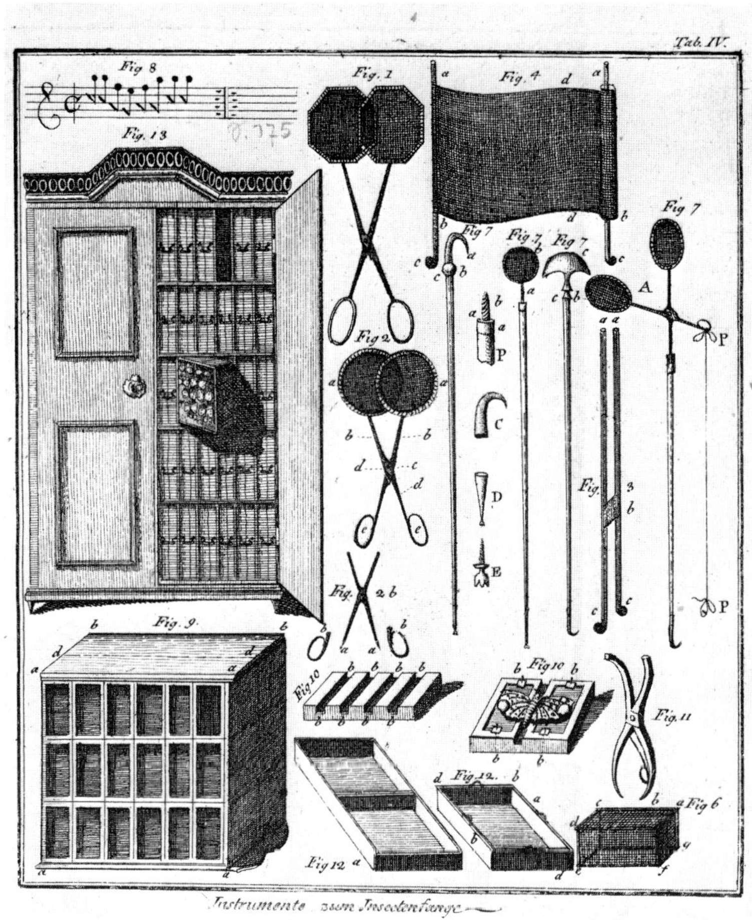

Kinderspiele

und

Gespräche.

Erster Theil.

Leipzig,
bey Siegfried Lebrecht Crusius.
1776.

hafte Beschäftigungen wie das Frage-und-Antwort-Spiel, das geographische Spiel sowie Theaterstücke, die von den Kindern aufgeführt werden können (Abb. 77).

In der Nachfolge nehmen dann die naturkundlichen Bücher einen besonders breiten Raum ein. So erschienen 1802 Jakob Kaiserers ›Beschäftigungen für die Jugend in ihren Erholungsstunden. Ein Handbuch für Aeltern und Erzieher, worin Anleitung gegeben wird, wie man Säugthiere, Vögel, Amphibien, Fische, Insecten und Würmer fangen, Pflanzen einsammeln, und diese sowohl als jene für ein Naturalienkabinett zubereiten, und in denselben aufbewahren könne; ferner wie man Münzen oder Medaillen in verschiedenen Materien abdrucken oder abgießen könne‹ (Abb. 78). Das hier im Titel unter anderem angesprochene Botanisieren und Schmetterlingsammeln war besonders beliebt, und wir können uns die kleinen Naturforscher vorstellen, wie sie mit Netz und Botanisiertrommel durch Wald und Wiesen streiften und zu Hause die Beute bearbeiteten.

Zum Gartenbau leitet 1810 der Dresdner Kunstgärtner Christian Friedrich Poscharsky seine kleinen Leser an: ›Die kleinen Gärtner, oder Gartenbeschäftigungen für Kinder, enthält einen deutlichen

79 Turnen am Pferd. Kupferstich nach Zeichnung des Verfassers aus: Johann Christoph Friedrich Gutsmuths, *Gymnastik für die Jugend, enthaltend eine praktische Anweisung zu Leibesübungen. Ein Beytrag zur nöthigsten Verbesserung der körperlichen Erziehung. Schnepfenthal 1804*

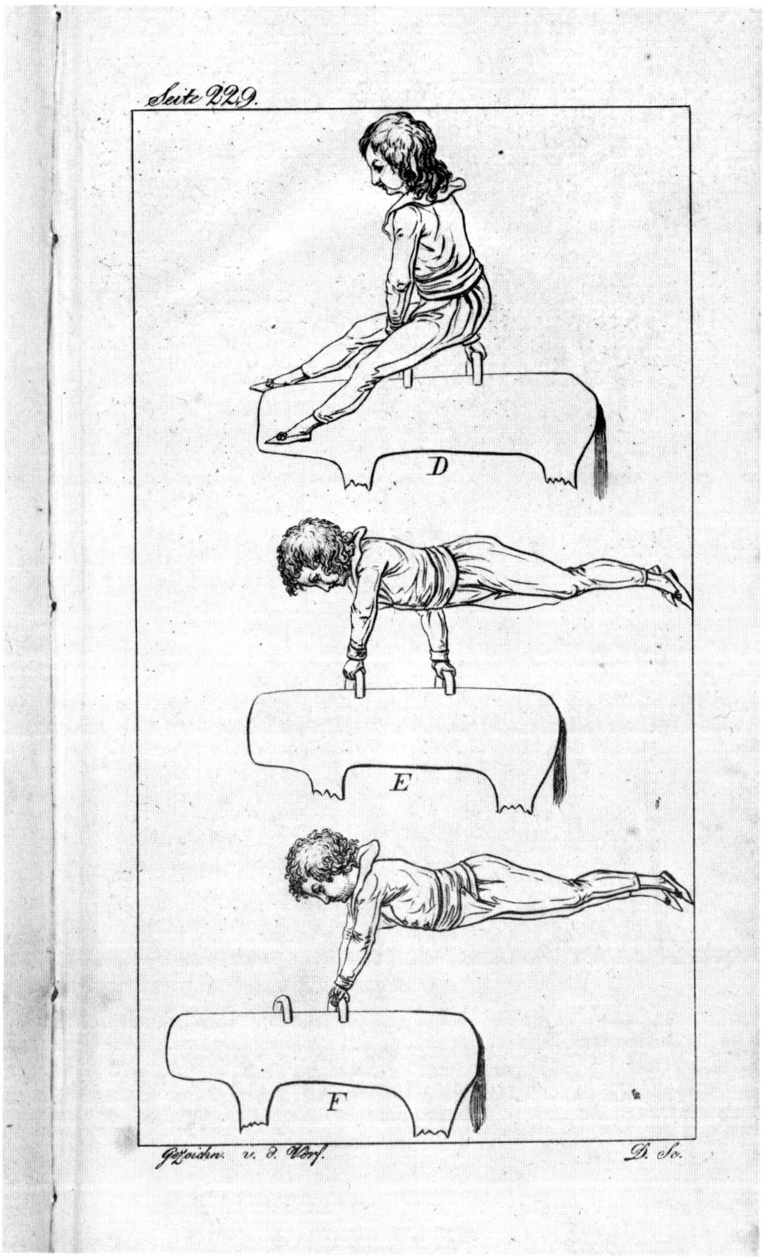

80 Titeldoppelseite in Lithographie aus: Johann Wilhelm Meigen, *Handbuch für Schmetterlingsliebhaber, besonders für Anfänger im Sammeln. Aachen 1827*

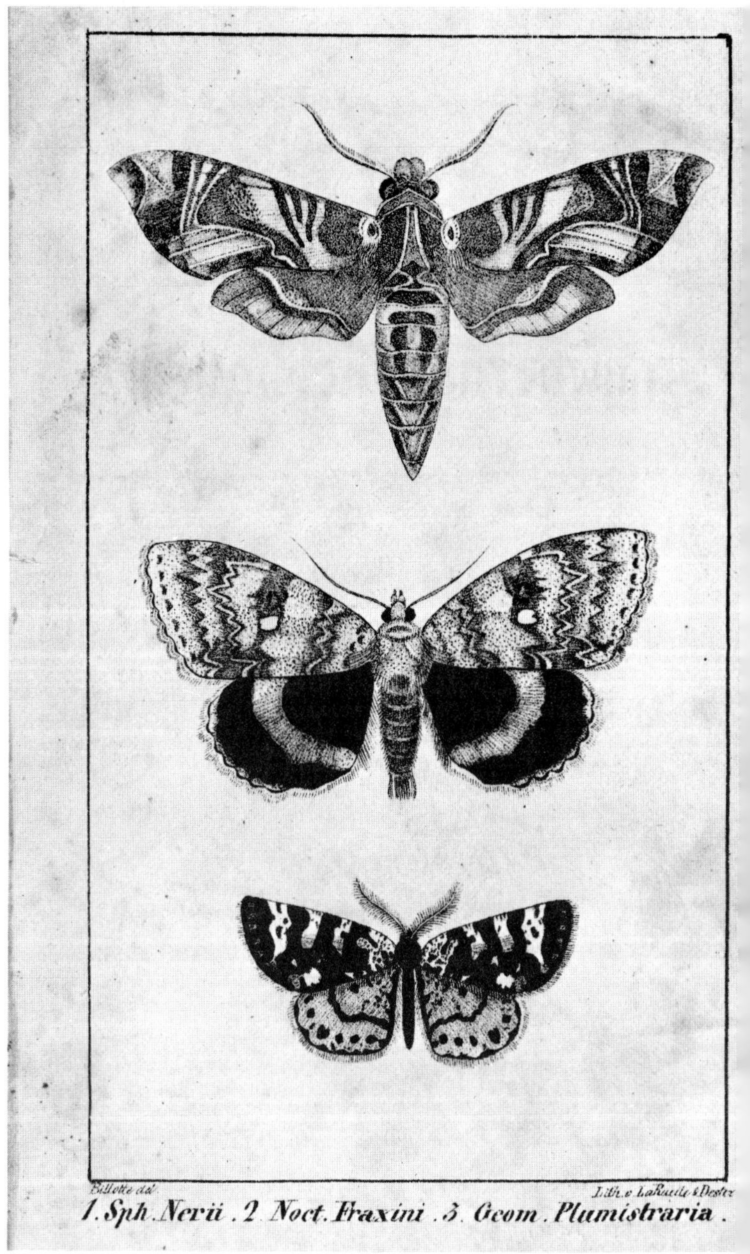

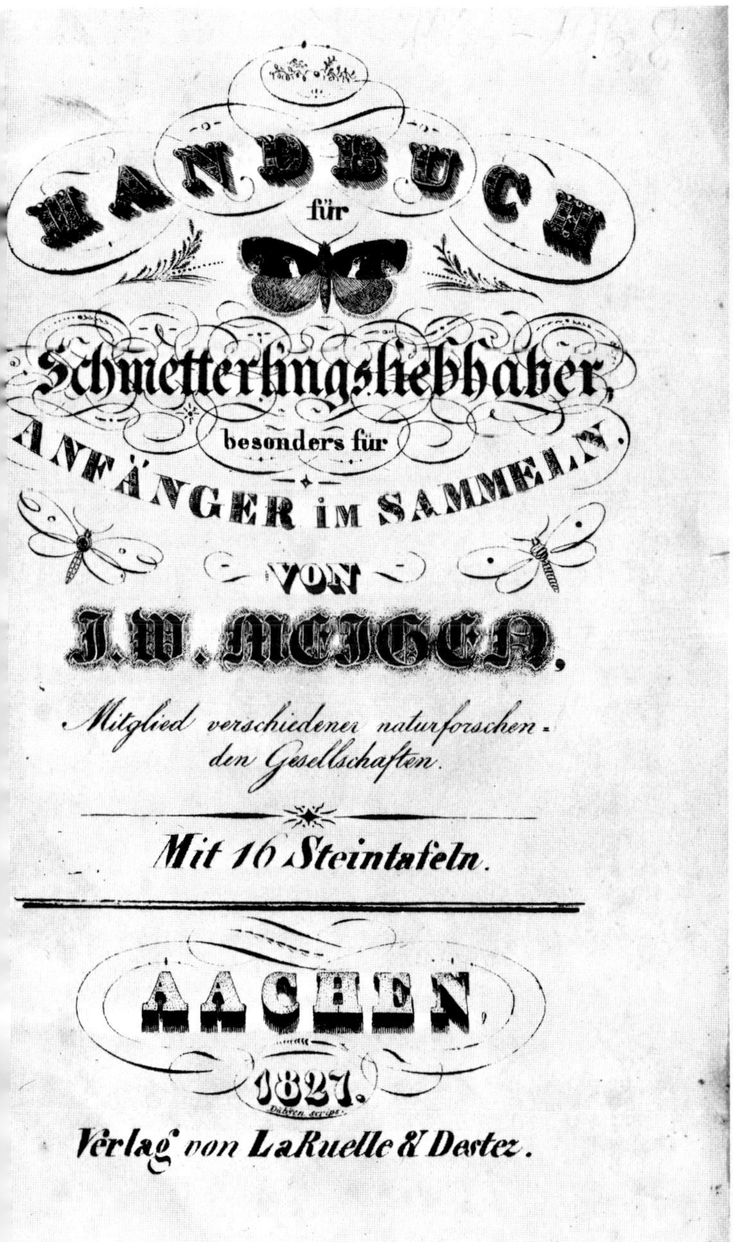

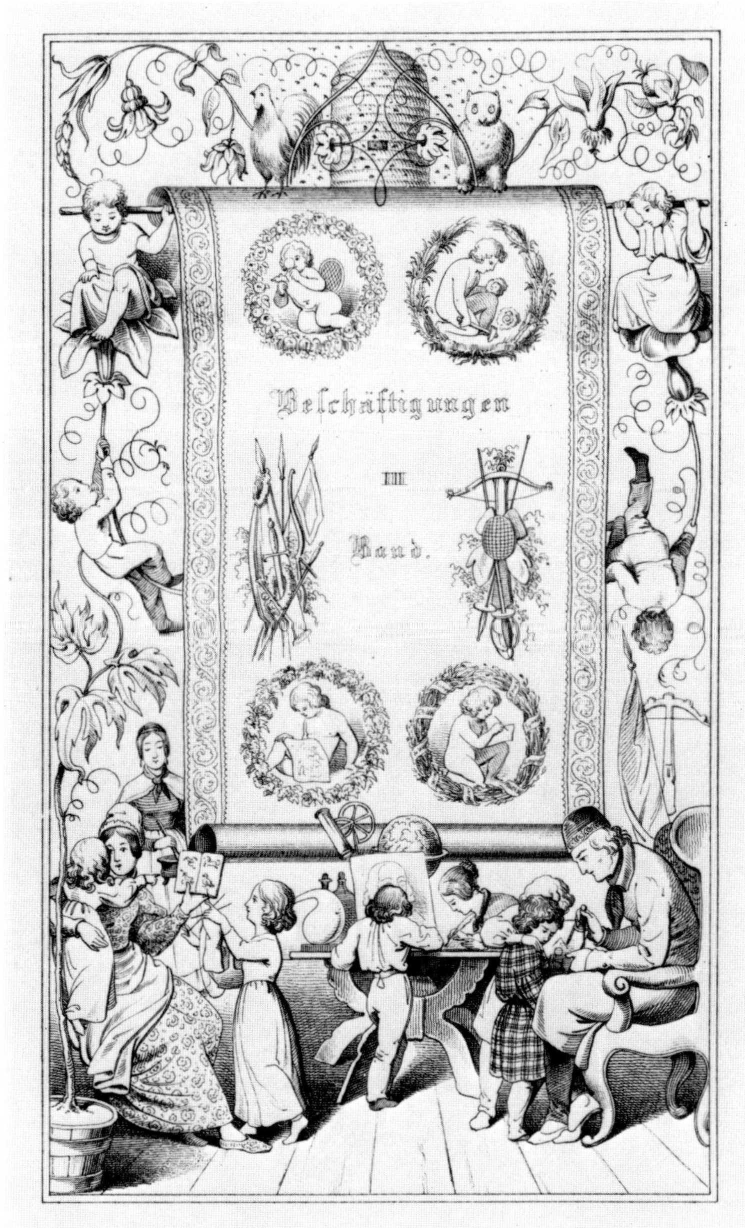

81 Gestochenes Frontispiz aus Band 3 der Beschäftigungen für die Jugend aller Stände *zur Gewöhnung an zweckmäßige Thätigkeit, zur erheiternden Unterhaltung so wie zur Anregung des Kunst- und Gewerbsinnes. Von einer Gesellschaft Gelehrter und Erzieher. Stuttgart 1834–1840*

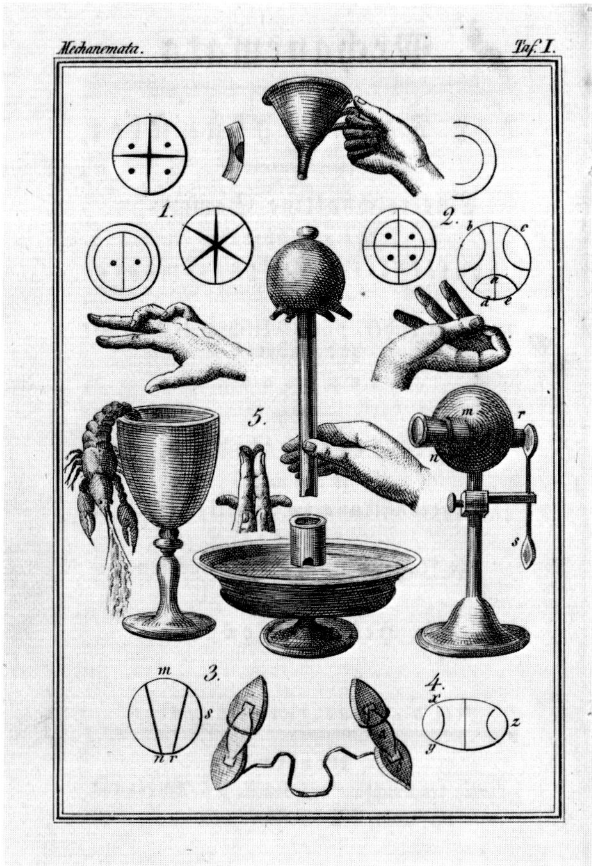

Mechanemata
oder
der Tausendkünstler.

Eine reichhaltige Sammlung
leicht ausführbarer
physikalischer Experimente
und
mathematischer, physikalischer, technischer
und anderer
Belustigungen.

Zur Selbstbelehrung,
so wie auch
zur Unterhaltung im geselligen Kreise,
für
die Jugend und für Erwachsene.
Von
Dr. Heinrich Rockstroh.

Mit 5 erläuternden Kupfern.

Berlin.
Verlag der Buchhandlung von C. Fr. Amelang.
(Brüderstraße Nr. 11.)

82 *Titeldoppelseite mit Kupferstichfrontispiz aus:* Heinrich Rockstroh, *Mechanemata oder der Tausendkünstler. Eine reichhaltige Sammlung leicht ausführbarer physikalischer Experimente und mathematischer, physikalischer, technischer und anderer Belustigungen. Zur Selbstbelehrung, so wie auch zur Unterhaltung im geselligen Kreise, für die Jugend und für Erwachsene. Berlin (1831)*

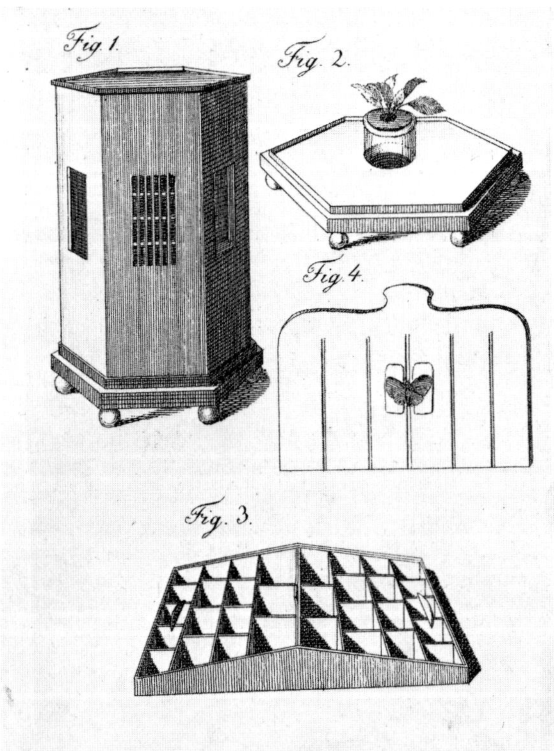

Kleines
Arbeitsbuch
für Kinder
in den Erholungsstunden,
oder
angenehme und nützliche
Beschäftigungen für die Jugend
die wenig Kostenaufwand verursachen, und zur körperlichen und moralischen Bildung sehr wirksam sind.

Mit 1 Kupfertafel.

Pirna,
bei Carl August Friese.

83 *Titeldoppelseite mit Kupferstichfrontispiz aus:* Kleines Arbeitsbuch für Kinder *in den Erholungsstunden, oder angenehme und nützliche Beschäftigungen für die Jugend die wenig Kostenaufwand verursachen, und zur körperlichen und moralischen Bildung sehr wirksam sind. Pirna (1810)*

84 Lithographie auf dem Original-Pappband von: Christine Charlotte Riedl, *Die kleine Köchin. Lindau 1854. – Enthält Rezepte von gewiegtem Eiergerstlein-Süppchen über Fleischpölsterlein bis Omelettchen oder Pfannenküchlein mit Äpfeln und Gogelhöpflein.*

Unterricht, wie Kinder einen kleinen Garten anlegen, behandeln und abwarten können, ohne dabey einen Gärtner zu Hülfe zu nehmen‹ (Abb. 72). Anhand solcher praktischen Bücher haben die Kinder wahrscheinlich mehr Botanik und Zoologie gelernt als durch die alleinige Lektüre von theoretischem Wissensstoff.
Eine andere Gruppe von Büchern ist Beschäftigungen gewidmet, die wir heute als Basteln bezeichnen – im 19. Jahrhundert waren es »leichte Künsteleien«. Heinrich Rockstroh nennt sein 1836 erschienenes Werk ›Belustigungen für die Jugend beiderlei Geschlechts, durch Selbstanfertigung mannichfacher, leicht ausführbarer technischer Künsteleien und Spielwerke; faßlich dargestellt und auf die frühzeitige Erweckung des Kunstsinnes und Ausbildung der Geschicklichkeit in Handarbeiten berechnet‹. Mit Zieh- und Magnetmechanismen werden lustige und überraschende Effekte erzielt, die Herstellung wird in reizenden, teils kolorierten Kupfern anschaulich vor Augen geführt (Abb. 71). Etwas Fortgeschrittenere können sich dann als Tausendkünstler oder Zauberer versuchen, wobei gleichzeitig mathematisches, physikalisches und technisches Wissen auf vergnügliche Weise vermittelt wird. Einen sehr bezeichnenden Titel für das Zweckdenken, das sich oft hinter den kurzweiligen Spielanleitungen verbirgt, tragen die ›Beschäftigungen für die Jugend aller Stände zur Gewöhnung an zweckmäßige Thätigkeit, zur erheiternden Unterhaltung so wie zur Anregung des Kunst- und Gewerbesinnes‹, in den Jahren 1834 bis 1840 in Stuttgart von ›einer Gesellschaft Gelehrter und Erzieher‹ herausgegeben (Abb. 81).
Die Turn- und Gymnastikbücher sind, wie so vieles anderes, Kinder der Aufklärung. Die Idee der Ertüchtigung nicht nur des Geistes, sondern auch des Körpers, findet hier ihren Niederschlag. Schädliche Gedanken sollen durch die Bewegung an der frischen Luft vertrieben werden. Johann Christoph Friedrich Gutsmuths, Lehrer an der Salzmannschen Erziehungsanstalt in Schnepfenthal, war ein Wegbereiter des Turn- und Schwimmunterrichts. 1793 erschien seine epochemachende ›Gymnastik für die Jugend‹, in der er auf die Leibeskultur der Antike zurückgreift und gleichzeitig die erzieherische und moralische Wirksamkeit des Turnens betont. Die zweite vermehrte Auflage erschien 1804 (Abb. 79).
Eine spezielle Gruppe sind Beschäftigungsbücher für Mädchen. Zahlreich sind hier die meist äußerst liebevoll illustrierten Büchlein, die der kleinen Puppenmutter einen Leitfaden für ihr späteres Leben als Hausfrau und Mutter in die Hand geben. Diese frühe Schulung der häuslichen Tugenden geht mit den allgemeinen Erziehungsabsichten Hand in Hand. ›Wie Auguste und Wilhelmine ihre Puppe erzogen‹, 1837 ›von einer Kinderfreundin‹ veröffentlicht, zielt ganz bewußt auf die Erziehung der kleinen Erzieherinnen, und damit der Leserinnen (Abb. 73). ›Die kleine Köchin‹ (Abb. 84) oder ›Puppenköchin Anna‹ (Abb. 85), verfaßt von der berühmten Kochbuchautorin Henriette Davidis, vermittelten ebenso wie ›Puppenmütterchens Nähschule‹ (Abb. 86) den kleinen Mädchen Grundkenntnisse. Sie bereiteten ihnen dabei sicher auch wirkliches Vergnügen, denn welches Kind würde nicht gern im Kleinen das tun, was es täglich in der nächsten Umwelt als Beschäftigung der Erwachsenen erlebt.

85 Einbandillustration zu: Henriette Davidis, *Puppenköchin Anna. Praktisches Kochbuch für kleine und große Mädchen. 9. verbesserte Auflage. Bearbeitet von Emma Heine. Leipzig 1898*

86 Einbandillustration zu: Agnes Lucas, *Puppenmütterchens Nähschule. Eine Puppengeschichte zugleich eine Anleitung nach welcher junge Mädchen ihr Puppenkleider selbstständig herstellen können. Ravensburg um 1900*

87 Frontispiz in Farblithographie aus: Marie Leske, *Illustriertes Spielbuch für Mädchen. 1500 unterhaltende und anregende Belustigungen, Spiele und Beschäftigungen für Körper und Geist, im Freien sowie im Zimmer. Nebst einem Anhange: 500 Allerlei Kurzweil und kurzweiliges Allerlei für jung und alt. Zur geselligen Unterhaltung an langen Winterabenden. Leipzig und Berlin 1886*

88 In Kupfer gestochene, kolorierte Doppelseite aus: Zeitvertreib für Kinder. *Mit 360 Kupfern. Augsburg 1790. – Typisches Beispiel für die Reihung von Gegenständen, Tätigkeiten und Begriffen im Anschauungsbuch.*

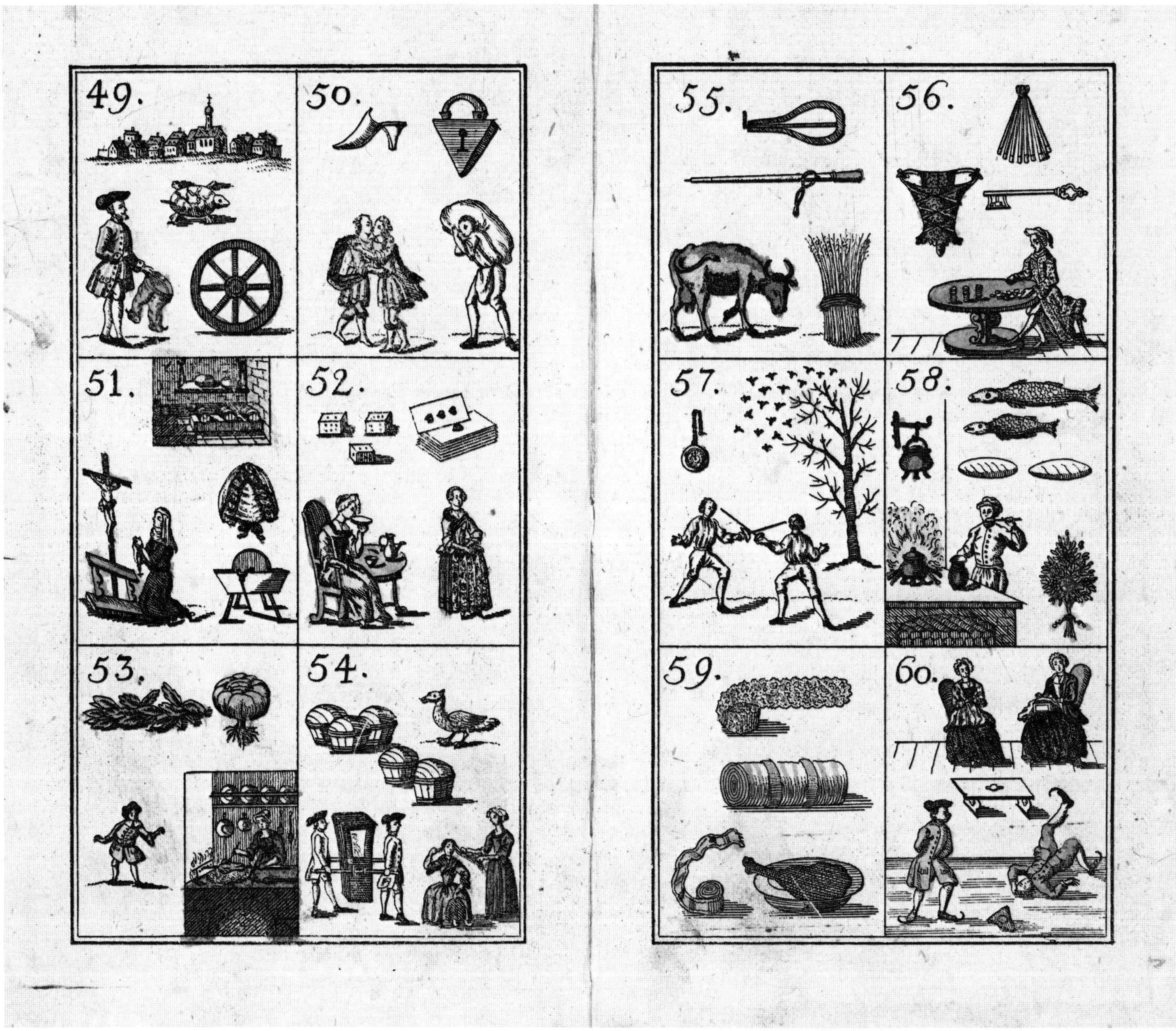

Anschauungsbücher

Das Anschauungsbuch steht zwischen dem ›Orbis pictus‹ und dem Bilderbuch. Wie fast überall beim Kinder- und Jugendbuch verlaufen die Grenzen fließend; sie machen eine genaue Abgrenzung schwer und Definitionen subjektiv. Im hier gesteckten Rahmen verstehen wir unter Orbis-pictus-Nachfolgern die didaktisch-lehrhaften, auf den deutschen und fremdsprachlichen Unterricht und die Kenntnis der gesamten Welt ausgerichteten Werke, reich bebildert und geistige Kinder des epochemachenden Büchleins des pansophischen Comenius, der als erster die Bedeutung des Lernens durch das Bild erkannt hatte. Die Anschauungsbücher hingegen sind für das kleinere Kind konzipiert; wir würden sie heute den Büchern für das Vorschulalter zurechnen. Sie kommen zumeist ohne oder mit nur kurzem erklärenden Text aus, der sich gut zum Vorlesen eignet. Anschauungsbücher sind oft in Form von Bildertafeln ohne Text erschienen. Die Mutter oder Kinderfrau erklärte dem Kind anhand der Bilder die Dinge der nächsten Umwelt, die zumeist statisch und plakativ nebeneinander aufgereiht sind: Küchenutensilien, Möbel, Spielzeug, Werkzeuge, Tiere und Pflanzen. Daneben gibt es Gesamtbilder, in die die einzelnen Gegenstände eingeordnet sind: Küche, Wohnzimmer, Kinderzimmer, Wochenmarkt, Handwerker und Berufe.

Gewiß kann man diese Anschauungsbücher auch als Bilderbücher bezeichnen. Und doch sind sie eher deren historische Vorläufer. Das Anschauungsbuch kommt von der Didaktik eines ›Orbis pictus‹ nicht ganz los, ist gewissermaßen seine einfachste, begrenzte Vorstufe, hier bezogen auf das Alter der betrachtenden Kinder, nicht auf die historische Entwicklung. Der vielberufene Zeitgeist dürfte auch hier ausschlaggebend gewesen sein. Bis zur Mitte des 19. Jahrhunderts waren es eben immer Unterhaltung *und* Belehrung, die in den Kinderbüchern angeboten wurden. Erst mit dem ›Struwwelpeter‹ setzt in unseren Augen das reine Bilderbuch ein, das dann mit der Kunsterziehungsbewegung um die Wende zum 20. Jahrhundert wahre Triumphe feiert. Sicher, auch der ›Struwwelpeter‹ enthält sein gut Teil Belehrung. Doch er zielt bewußt nicht auf die Vermittlung von Sachwissen oder ethisch-moralischen Tugenden. Er will die Kinder zu allererst erfreuen, amüsieren, unterhalten. Aber darüber mehr in dem ihm gewidmeten Kapitel.

Frühe Anschauungsbücher sind oft selbstgemacht. Es sind die außerordentlich reizvollen Klebebände, die Eltern und Kinder meist zusammen zu ihrer Freude und Unterhaltung herstellten – Dokumente einer Epoche, in der der einzelne offenbar mehr Zeit für sich und für andere hatte als heute, in der die Konzentration auf das Kleine großgeschrieben und in der das Kind noch nicht ununterbrochen von Bildern überflutet wurde. Man saß zusammen am Tisch, schnitt fein kolorierte Bilderbogen sorgsam aus, fertigte zierliche Scherenschnitte an, malte und zeichnete. Alles wurde dann in bunter Reihenfolge in ein Album geklebt: ein Anschauungsbuch, individuell und einmalig, war in seiner ursprünglichsten Form entstanden. Generationen von Kindern und Kindeskindern hatten in der Folge ihre helle Freude daran, wenn sie die bunten Bildchen betrachteten, die vielleicht der Vater als Kind gezeichnet hatte.

Bilderbogen der großen und produktiven Verleger in Augsburg und Nürnberg waren zum Ausschneiden besonders beliebt. Sie sind deshalb nur selten in unzerschnittenem Zustand auf uns gekommen. Eine große Rarität ist aus diesem Grund ein strahlend kolorierter Bilderbogen-Sammelband des Augsburger Stechers und Verlegers Martin Engelbrecht von 1739 und den folgenden Jahren; er besteht aus 88 Kupferstichen mit Darstellungen der Augsburger Kleiderordnung, ferner von Chinoiserien, Blumen, Tänzern, Jagd, der Arche Noah, den Monaten, den Lebensaltern und Kinderspielen – sämtlich Sujets, die sich zum Ausschneiden und Einkleben eigneten und die uns heute einen lebendigen Eindruck vom Zeitgeist und Geschmack des Rokoko vermitteln (Abb. 91).

In einem wunderbaren Klebeband der deutschen Romantik, den Ludwig Emil Grimm für sein Töchterchen Friederike, genannt das Idekchen, angefertigt hat, haben wir ein herausragendes Beispiel vor Augen. Ludwig Emil Grimm war Zeichner, Maler und Radierer. Er illustrierte die zweite Ausgabe der ›Kinder- und Hausmärchen‹ seiner beiden Brüder Jakob und Wilhelm mit dem schönen Porträt der

17
1834
1834.

◁ *89 Der Weihnachtsabend. Aquarell von Ludwig Emil Grimm, am unteren Rand mit kolorierten, ausgeschnittenen und aufgeklebten Stichen mit Spielzeug. Aus einem* Klebe-Bilderbuch, *das Grimm in den Jahren 1833 bis 1836 für seine Tochter Friederike, genannt Ideke, anfertigte und das neben Aquarellen, Feder- und Bleistiftzeichnungen sowie Radierungen von seiner Hand auch zahlreiche eingeklebte kolorierte Holzschnitte, Kupferstiche, Lithographien und Scherenschnitte der Zeit enthält.*

90 Kindheit und Schule. Kolorierte Holzschnitte von Elias Porzelius nach Zeichnungen von Susanna Maria Sandrart aus: Curioser Spiegel, *in welchem der allgemeine Lauff des ganzen menschlichen Lebens, von der zartesten Kindheit an, bis in das gestandene Alter, in allerhand schönen Figuren, mit beygefügten artigen Reimen zur Belustigung vorgestellet wird. Nürnberg um 1690. – Frühestes bekanntes Beispiel eines Bilderbuchs für Kinder, zudem das erste unzerreißbare Kinderbuch auf Pappe.*

91 Die zwölf Monate des Jahres. Kolorierter Kupferstich (Ausschneidebogen) mit Einzeldarstellungen von Martin Engelbrecht aus einem Bilderbogen-Sammelband. *Augsburg 1739ff. – Der Band enthält zum Ausschneiden bestimmte Bilderbogen mit Chinoiserien, Blumen, Tänzern, Jagd, Arche Noah, Lebensaltern, Kinderspielen, der Augsburgischen Kleiderordnung u. a.*

Dorothea Viehmann aus Niederzwehren bei Kassel, der Märchenerzählerin mit dem weisen, guten Gesicht. In den Jahren 1833 bis 1836 entstanden, enthält der Klebeband, der aus der Familie direkt auf uns gekommen ist, viele persönliche Bezüge auf die Familie Grimm. Neben zahlreichen kolorierten Kupferstichen, Lithographien, Holzschnitten und Scherenschnitten sind zwölf Aquarelle, dreißig Federzeichnungen und vier Bleistiftzeichnungen von Ludwig Emil Grimm eingeklebt. Unter den Aquarellen sind die Darstellungen ›Das Sandmännchen kommt‹ und ›Weihnachtsabend 1834‹ von besonderem Reiz. Die einzelnen Weihnachtsgeschenke, Spielzeug für die Kinder, sind ausgeschnitten und an den unteren Rand des Aquarells geklebt. Hier ist der Charakter des Anschauungsbuches mit seiner Reihung von Gegenständen besonders auffallend (Abb. 89).

Bei den gedruckten Anschauungsbüchern ragt ein frühes Beispiel heraus, das von manchem Kenner als das erste Bilderbuch für Kinder bezeichnet wird, auch weil es das früheste bekannt gewordene Beispiel eines unzerreißbaren Bilderbuchs, auf Pappe gedruckt, ist. Es ist der ›Curiose Spiegel, in welchem der allgemeine Lauff des ganzen menschlichen Lebens, von der zartesten Kindheit an, bis in das gestandene Alter, in allerhand schönen Figuren mit beygefügten artigen Reimen zur Belustigung vorgestellt wird‹, um 1690 in Nürnberg erschienen. Die plakativ kolorierten Holzschnitte wurden von Elias Porzelius und anderen nach Zeichnungen von Susanna Maria Sandrart geschnitten. Geburt, Kleinkinderalter, Schule, die Handwerke und verschiedene Vergnügungen werden in schönen, klaren, einprägsamen Bildern dargestellt und kurz kommentiert; auch der Schwerkranke mit dem urinbeschauenden Arzt, das Begräbnis und ein barockes Trauergerüst mit Sensenmann als das Ende aller Dinge sind in diesem Abriß des Menschenlebens nicht ausgespart (Abb. 90). Noch im Jahre 1824 erschien bei Endter, dem Originalverleger des ›Orbis pictus‹ von Comenius, eine neue Auflage des ›Curiosen Spiegels‹ mit neuen Texten, die das ›Altmodische‹ der Illustration berücksichtigen, sich ihrer großen Anschaulichkeit jedoch nicht entziehen können.

Ähnlich aufgebaute Werke waren in der zweiten Hälfte des 18. Jahrhunderts ebenfalls in Nürnberg erschienen: um 1760 die ›Angenehme Bilder-Lust‹ (Abb. 93) und zwischen 1780 und 1790 die ›Bildergalerie‹ (Abb. 92). Die Themen des Lebenslaufes von der Geburt bis zum Tod, Handwerke, Schule, Spiele, Beschäftigungen und Belustigungen bleiben grundsätzlich dieselben wie beim ›Curiosen Spiegel‹. Einen zweiten Typ Anschauungsbuch haben wir im ›Zeitvertreib für Kinder‹, Augsburg 1790, vor Augen: die einzelnen Gegenstände und Beschäftigungen sind ohne ersichtliches Ordnungsprinzip aneinandergereiht (Abb. 88).

Die ›Zwölf Blätter Kinder-Bilder zur Unterhaltung und mündlichen Belehrung‹ führen uns mitten hinein in die biedermeierliche Häuslichkeit des 19. Jahrhunderts. Zwölf Tafeln für Mädchen und zwölf für Knaben, zuerst 1835 in Nürnberg erschienen, überliefern uns ein anschauliches Bild von Spielzimmer, Bügelzimmer, Küche, Garten oder dem Weihnachtsabend, der Krönung allen Kinderglücks im Jahreslauf. Diesen Tafeln ist kein Text beigegeben. Jedes der künstlerisch qualitätvollen und leuchtend kolorierten Bilder erzählt seine eigene Geschichte, erlaubt der spielerischen Phantasie immer neue Varianten (Abb. 95). Ähnlich ist es bei den ›Sechzehn Bilder-Tafeln für den Anschauungs-Unterricht gezeichnet von Carl Wilke, Lehrer an der Königlichen Taubstummen-Anstalt‹ (Abb. 97). Im Vorwort dieses

1839 erschienenen großformatigen Werkes heißt es: »Der sogenannte Anschauungsunterricht soll den Gedankenkreis des Kindes ordnen, erweitern und berichtigen und so die Grundlage des ersten Unterrichts in den Realien bilden. Eine Darstellung ist solange festzuhalten, bis sich im Innern des Kindes ein lebhaftes Bild der gewonnenen Anschauung erzeugt hat.«

›Das Elternhaus‹ von 1847 (Abb. 98) und ›Bildertafeln zum Anschauungs-Unterricht‹ um 1870 (Abb. 99) verfolgen ebenso die hier angesprochenen Grundsätze wie die ›Bilder zum ersten Anschauungs-Unterricht für die Jugend‹, die 1889 bei Schreiber in Esslingen erschienen (Abb. 103). Der Verlag konnte sich auf eine bis 1835 zurückreichende Tradition berufen. Damals war die erste Ausgabe erschienen, die ein großer verlegerischer Erfolg werden sollte. Die Ausgabe von 1889, für die unter anderen Lothar Meggendorfer die Bilder zeichnete, berücksichtigt die moderne Technik und die neuen Errungenschaften der Gründerzeit. An der Wand hängt ein Regulator in altdeutschem Gehäuse, die Mutter benutzt eine moderne Nähmaschine, in der städtischen Küche gibt es fließendes Wasser, Gas und Entlüftung, Eisenbahn und Dampfschiff gehören hingegen schon zum gewohnten Bild. Betrachten wir dann das ›Gross-Stadt-Bilder-Buch‹ von Sophus Hansen aus dem Jahre 1909, in dem auch der Hamburger Hauptbahnhof mit seiner Glas- und Eisenkonstruktion abgebildet ist, so wird klar, wieviel gerade die Anschauungsbücher in kulturhistorischer Hinsicht über ihre Zeit zu vermitteln vermögen (Abb. 104).

92 Eine Kinderstube. Kolorierter Kupferstich aus: Bildergalerie, *welche vierundzwanzig Vorstellungen von verschiedenen Kinder- und andern Spielen, Übungen und Beschäftigungen, sowie auch einen erklärenden Text enthält zum Zeitvertreib für Kinder. Nürnberg um 1785*

93 Die Kinder-Schul. Kolorierter Kupferstich aus: Angenehme Bilderlust *der lieben Jugend zur Ergötzung also eingerichtet. Nürnberg um 1760*

94 Musikzimmer. Kolorierte Lithographie von Kuhn nach Johann Michael Voltz aus: Bilder-Lust für artige Kinder. *Reutlingen 1841. – Voltz gehörte zu den produktivsten und künstlerisch reizvollsten Illustratoren des Biedermeier.*

95 Der Hühnerhof. Kolorierter Kupferstich aus: Zwölf Blätter Kinder-Bilder zur Unterhaltung und mündlichen Belehrung. *1. Heft für Mädchen. Nürnberg um 1835.*

96 Schulgeräte. Kolorierte Lithographien aus: Bilder zum Anschauungs-Unterricht für die Jugend. *Bestehend in vaterländischen Gegenständen, nach der Natur und den besten Originalen lithographiert und herausgegeben. Esslingen 1835*

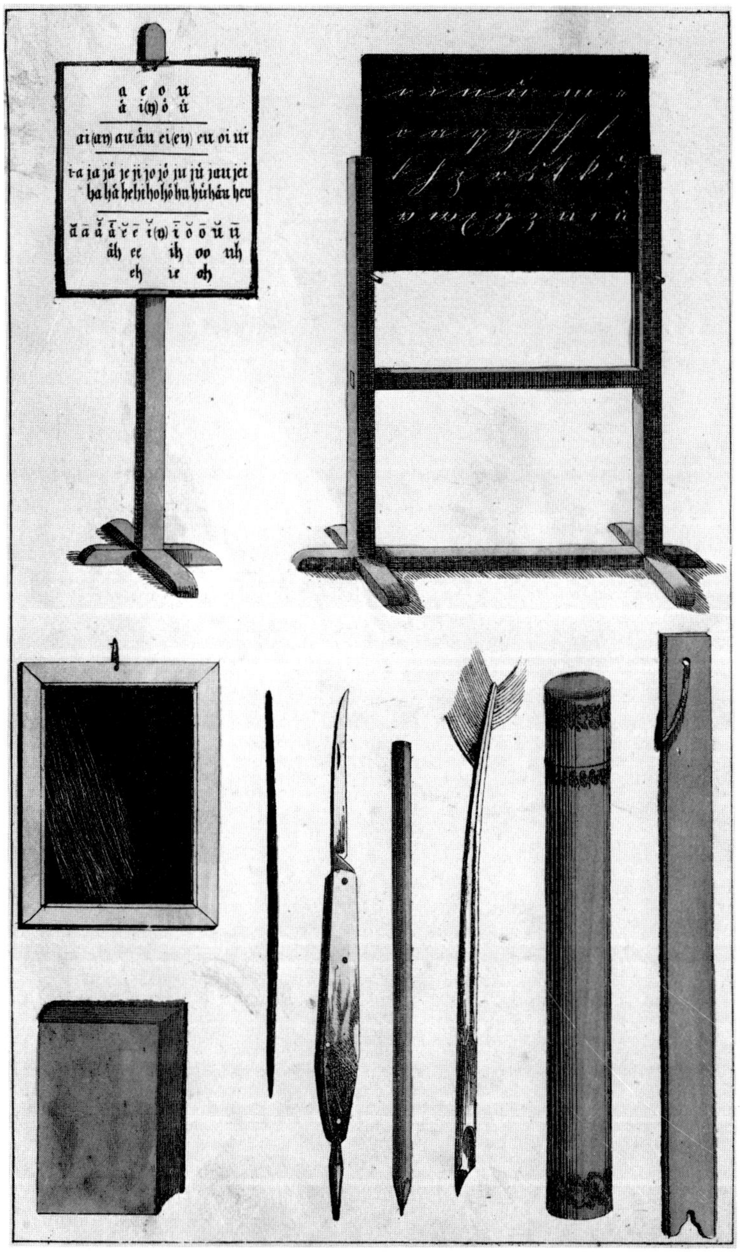

97 Das Wohnzimmer. Lithographie nach Carl Wilke aus: Sechzehn Bilder-Tafeln für den Anschauungs-Unterricht *gezeichnet von Carl Wilke, Lehrer an der Königlichen Taubstummen-Anstalt zu Berlin. Berlin (1839)*

98 Die Wäsche. Kolorierte Lithographie (Randzeichnung mit Tonplatte) von C. Schulz aus: Das Elternhaus. *Scenen aus dem Familienleben für Knaben und Mädchen. Stuttgart und Esslingen (1847)*

99 Im Winter. Kolorierte Lithographie aus: Bildertafeln zum Anschauungsunterricht. *Um 1870. – Mittelbild mit herumgruppierten Einzeldarstellungen. Unzerreißbares Bilderbuch auf Pappe.*

100 Bauer beim Hühnerfüttern. Lithographie aus: Schiefertafel-Bilder zur nützlichen Selbstbeschäftigung der Kinder. *Heft 2. Wesel 1854. – Typisches Beispiel eines sogenannten Schiefertafelbuches mit weißen Linien auf schwarzem Grund.*

101 Gartenarbeit und Gartengeräte. Kolorierte Lithographie aus: Friedrich Heyne, *Die Weihnachtsfreude. Ein Lesebuch für kleine Knaben und Mädchen. Neueste Auflage. Reutlingen um 1840*

102 Weihnachtsbild. Kolorierte Lithographie aus: Die beiden Kinder-Freunde. *Berlin (1854). – Mit besonders feinen Darstellungen der einzelnen Gegenstände aus verschiedenen Bereichen des Lebens in Haus, Stadt und Land.*

103 Die städtische Küche. Chromolithographie von Lothar Meggendorfer aus: Bilder zum ersten Anschauungs-Unterricht für die Jugend. *Ein Bilderbuch enthaltend 30 Bildertafeln in Farbendruck. Neu bearbeitet von Eduard Walther, Direktor der Königlichen Taubstummen-Anstalt zu Berlin. Esslingen (1889)*

104 Straßenszene und Hamburger Hauptbahnhof. Farbtafeln aus: Sophus Hansen, *Gross-Stadt-Bilder-Buch. Leipzig (1909). – Besonders interessant in kulturgeschichtlicher Hinsicht, was Mode, Gebäude, Lebensgewohnheiten und Straßenbild angeht.*

105 Titel in Holzstich mit gelblicher Tonplatte nach Zeichnung des Verfassers aus: Gustav Süs, *Die Mähr von einer Nachtigall, Mit ihrem Frühlingszauberschall, In dunklen, grünen Zweigen! Braunschweig 1857. – Das rührende Vogelgedicht ist wohl in Anlehnung an Brentanos ›Rothkehlchen Liebseelchen‹ entstanden.*

106 Lithographierte Seite mit Rothkehlchen und dem Hirten aus: (Clemens Brentano), *Rothkehlchens, Liebseelchens Ermordung und Begräbnis. Zürich (1843). – Das schlichte Büchlein gehört zu den größten Seltenheiten auf dem Gebiet des alten Kinderbuches.*

1.

Auf dem Zaun vor nicht gar lang,
Rothkehlchen, Liebseelchen
Fromm sein Morgenliedchen sang,
Köpfchen dreht und Schwänzchen schwang,
Lustig hin und wieder sprang
Rothkehlchen, Liebseelchen.

Und der Hirte streut ihm Brod,
Bis der Brodneid es macht todt.

Bilderbücher – Bildergeschichten

Nicht jedes Buch mit Bildern ist ein Bilderbuch in unserem Sinn. Bei den meisten reich illustrierten Werken früherer Jahrhunderte handelt es sich um belehrende, Sachwissen vermittelnde Bücher für Kinder, die wie kleine Erwachsene behandelt wurden, was Essen, Kleidung und Lesestoff anging. Auch die schon an anderer Stelle behandelten Anschauungsbücher, die noch am ehesten als Vorläufer des Bilderbuchs gelten können, kommen von der lehrhaft-didaktischen Tendenz nicht ganz los. Wir verstehen hier unter Bilderbüchern solche Werke, die für das Vorlese- und erste Lesealter vergnügliche Bilder und wenig Text enthalten, wobei das Bild dominiert oder sich mit dem Text zu einer zusammenhängenden Bilderserie oder fortlaufenden Bildergeschichte verbindet; letzteres trifft zum Beispiel für die Anschauungsbücher überhaupt nicht zu, die Szenen und Gegenstände ohne Verbindung aneinanderreihen.

Das Wesentliche des Bilderbuches ist die ungezwungene Unterhaltung der Kinder. So gesehen scheint uns der ›Struwwelpeter‹ trotz aller auch dort enthaltenen Belehrung das erste wirkliche deutsche Bilderbuch zu sein. Sein Verfasser, der Arzt Heinrich Hoffmann, fand im Bücherangebot der Zeit eben nichts, was ihm für sein Söhnchen genügend amüsant erschien. Dies darf bei aller kontroversen Beurteilung nie vergessen werden – ebensowenig die Tatsache, wie begeistert die Kinder dieses vielfach umstrittene, der kindlichen Vorstellungswelt aber ungemein entgegenkommende Buch aufgenommen haben. Wir widmen dem ›Struwwelpeter‹ und seinem Vater deshalb ein eigenes Kapitel.

»Das Bilderbuch, wie es heute verstanden wird, das Buch also, das für Kinder des Vorschulalters gedacht ist und fast nur Bilder, aber keinen oder kaum Text enthält, und das als Unterhaltung für das Kleinkind dienen soll, kam erst um die Mitte des 19. Jahrhunderts auf«, schreibt Helmut Müller in der großen Publikation ›Das Bilderbuch‹ von 1973. Hier wird zwischen dem »poetischen« und dem »bürgerlichen« Bilderbuch im 19. Jahrhundert unterschieden. Wir möchten das Augenmerk desjenigen, der die Wurzeln des Bilderbuchs sucht, nochmals auf die Anschauungsbücher lenken, denen wir auch die Klebealben und so bedeutende frühe Werke wie den ›Curiosen Spiegel‹ vom Ende des 17. Jahrhunders zugeordnet haben. Verglichen mit dieser Gruppe stehen auch Bücher wie ›Panorama. Ein Bilderbuch für kleine Kinder‹ von 1831 (Abb. 109) oder ein Band ohne Text mit dem einfachen Titel ›Bilderbuch‹ (Abb. 108) aus derselben Zeit in einem Zwischenbereich mit fließenden Grenzen; die Einteilung bleibt letzten Endes subjektiv.

Etwas Neues und wirklich anderes beginnt jedoch mit Clemens Brentanos ›Rothkehlchens, Liebseelchens Ermordung und Begräbnis‹, 1843 in Zürich erschienen und heute von größter Seltenheit. Das uns liebenswürdigerweise zur Abbildung überlassene Exemplar ist dasselbe, das schon Arthur Rümann im Jahre 1937 als Vorlage für die Abbildung in seiner Kinderbuch-Bibliographie diente und darf bis zum Auffinden anderer Exemplare als Unikum gelten (Abb. 106). Die schlichten und gemütvollen Verse sind auf 15 Blättern mit Lithographien illustriert und bilden eine zusammenhängende Erzählung in Wort und Bild: »Ihr Kinder seht die große Noth; Hier liegt Rothkelchen stumm und todt, Es singt nicht mehr, frißt mehr kein Brodt, Weilt auch nicht mehr beim Morgenroth. Und wollt ihr mit der Leiche gehn, Müßt ungeweckt ihr heut auf steh'n.« Wohl von Brentanos Buch inspiriert ist ›Die Mähr von einer Nachtigall, mit ihrem Frühlingszauberschall, in dunklen, grünen Zweigen‹. 1857 erschienen, bilden die halbseitigen Bilder und der Text eine noch stärkere Einheit (Abb. 105). Beide stammen von Gustav Süs, einem Hauptvertreter der Kinderbuchillustration seiner Zeit. Wie Ludwig Richter oder Franz Graf Pocci kann Süs sowohl dem »poetischen« wie dem »bürgerlichen« Bilderbuch im Sinne von Doderer und Müller (in: Das Bilderbuch) zugeordnet werden und liefert so ein Beispiel, wie schwierig auch hier die Abgrenzung ist.

Wilhelm Hey, der Autor der von Speckter illustrierten und weltweit verbreiteten Fabeln, hat die Verse eines Bilderbuchs verfaßt, das, mit Radierungen von Heinrich Justus Schneider versehen, im Jahre 1850 erschien: ›Das Kind von der Wiege bis zur Schule‹ (Abb. 111). Es spiegelt die geschlossene, gemütvolle und häusliche Welt des Bieder-

Zur Schule brachte man sie dann,
Bei einem sehr gelehrten Mann,
Zum Klapperstorch, der manches Jahr
Schulmeister schon im Orte war;
Und was die Kinder klüger macht,
Ward ihnen bald hier beigebracht.

108 Puppentheater-Aufführung. Kolorierte Lithographie aus: Bilderbuch. *Erschienen ohne Text, Verlagsort, Verlag und Jahr (um 1840). Die Bilder zum Teil monogrammiert C. D. – Es werden verschiedene Kinderspiele und Beschäftigungen wie Schlittschuhlaufen, Stelzengehen, Kreiselschlagen, Eierklopfen, Reifenschlagen und Federball dargestellt.*

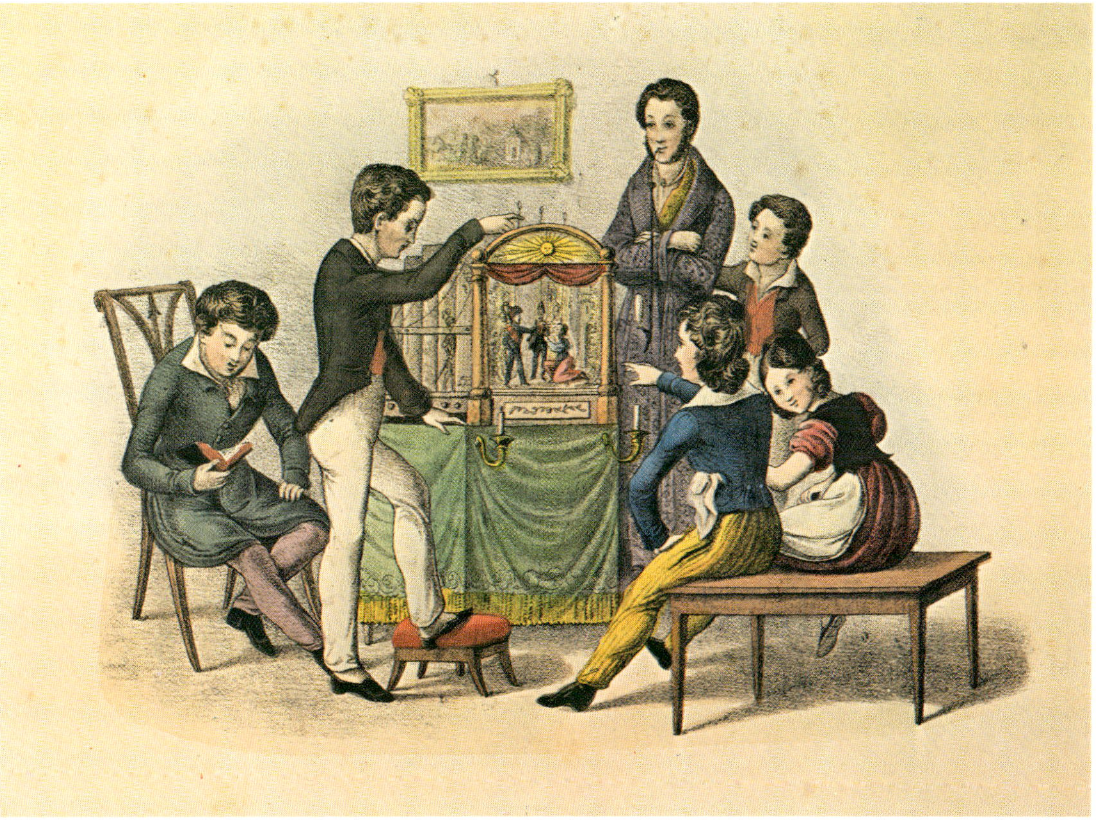

107 Schulunterricht der Hühnchen und Hähnchen beim Klapperstorch. Kolorierte Lithographie mit Tonplatte nach Zeichnung des Verfassers aus: Gustav Süs, *Hähnchen Kikeriki! Eine Historia zum Nutzen und Frommen der lieben Jugend. In Bild und Reim. Berlin (1853). – Dies ist eines der reizvollsten und seltensten Bücher des produktiven Künstlers.*

Der Bärentanz.

109 Der Bärentanz. Kolorierte Lithographie aus: Panorama. *Ein Bilderbuch für kleine Kinder. Erschienen ohne Text. Neuhaldensleben (1831). – Bei diesem Bilderbuch ist die Verwandtschaft zum Anschauungsbuch besonders augenfällig. Bildthemen sind neben dem Bärentanz die Jagd, Kosaken, tanzende Ungarn, Dorfschule, Obstlese und Bauernhochzeit.*

110 Kätzchens Frühstück. Lithographie von Heinrich Stelzner nach Oscar Pletsch aus: Blatt für Blatt. *Eine zweite Sammlung acht farbiger Bilder nach Original-Zeichnungen. Esslingen (1868). – Der von Ludwig Richter beeinflußte, überaus produktive Künstler war einer der beliebtesten Kinderbuchillustratoren des deutschen Bürgertums in den sechziger und siebziger Jahren des letzten Jahrhunderts.*

111 Radierter Titel von Heinrich Justus Schneider aus: (Wilhelm Hey), *Das Kind, von der Wiege bis zur Schule. Hamburg und Gotha (1850). – Die gemütvollen Bilder illustrieren häusliches Leben und glückliche Geborgenheit der Kinderzeit.*

112 Lieblingsplätzchen. Radierung von Hugo Bürkner aus: Franz Bonn, *Bilder aus dem Familienleben in vierzehn Original-Radirungen. Leipzig (1874). – Der auch als Holzschneider tätige Illustrator hat die kindlichen Beschäftigungen in feinen, künstlerisch qualitätvollen Radierungen festgehalten.*

meier und steckt uns gleichsam den Bezirk ab, in dem ein solches Buch betrachtet und vorgelesen wurde – was das Alter der Kinder wie die bürgerlich gehobene wohlsituierte Umwelt angeht. Vom kulturhistorischen Standpunkt ähnlich aufschlußreich, was Mode, Einrichtung, Gebräuche und Geschmack der Zeit anlangt, sind die 1874 erschienenen ›Bilder aus dem Familienleben‹ von Franz Bonn mit den feinen Radierungen von Hugo Bürkner (Abb. 112).

Doch damit eilen wir der Zeit voraus. Noch haben wir keinen Blick auf einen der besten Vertreter des unterhaltsamen Bilderbuchs im 19. Jahrhundert geworfen: Es ist Franz Graf Pocci, der Jurist, Zeremonienmeister am bayerischen Hofe, Hofmusikintendant, Dichter, Zeichner und Kinderfreund. »Pocci ist, gemessen an seinem Gedankenreichtum, an seiner unerschöpflichen Phantasie und an der Leichtigkeit des Produzierens ein Unicum... Der besondere Reiz seiner Illustrationen und seiner Texte besteht gerade darin, daß seine höchst originellen Einfälle zeichnerisch häufig so eckig und kantig umgesetzt werden.« Wir schließen uns diesem Urteil des Kenners Horst Kunze in seinem ›Schatzbehalter‹ vorbehaltlos an. Pocci hat den Kindern eine heitere Bilderbuchwelt geschaffen, ohne falsche Süßlichkeit, ohne Anbiederung, sondern einfach, echt und von natürlicher Herzlichkeit. Ob es das ›Lustige Bilderbuch‹ von 1852 ist, die ›Lustige Gesellschaft‹ (Abb. 117) oder das so seltene ›Schattenspiel‹ (Abb. 116), um nur ein paar Titel herauszugreifen – dies sind Bilderbücher, die den Kindern ans Herz gewachsen sind.

Ähnliches trifft eine Generation später für die Bücher Lothar Meggendorfers zu. Auch er muß ein grundgütiger Mensch mit viel Sinn für kindlichen Spaß gewesen sein. Auf ihn kommen wir in Zusammenhang mit den beweglichen Bilderbüchern noch ausführlicher zu sprechen. Ob hingegen die Bildergeschichten von Wilhelm Busch ursprünglich nur für kindliche Leser bestimmt waren, möchten wir zumindest zur Diskussion stellen. Busch war Karikaturist, skeptischer Satiriker, der die Heuchelei bornierter Biedermänner und selbstzufriedener Spießbürger anprangerte. Daneben hat er aber auch die hinreißenden Lausbuben Max und Moritz geschaffen und zu den

K.H. 02

114 Der Reiter. Kolorierte Illustration von K. F. v. Freyhold aus: Sport und Spiel. *Bilderbuch. Erschienen ohne Text. Köln 1906. – Freyhold zählt neben Hofer zu den fortschrittlichsten Illustratoren des Verlages Schaffstein. Sein klarer, kindgemäßer Stil mit dem Kolorit in leuchtenden Farben ist unverkennbar.*

◁ *113 Der Schellenkönig und seine Frau. Kolorierte und goldgehöhte Illustration von Karl Hofer aus:* Der Buntscheck. *Ein Sammelbuch herzhafter Kunst für Ohr und Auge deutscher Kinder. Herausgegeben von Richard Dehmel. Liebhaber-Ausgabe. Köln 1904. – Neben Karl Hofer wirkten K. F. v. Freyhold, Ernst Kreidolf und E. R. Weiß an der Illustration des ›Buntscheck‹ mit. Der Verlag Schaffstein hatte sich ganz der künstlerischen Erneuerung des Bilderbuchs gewidmet.*

115 Osterreigen. Kolorierte Illustration von Karl Hofer aus: Paula Dehmel, *Rumpumpel. Ein Buch für junge Mütter und ihre Kleinsten. Köln (1903). – Paula Dehmel gehörte zusammen mit ihrem Mann Richard Dehmel zu den Erneuerern des Kinderlieds und Kinderreims. Ihr Buch wurde von Karl Hofer mit Illustrationen geschmückt, die schon in das Vorfeld des Expressionismus weisen.*

116 Die Kinder gehen zur Schule. Silhouettenbild in Lithographie vom Verfasser aus: Franz Pocci, *Schattenspiel. München (1847). – Dies ist eines der seltensten und hübschesten Bücher des ›Kasperl-Grafen‹.*

117 Kasperl teilt Brezen an die Kinder aus. Kolorierter Holzschnitt nach Franz Pocci aus: Lustige Gesellschaft. *Bilderbuch. Erschienen ohne Text. München 1867*

treffenden, stark vereinfachenden Bildern leicht zu merkende Verse verfaßt, so daß seine Werke zu einem Bestseller für Kinder geworden sind. Der größte Teil der bis heute unverwüstlichen Bildergeschichten, nämlich fünfzig von rund sechzig, erschien zunächst als Bilderbogen.

Wie Busch waren auch Franz Graf Pocci, Moritz von Schwind, Otto Speckter, Adolf Oberländer und Lothar Meggendorfer für die von 1849 bis 1898 bei Braun und Schneider in München erschienenen ›Münchner Bilderbogen‹ tätig. Dies sei hier nur am Rand erwähnt. Es würde unseren Rahmen sprengen, wollte man auf die Bilderbogen näher eingehen. Als Bildergeschichten sind sie gewissermaßen Vorläufer der modernen Comics; als populärer, illustrierter Lesestoff für Volk und Kinder, zur Verbreitung von Neuigkeiten oder von außergewöhnlichen Ereignissen, haben die Bilderbogen ihre eigene Geschichte, die bis in die Zeit vor Gutenberg zurückreicht und mit dem Kinderbuch nicht immer so eng verknüpft war wie im 19. Jahrhundert.

Die Jahrhundertwende brachte revolutionäre neue Bestrebungen: neue Farben, Formen und Linien, dazu Einfachheit, Klarheit und hohe buchkünstlerische Qualität. Namen wie Ernst Kreidolf, Karl Hofer, E. R. Weiß oder K. F. von Freyhold stehen für diesen neuen Bilderbuchstil. Ausgehend von der Erneuerung der Buchkunst im England der siebziger Jahre, der Kunsterziehungsbewegung und dem Jugendstil wurde grundsätzlich Neues geschaffen. Das künstlerische Bilderbuch erlebte einen unerhörten Aufschwung. Man widmete bereits dem Kleinkind das künstlerisch hervorragend gestaltete Bilderbuch, um sein Auge frühzeitig durch Qualität zu schulen. Typisch für die Reformbestrebungen der Zeit zwischen 1890 und 1910 ist die Idee, der Industrialisierung und Vermassung in allen Lebensbereichen bewußt etwas Neues entgegenzusetzen. Der neue Bilderbuchtyp spiegelt das Lebensgefühl der Zeit wider. Das Streben nach dem harmonischen Ganzen, dem Gesamtkunstwerk, hat uns Bilderbücher beschert, bei denen Einband und Vorsatz ebenso köstlich illustriert sind wie die nachfolgenden Seiten. Gegenüber dem Bild ist der Text oft nur die Begleitung, wie Ernst Kreidolf in seinen Lebenserinnerungen selbst sagt.

Besondere Verdienste um das neue Bilderbuch erwarb sich der Verlag Schaffstein in Köln, dem nicht nur die Entdeckung Kreidolfs zu verdanken ist, sondern der auch unübertroffene Bilderbücher herausbrachte, so den ›Buntscheck‹ (Abb. 113), oder ›Rumpumpel‹ (Abb. 115), in dem Karl Hofer zu Paula Dehmels Versen Illustrationen schuf, die schon weit über den Jugendstil hinaus in das Vorfeld des Expressionismus weisen. Über den 1904 erschienenen ›Buntscheck‹, an dem neben Ernst Kreidolf, E. R. Weiß und K. F. von Freyhold auch Karl Hofer beteiligt war, schreibt Hans Adolf Halbey in ›Das Bilderbuch‹: »Entwicklungsgeschichtlich ist der Buntscheck vielleicht das bedeutendste Buch der neuen Kinderbuch-Malerei. Einmal, weil es eine Reihe der schönsten neueren Bilderbücher im Gefolge hatte und auch angeregt hat, die noch heute in bezaubernder Frische auf uns wirken; und zum anderen, weil in diesen Büchern das Kindliche so echt und ohne alle Sentimentalität, fern vom Kindischen getroffen und ausgesagt wurde.«

Gertrud Casparis plakative Bilderbücher für Kleinkinder, die ab 1912 erschienen, erlebten viele Auflagen. Elsa Eisgruber und Else Wenz-Viëtor gehören mit ihr zu den Klassikerinnen der Bilderbuchillustration. Sie sind in der Zeit nach dem ersten Weltkrieg die bekanntesten Vertreterinnen der heilen Welt im Kinderbuch. Neue Wege schlugen hingegen Conny Meissen mit dem ›Männchen‹ von 1922 ein (Abb. 123) oder Hilde Krüger mit ›Der Widiwondelwald. Ein Bilderbuch aus bunten Dreiecken‹ von 1924 und ›Hurleburles Wolkenreise‹ von 1926 (Abb. 122); beide Bücher von Hilde Krüger wurden durch El Lissitzkijs ›Zwei Quadrate‹ von 1922 angeregt. Zu den interessantesten Bilderbüchern dieser Zeit gehören diejenigen von Tom Seidmann-Freud, der Nichte von Sigmund Freud. Ein Titel wie das ›Buch der erfüllten Wünsche‹ von 1929 läßt erahnen, daß bei dieser begabten Illustratorin die neuen Ideen der Psychoanalyse und der Kinderpsychologie nicht ohne Auswirkung geblieben sind (Abb. 124).

118 Kätchen küßt den Frosch, der ein verwunschener Prinz ist. Zwei Seiten mit farbiger Illustration aus: Wilhelm Busch, *Stippstörchen für Aeuglein und Oehrchen. München (1881) Erste Ausgabe. – Bei den späteren Auflagen hat Busch, um den hannoverschen Ausdruck ›Stippstörchen‹ zu vermeiden, den Titel in ›Sechs Geschichten für Neffen und Nichten‹ geändert. Der Inhalt blieb der gleiche.*

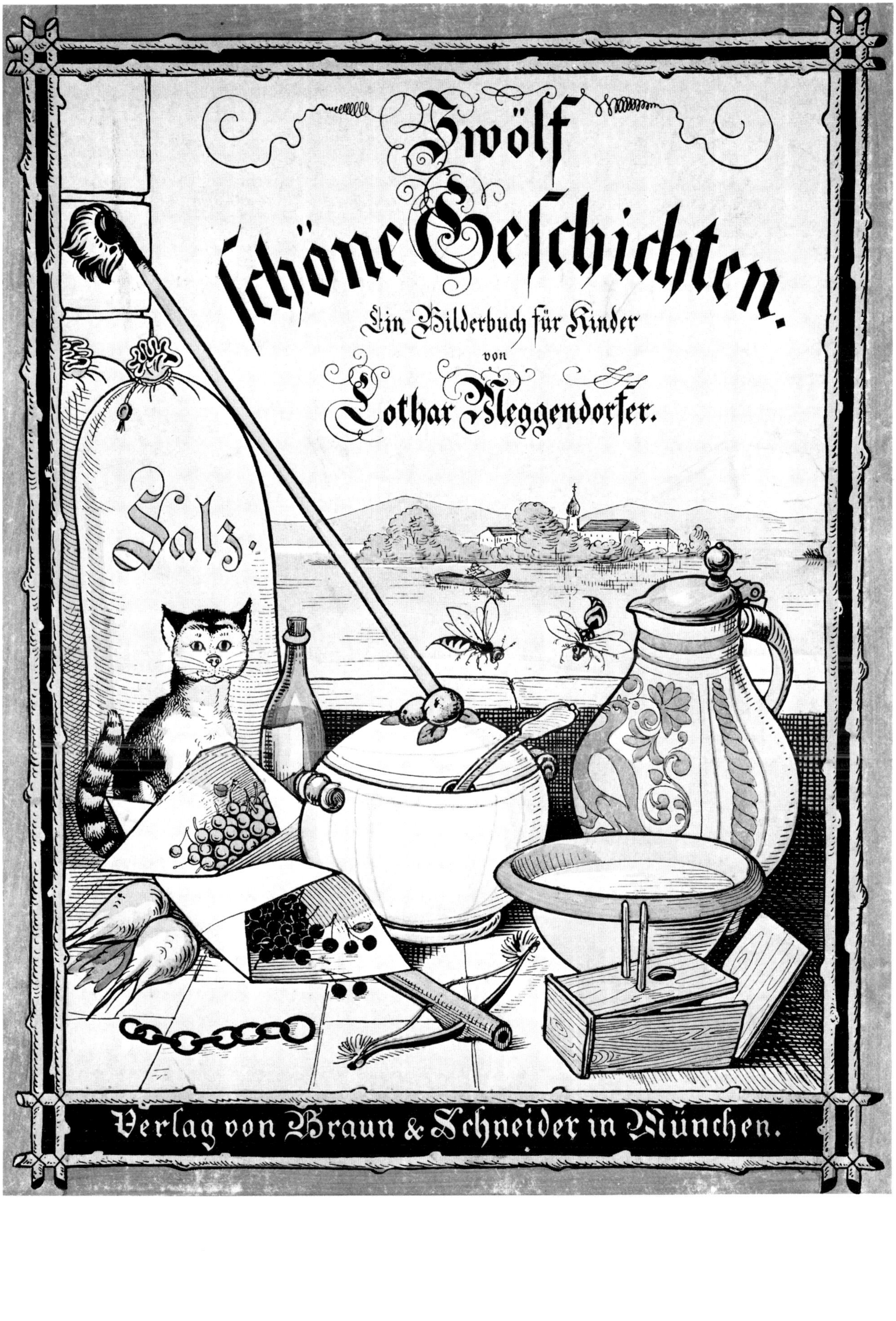

119 Titel in kolorierter Lithographie von Lothar Meggendorfer aus: Franz Bonn, *Zwölf schöne Geschichten. Ein Bilderbuch für Kinder. München (1881). – Auf dem Titelblatt sind die für die einzelnen Geschichten wichtigen Gegenstände zusammen abgebildet.*

120 Farbige Illustrationen von Ernst Kreidolf aus: Paula und Richard Dehmel, *Fitzebutze. Allerhand Schnickschnack für Kinder. Berlin und Leipzig 1900. – Eines der künstlerisch wichtigsten und einflußreichsten Kinderbücher des Jugendstils, erschienen im Insel-Verlag.*

121 Farbige Illustration von Gertrud Caspari aus: Kinderhumor für Auge und Ohr. *Bilder von Gertrud und Walther Caspari. Herausgegeben vom Jugendschriftenausschuß des Leipziger Lehrervereins. Leipzig (1906)*

122 Das Mondgeschöpf. Farbige Illustration der Verfasserin aus: Hilde Krüger, *Hurleburles Wolkenreise. Ein Bilderbuch aus bunten Dreiecken. Berlin 1926. – Das Buch ist wie auch ›Der Widiwondelwald‹ von derselben Autorin von El Lissitzkijs ›Zwei Quadrate‹ aus dem Jahr 1922 inspiriert.*

123 Kolorierte Illustration der Verfasserin aus: Conny Meissen, *Das Männchen. Ohne Verlagsort 1922. – Eines von 46 numerierten Exemplaren, von der Autorin mit der Hand geschrieben und gezeichnet, faksimiliert und koloriert.*

124 Farbige Illustration der Verfasserin aus: ▷ Tom Seidmann-Freud, *Buch der erfüllten Wünsche. Potsdam 1929. – Die Nichte von Sigmund Freud steht künstlerisch in der Nachfolge von K. F. v. Freyhold.*

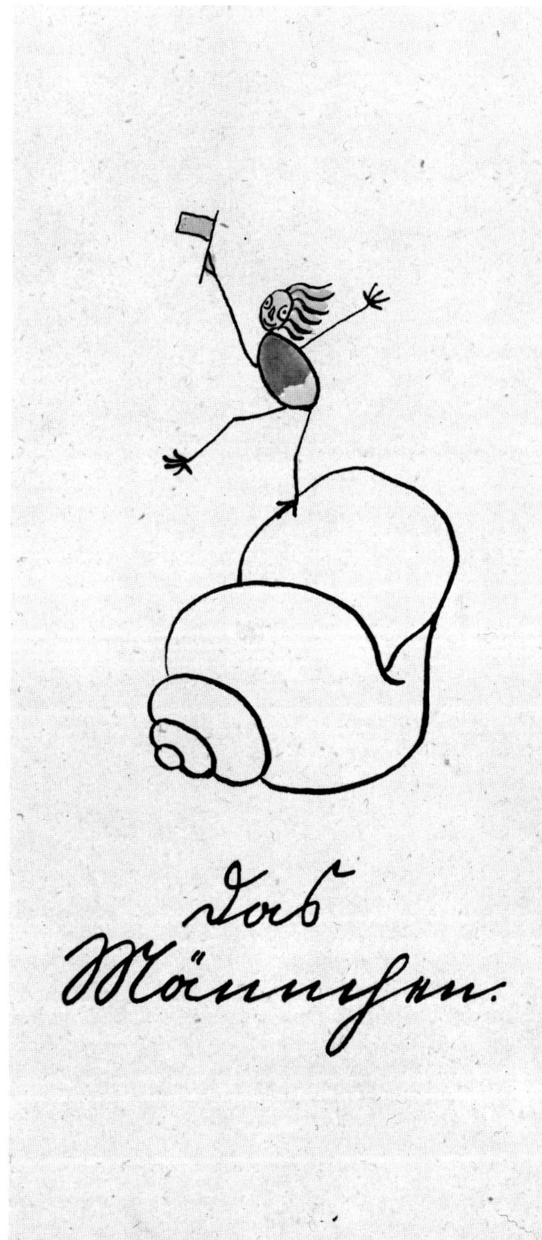

DIE RAUMFAHRT

Robert hat ein Schiff gebaut,
mit dem kann er im Weltraum fliegen;
schon sieht er Mond und Sonne liegen,
und Sterne mit Ringen und kleinen Trabanten.

Des Mondes Täler sind wie ein Gesicht,
da fürchtet sich der Robert nicht,
er fährt sehr dicht an ihn heran
und schaut sich ihn von der Nähe an.
Manche Sterne sind dunkel, manche licht,
die Landschaft ist zum Verwundern,
die Bäume erkennt er als Bäume nicht,
und Berg und Bach und Meer und Sand
sind anders, als was er zu Hause gekannt.

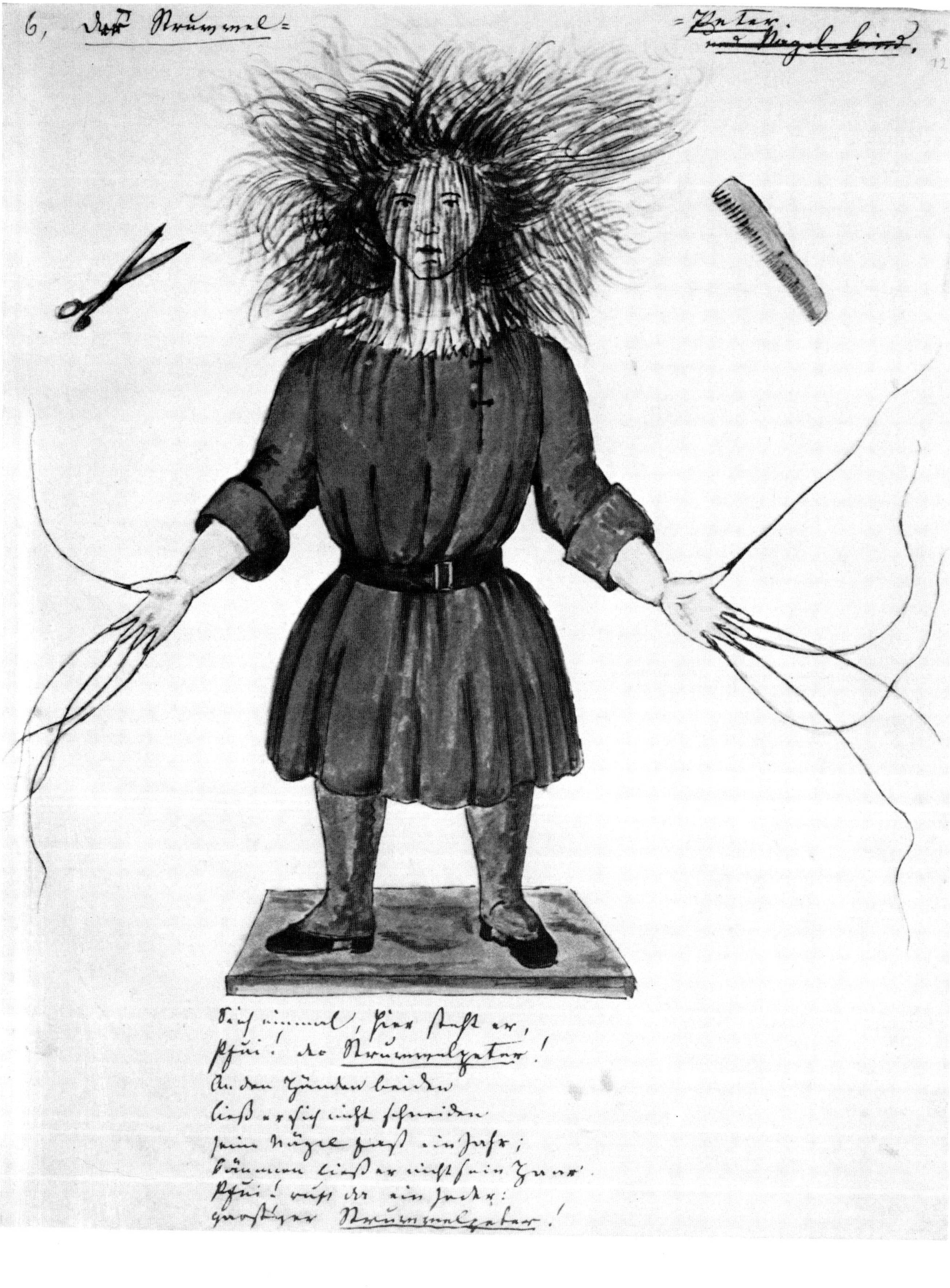

125 Struwwel-Peter. Das Struwwel- und Nagelkind. Kolorierte Federzeichnung des Verfassers aus: Heinrich Hoffmann, *Das Struwwelpeter-Originalmanuskript. Originalgetreue Nachbildung der Urhandschrift (von 1844). Frankfurt a. M. 1925*

126 (rechte Seite) *Der Struwwelpeter, wie er seit 1858 bis heute abgebildet wird. Farbiger Holzstich aus:* Heinrich Hoffmann, *Der Struwwelpeter oder lustige Geschichten und drollige Bilder für Kinder von 3–6 Jahren. 175. Auflage mit dem Jubiläumsblatt zur hundertsten Auflage. Frankfurt a. M. um 1890*

Der Struwwelpeter – sein Vater und seine Nachfolger

»Es war im Jahre 1844, das Weihnachtsfest nahte; ich hatte damals zwei Kinder, einen Sohn von dreieinhalb Jahren und ein Töchterchen von ein paar Tagen. Nun suchte ich für jenen ein Bilderbuch, wie es für einen solchen kleinen Weltbürger sich schicken mochte; aber alles, was ich da zu sehen bekam, sagte mir wenig zu. Endlich kam ich heim und brachte ein Heft mit, welches ich meiner Frau mit den Worten überreichte: ›Hier habe ich, was wir brauchen.‹ Verwundert öffnete sie die Blätter und sagte: ›Das ist ja ein leeres Schreibheft!‹, worauf sie die Antwort erhielt: ›Jawohl, aber da will ich dem Jungen schon selbst ein Bilderbuch herstellen!‹« So entstand das Urmanuskript für den Struwwelpeter. Von kaum einem Buch kennen wir die Vorgeschichte seiner Entstehung so gut. Sein Verfasser, Dr. med. Heinrich Hoffmann, der sich selbst auf dem Titel als Reimerich Kinderlieb bezeichnete, hat 1892 im Alter von 83 Jahren die Geschichte des größten Kinderbucherfolges aller Zeiten für die Familienzeitschrift ›Die Gartenlaube‹ aufgeschrieben.

»Das Originalexemplar kam auf den Weihnachtstisch, mein Söhnchen hatte seine helle Freude daran. Nach einigen Tagen fand die Taufe des Mädchens statt, und da bekamen auch die eingeladenen Familienmitglieder des Vaters Wunderwerk zu sehen. Nun hieß es hier: ›Das mußt Du drucken lassen; das darf der Junge nicht, wie zu erwarten ist, in ein paar Tagen zerreißen.‹ Ich aber lachte und frug, ob man denn von mir erwarten könne, daß ich ein Kinderbilderbuchfabrikant werde.« Als Hoffmann dann das Manuskript in einer kleinen, von ihm begründeten literarischen Gesellschaft vorzeigte, bot ihm der Buchhändler Dr. Loening an, es drucken zu lassen. Es wurden 1500 Exemplare hergestellt. »Nach etwa vier Wochen kam Löning zu mir mit der Mitteilung, daß wir einen glücklichen Gedanken gehabt hätten, die Exemplare seien alle fort, sie seien verschwunden wie ein Tropfen Wasser auf einem heißen Steine. Nun machten wir einen förmlichen Vertrag; ich war in meinen Ansprüchen bescheiden, um den Preis des Büchleins nicht zu erhöhen. Niemand war, das kann ich ehrlich versichern, über das blitzähnliche Einschlagen der bunten Geschichten mehr überrascht als ich; das hätte ich mir im Traume nicht eingebildet.« Als Autor hatte Hoffmann keine Erfahrung, doch als Arzt pflegte er die kleinen schreienden Patienten mit Bildergeschichten, die er auf ein Blatt zeichnete, zu beruhigen. So verfügte er über ein Repertoire von lustigen Figuren, die er selbst nie für pädagogisch gehalten hat.

Die 100. Auflage erschien 1876; 1939 lag bereits die 593. Auflage im Originalverlag vor, nicht gerechnet die kaum mehr zu zählenden Auflagen nach Ablauf der Urheberschutzfrist im Jahre 1925. Der ›Struwwelpeter‹ wurde in alle Kultursprachen übersetzt, in Kunstsprachen und auch ins Lateinische.

Das sogenannte Urmanuskript von 1844 befindet sich heute im Germanischen National-Museum in Nürnberg. Von ihm brachte der Verlag Rütten und Loening 1925, also 80 Jahre nach Erscheinen der heute nur mehr in ganz wenigen Exemplaren erhaltenen ersten Ausgabe von 1845, ein Faksimile heraus. Dieses Faksimile (Abb. 125) zeigt die ursprüngliche Form des Buches, das damals noch gar nicht ›Struwwelpeter‹ hieß, sondern ›Lustige Geschichten und drollige

Doch, weh! die Flamme faßt das Kleid
Die Schürze brennt; es leuchtet weit.
Es brennt die Hand; es brennt das Haar
Es brennt das ganze Kind sogar.

Und Minz und Maunz, die schreien
Gar jämmerlich zu zweien:
„Herbei! Herbei! wer hilft geschwind?
Im Feuer steht das ganze Kind!
Miau! Mio! Miau! Mio!
Zu Hülf'! das Kind brennt lichterloh!"

Verbrannt ist alles ganz und gar,
Das arme Kind mit Haut und Haar;
Ein Häuflein Asche blieb allein,
Und beide Schuh', so hübsch und fein.

Und Minz und Maunz, die kleinen,
Die sitzen da und weinen:
„Miau! Mio! Miau! Mio!
„Wo sind die armen Eltern? Wo?
Und ihre Thränen fließen,
Wie's Bächlein auf den Wiesen.

128 Die Königsfamilie. Kolorierter Holzstich nach Zeichnung des Verfassers aus: Heinrich Hoffmann, *Prinz Grünewald und Perlenfein mit ihrem lieben Eselein. Ein Bildermärchen verzeichnet und gereimt von dem Verfasser des Struwwelpeter. Frankfurt a. M. um 1880*

127 Paulinchen und die Katzen. Kolorierte Lithographie nach Zeichnung des Verfassers aus: Heinrich Hoffmann, *Der Struwwelpeter oder lustige Geschichten und drollige Bilder für Kinder von 3–6 Jahren. 23. Auflage. Frankfurt a. M., um 1855*

129 Die Sterne kommen zur Sonne. Farbige Illustration nach Zeichnung des Verfassers aus: Heinrich Hoffmann, *Besuch bei Frau Sonne. Neue lustige und drollige Geschichten. Aus dem Nachlass herausgegeben von Eduard und Walther Hessenberg. Frankfurt a. M. 1924*

130 Titel mit kolorierter Holzstichvignette nach Zeichnung des Verfassers aus: Heinrich Hoffmann, *König Nußknacker und der arme Reinhold. Ein Kindermährchen in Bildern. Erste Ausgabe. Frankfurt a. M. (1851)*

Bilder‹; der Struwwelpeter mit den über das Gesicht hängenden Haaren, den langen, gebogenen Fingernägeln, Kamm und Schere links und rechts von sich, war damals noch ganz hinten im Buch; er rückte erst in der 5. Auflage von 1847 nach vorne. Damit wurde der Wunsch der Kinder »ich will den Struwwelpeter« erfüllt, wie uns Hoffmann in seinen Lebenserinnerungen erzählt.

Neben dem Urmanuskript gibt es ein endgültiges Manuskript aus dem Jahre 1858, das 1954 für die Stadt- und Universitätsbibliothek in Frankfurt am Main erworben werden konnte, nachdem es in den dreißiger Jahren als Emigrantenbesitz nach Amerika gekommen war. Hier hat der Struwwelpeter eine viel längere Haarmähne, während bei der gedruckten Endfassung die Haare in runder Form vom Kopf abstehen. Die anderen Figuren entsprechen jedoch der bis heute gebräuchlichen Endfassung.

Die ersten Ausgaben erschienen in Lithographie (Abb. 127); 1858 wurden die Bilder nach der neuen Vorlage in Holz gestochen (Abb. 126). Die Kolorierung führten weibliche Hilfskräfte mit Hilfe von Schablonen aus. Als beste Neufassung empfinden wir die kongenialen Holzschnitte von Fritz Kredel aus dem Jahre 1938, die der Urfassung folgen.

Heinrich Hoffmann muß ein gütiger Menschenfreund gewesen sein, dazu voll Engagement für die Probleme der Zeit. Demokratisch-liberal gesonnen, saß er 1848 als Vertreter der Frankfurter Bürger im Vorparlament der Paulskirche; bereits 1834 hatte er zusammen mit anderen jungen Ärzten eine Armenklinik zur kostenlosen Untersuchung und Behandlung gegründet; von 1851 bis 1888 war er Arzt an der Frankfurter ›Anstalt für Irre und Epileptische‹. Für deren Neubau auf dem Affenstein hatte er eine beispiellose Spendenaktion ins Leben gerufen; dort wurde er zum Wegbereiter moderner psychiatrischer Versorgung.

Ist es möglich, daß ein fortschrittlicher und humaner, in der Psychiatrie tätiger Arzt ein Kinderbuch verfaßt, das als autoritär und repressiv verfemt wird? Die Antwort liegt auf der Hand: Jedes Werk muß in seiner Zeit gesehen werden; es ist zu berücksichtigen, was zu dieser Zeit überhaupt möglich, was infolgedessen rück- und was fortschrittlich war. Gegenwärtige Maßstäbe an frühere Jahrhunderte anzulegen, führt hingegen leicht zu Mißverständnissen und Fehlurteilen. So gesehen ist die heutige massive Kritik am ›Struwwelpeter‹, der für sensible Kinder zum Trauma werden könne, wohl auch als zeitgebundene Erscheinung im Gefolge der abebbenden antiautoritären Welle der Kindererziehung zu sehen.

Kein Kinderbuch war jedenfalls so erfolgreich wie der ›Struwwelpeter‹, wurde so ausgiebig nachgeahmt, travestiert und in jeder Hinsicht vermarktet. Kein Kinderbuch wurde aber auch von Kindergenerationen so heiß geliebt und so viel gelesen. Letzten Endes haben die Kinder das Urteil gesprochen. Die Hinwendung Hoffmanns zum Kind, die Sicht der Welt aus der Kinderperspektive, der Appell an Phantasie und Spieltrieb, die vergnügliche Unterhaltung ohne Sentimentalität

131 Titel mit kolorierter Holzstichvignette aus: Melodien zu Dr. Heinrich Hoffmanns Struwwelpeter. *Zusammengestellt von Andreas Hußla, Kaiserl. russischer Kapellmeister a. D. Frankfurt a. M. um 1900. – Die erste Ausgabe erschien 1875.*

Melodien
zu
Dr. Heinrich Hoffmanns
Struwwelpeter

Zusammengestellt
von
Andreas Hußla
Kaiserl. russischer Kapellmeister a. D.

Eigentum und Verlag der Literarischen Anstalt
Rütten & Loening in Frankfurt am Main
18

und ohne lehrhafte Wissensvermittlung, das alles hatte es zuvor nicht gegeben. Sicher: Dem Ungehorsam folgt die Strafe auf dem Fuße; aber dies hat Kinder auch an Märchen noch nie gestört. Mag sein, daß die grausame Strafe ein Ventil für kindliche Aggressionen ist. Das bildlich Erfaßbare ist jedenfalls für das Kind weit weniger schrecklich, als das in der Phantasie ausgemalte Ungewisse, offen Bleibende. Darum ist der fliegende Robert, von dem niemand weiß, wohin der Sturm ihn treibt, für viele Kinder die unheimlichste Geschichte aus dem ›Struwwelpeter‹. Bei dem zündelnden Paulinchen oder dem Daumenlutscher ist dagegen die Strafe so irreal überzogen, daß ein Kind vielleicht ein gewisses Gruseln verspürt, das ganze aber gar nicht als Realität sehen *kann.* So betrachtet besteht eine enge Verwandtschaft mit Wilhelm Buschs beiden Lausbuben Max und Moritz, die zum Schluß durch die Mühle gedreht und als Körner von den Hühnern aufgepickt werden. Diese unrealistische Wendung ist vielleicht noch drastischer als die Figur des Schneiders mit der Scher, der im ›Struwwelpeter‹ dem nach neuesten Erkenntnissen unter Liebesentzug leidenden Konrad den Daumen abschneidet. Daumenlutschen, Stuhlwackeln, Zündeln oder Haare-nicht-schneiden-lassen sind Kindermanieren, die über die Zeit hinweg gleich geblieben sind, die eine gewisse Identifikation auch noch heute erlauben, obwohl der ›Struwwelpeter‹ durch die altertümliche, unzeitgemäße Art der Darstellung und die heute nicht mehr zutreffende Erziehungswirklichkeit für die Kinder noch weniger unmittelbare Realität ist als zur Zeit des Biedermeier.

»Oh Hoffmann, du Weisester aller Weisen, die Menschen glauben, du hättest ein Bilderbuch für Kinder gemacht und hast doch das Hohe Lied des Unterbewussten für die Großen gedichtet und gemalt«, so schreibt der Psychosomatiker und Psychoanalytiker Georg Groddeck im Jahre 1927. Seit 1977 gibt es in Frankfurt am Main ein Heinrich-Hoffmann-Museum, das dem Vater des Struwwelpeter wie auch dem Arzt gewidmet ist: Es ist Museum und zugleich eines der europäischen Modelle für gemeindepsychiatrische Eingliederung seelisch behinderter Menschen. Diese Aufgabe hat Heinrich Hoffmann als sein Lebensziel betrachtet, der ›Struwwelpeter‹ war ihm ein liebenswertes Nebenprodukt.

Von den weiteren Büchern, die Hoffmann aufgrund des großen Erfolges schrieb, war ihm nach eigener Aussage ›König Nußknacker und der arme Reinhold‹ das liebste (Abb. 130). Seine rund 40 Auflagen können indes mit dem ›Struwwelpeter‹ nicht mithalten. Im Jahre 1924 wurde ›Besuch bei Frau Sonne‹ von den Enkeln Hoffmanns, Eduard und Walter Hessenberg, aus dem Nachlaß herausgegeben (Abb. 129). Sie schreiben dazu: »Sonntags, in freien Stunden, wenn er in der richtigen Stimmung war, zeichnete er, immer in Gegenwart der gespannt zuschauenden Enkel, die Bilder in ein Heft und schrieb sofort die Verse dazu. Das Heft war ursprünglich für unsere beiden älteren Brüder Heinrich und Carl angelegt und entstand im Winter 1871/72.«

△ *132 Farbige Illustrationen in Leporelloform aus:* Rundfunkstruwwelpeter. *Erfindung und Text von Karl Hobrecker, Zeichnung nach H. Hoffmann von M. Avierinós. Oldenburg 1926*

10

Vom Lügen-Karl.

Der Karl, der ließ das Lügen nicht;
Er log den Eltern in's Gesicht
Und dachte: ei, das geht so schön!
Mit Nichten kann geschrieben steh'n
Die Wahrheit auf der Nase!

Einst fragte ihn die Mutter was,
Der Karl, der sagte dies und das,
Da lachte laut der Papagei
Und rief: „du Schlingel! Waih, o waih!
Der Karl, der hat gelogen!"

Und aus dem Winkel kam' die Katz'
Und hebet hoch empor die Tatz'
Und schnurrt zur Mutter: Frau, Frau, Frau!
Schnurr, schnurr, miau, miau, miau,
Der Karl, der hat gelogen!"

Da rennet Karlchen ganz entsetzt
Zum Hof hinunter wie gehetzt.
Am Rock faßt ihn der Philar, au!
Und bellet laut ihn an: „Wau, wau!
Der Karl, der hat gelogen!"

Der Karl, vor Scham und Angst ganz roth,
Da ihm selbst Hahn und Henne droht,

133 Kolorierter Holzstich nach Theodor Hosemann aus: (Adolf Glaßbrenner), *Lachende Kinder. Hamburg 1850*

134 Farbillustration von Carl Reinhardt aus: (Adolf Glaßbrenner), *Sprechende Tiere. Vom Verfasser der »lachenden Kinder«. 15. unveränderte Auflage um 1880* ▷

Der wilde Jäger
Wer Opern hört
im grünen Gras,
Den fürchtet nicht
der kleinste Has.
Der Daumenlutscher
Kaum ist fort
die Mutter und
Wupp, schon funkt
der Konrad rund.
Kaspar
Der Suppenkaspar,
sehr probat,
Bewährt sich fein
als Leitungsdraht.
Der Zappelphilipp
Und die Mutter
schraubte stumm
An der Welle
zwölf herum.
Hans
Hans Guck-in-die-Luft
wird liebend gern
Zum glücklichen
Hans Hör-in-die-Fern.
Robert erreichte
um 7 Uhr 20 Min.
Oldenburg i. O.
Der fliegende Robert
Wo der Wind ihn
hingetragen,
Weiß der Rundfunk
uns zu sagen.

Unter den zahlreichen Büchern im Struwwelpeterstil, die in der Nachfolge des Welterfolges publiziert wurden, ragen zwei Titel von Adolf Glaßbrenner heraus. Als Anhänger der Bewegung von 1848 ursprünglich politisch-satirisch tätig, geriet er bald mit der Zensur in Konflikt und wich auf das Gebiet des Kinderbuches aus. Seine ›Lachenden Kinder‹ von 1850 illustrierte Theodor Hosemann; als Figuren treten Kleckerkäthchen, Horch- und Klatsch-Lorchen oder Nasch-Gustav auf (Abb. 133). Carl Reinhardt war dann der Illustrator von Glaßbrenners Tierstruwwelpeter ›Sprechende Tiere‹ von 1854. Hier figurieren in bester Hoffmann-Nachfolge der unvorsichtige Hahn, die alberne Eule und der alberne Frosch, das Schattengänschen oder die dumme und faule Pute (Abb. 134).

Es gab recht plumpe Nachahmungen, auf die die genannten pädagogischen Einwände viel besser passen als auf den Original-Struwwelpeter, so zum Beispiel die wirklich penetrante ›Schreiliesel‹ eines Dr. Ernst von 1864 (Abb. 135) oder ›Die Struwwel-Liese‹ von Dr. Julius Lütje von 1870 (Abb. 136). Ganz im Gegensatz zu Hoffmann ist hier die Drohung mit der Rute das hauptsächliche Erziehungsmittel.

Daneben wurde der ›Struwwelpeter‹ aber auch auf witzige Weise travestiert: es gibt einen ›Ägyptischen Struwwelpeter‹ von 1895 (Abb. 138) und einen ›Rundfunkstruwwelpeter‹ von 1926, dessen Text der berühmte Kinderbuchsammler Karl Hobrecker verfaßt hat (Abb. 132). Franz Bonn schrieb 1880 unter dem Pseudonym Miris einen ›Pädagogisch verbesserten Struwwelpeter‹, den Adolf Oberländer illustrierte (Abb. 139). Fried Sterns ›Struwwelpeter für die Großen‹, aus dem Geist der Jugendbewegung entstanden, fordert schon 1914 eine freiheitliche und naturgemäße Erziehung (Abb. 140). Die Schere als Symbol der ›gestutzten Welt‹ ist zerbrochen. Der letzte Titel ist jedoch schon kein Kinderbuch mehr, wie auch die vielen als Struwwelpeter verkleideten Figuren, die von Kaiser Wilhelm II. und Hitler bis zu Rainer Langhans und Walter Scheel reichen, politische Parodien und Satiren für Erwachsene sind.

135 Titel in koloriertem Holzstich von Fritz Steub aus: Dr. Ernst, *Das Schreiliesel. Eine lustige und lehrreiche Geschichte für Kinder von + – 8 Jahren. 14. Auflage. München um 1880*

136 Einbandillustration von F. Maddalena aus: Julius Lütje, *Die Struwwel-Liese oder lustige Geschichten und drollige Bilder für Kinder. 70. Auflage. Hamburg um 1910*

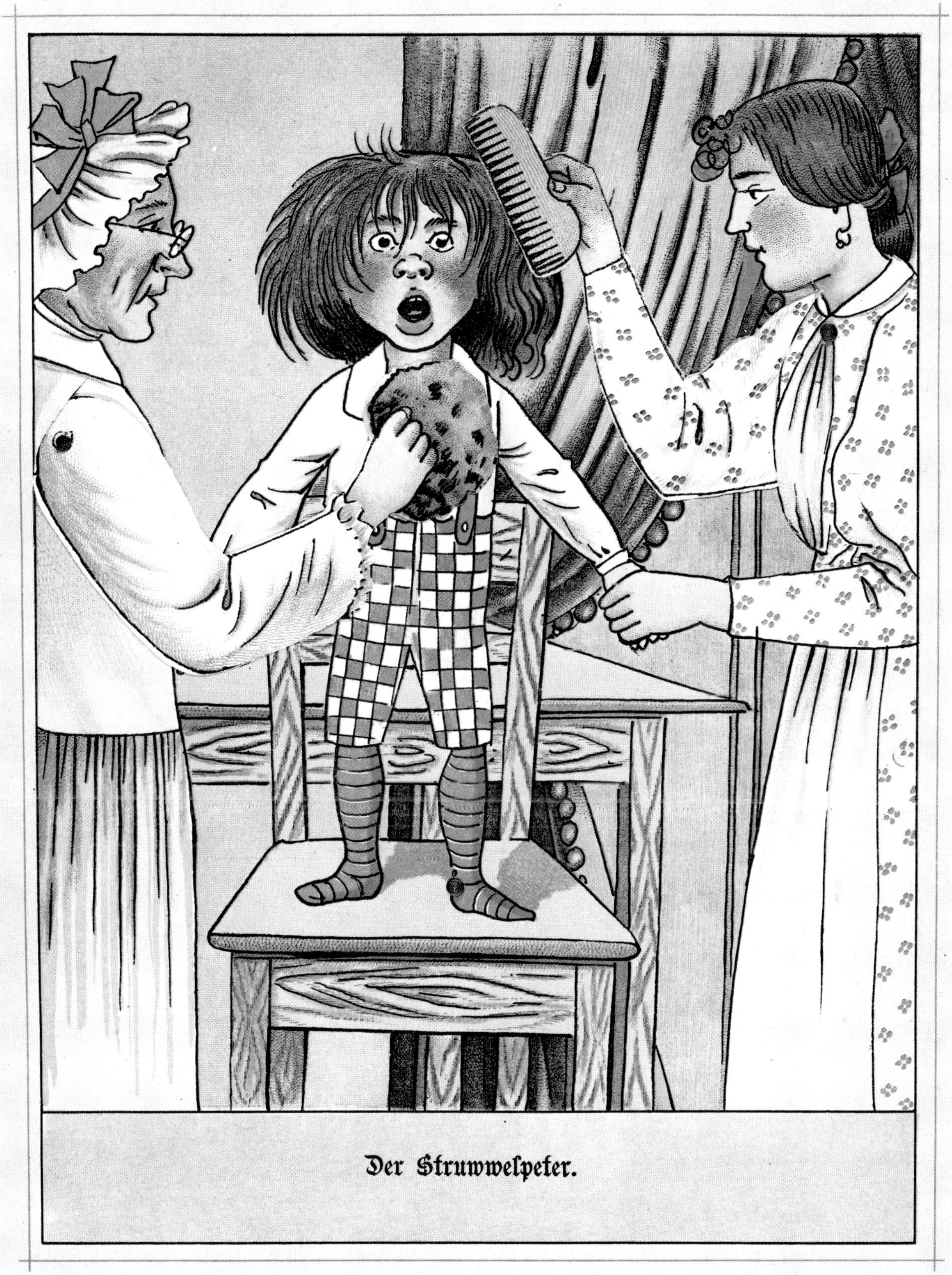

137 Der Struwwelpeter wird gewaschen und gekämmt. Farbiges Ziehbild, auf dem die beiden Frauen Schwamm und Kamm bewegen, von Lothar Meggendorfer aus: Gustav Weises lebendiger Struwwelpeter. *Stuttgart (1895)*

138 Thot der Struwwelpeter. Farbillustration aus: (Geschwister Neolitzky), *Der Aegyptische Struwwelpeter. 999. Auflage. Wien (1895). – Die drei Geschwister Neolitzky zeichneten diese Travestie auf die ägyptische Mythologie als Geburtstagsgeschenk. Marie v. Ebner-Eschenbach regte den Druck an. Wegen einer Plagiatsklage des Struwwelpeter-Originalverlags mußte ein Großteil der Auflage eingestampft werden.*

139 Die Geschichte vom fliegenden Robert. Illustration von Adolf Oberländer aus: Miris (d.i. Franz Bonn), *Der pädagogisch verbesserte Struwwelpeter. Frei nach H. Hoffmann. München 1880*

140 Illustration nach Zeichnung des Verfassers aus: Fried Stern, *Der Struwwelpeter von heute. Ein Bilderbuch für die Großen. Frankfurt a. M. 1914. – In diesem aus dem Geist der Jugendbewegung entstandenen Buch wird eine freiheitliche und naturgemäße Erziehung gefordert. Die Schere als Symbol der ›gestutzten Welt‹ ist zerbrochen.*

141 Hans, der die Tiere neckte. Farbillustration von Hellmut Maison aus: Max Nassauer, *Der gute Doktor. Ein nützlich Bilderbuch für Kinder und Eltern. 6. Auflage. München um 1920. – Der Verfasser, der selbst Arzt war, schildert die schlimmen Folgen, die aus Unvernunft und Ungehorsam für die Gesundheit entstehen können, wie beispielsweise in der Geschichte von Anna, die sich die Zähne nicht putzte. Die anschaulichen Szenen spielen in besonders schönen Jugendstil-Interieurs.*

142 *Einbandillustration in kolorierter Lithographie zu:* Kinder Lust in lebendigen Bildern. *Erfunden von F. C. Hösch. Stuttgart 1863*

Bewegliche Bilderbücher

Von jeher hatten Kinder ihre besondere Freude an beweglichem Spielzeug, an Dingen, die sie durch einen Mechanismus zum Leben erwecken können. Der unsterbliche Hampelmann ist das klassische Beispiel. Was lag also näher, als eines Tages das bewegliche Bilderbuch zu erfinden?

Hildegard Krahé weist als frühestes bekannt gewordenes Beispiel ein englisches Buch aus dem Jahre 1654 nach: ein mit beweglichen Klappen über den Illustrationen versehenes Verwandlungsbuch aus dem Londoner Verlag E. Alsop mit dem Titel ›The Beginning and Progress of Man‹ (Spielbilderbücher. In: Historische Aspekte zur Jugendliteratur). Weite Verbreitung fand dieser Buchtyp dann in England zwischen 1750 und 1800; man bezeichnete ihn, wie auch in Frankreich und Amerika, als ›Harlequinade‹. In dem großen Kinderbuch-Verkaufskatalog von Gumuchian, Paris 1930, wird ein um 1750 erschienenes Verwandlungsbuch ›The Fairy King‹ erwähnt, eine amerikanische Spielart figuriert dort als ›Metamorphosis, or A Transformation of Pictures‹ (1814), eine französische als ›Almanach de Surprise, contenant des figures changeantes‹ (1808). Neben relativ einfachen ausgeschnittenen Figuren mit auswechselbaren Köpfen oder Hüten begegnen uns in England und Frankreich Anfang des 19. Jahrhunderts perfektionierte, raffinierte Mechanismen: Bevölkerte Kulissen erheben sich beim Aufschlagen aus dem Falz des Buches, Figuren richten sich auf, die ganze Märchen- und Feenwelt kommt in Bewegung.

Im deutschen Sprachraum sind uns als früheste Beispiele Bücher des Wiener Kunstverlegers H. F. Müller begegnet. Dieser aus Hannover zugewanderte typische Repräsentant des Wiener Biedermeier machte sich durch seine gestochenen und kolorierten Freundschaftsbillets einen Namen. Von besonderem Charme sind seine Ziehbildchen, die man ebenfalls als Zeichen der Freundschaft und Verehrung schenkte und die die entzückendsten Überraschungen bereithalten. Mit diesen Erfahrungen hatte Müller die besten Voraussetzungen, einen völlig neuen Bilderbuchtyp zu kreieren, als er damit begann, auch Kinderbücher zu verlegen. Neben hübsch ausgestatteten Büchern herkömmlicher Art umfaßte sein Sortiment bald Zieh-, Steck- und Aufstellbilderbücher. ›Familien-Scenen im Zimmer samt Küche und Stall‹ heißt ein Steckbilderbuch von H. F. Müller (Abb. 145). Es ist 1824 erschienen und umfaßt 57 ausgeschnittene Figuren, die beliebig in den Räumen verteilt werden können: eine Quelle steter Unterhaltung und Freude.

1835 erschienen im gleichen Verlag von Leopold Chimani ›Die beweglichen Bilder mit der Beschreibung einiger schönen Umgebungen Wiens‹. Auf sechs Tafeln kann hier die Szenerie durch einen Zugmechanismus verändert werden. In ›Isabellens Verwandlungen oder das Mädchen in sechs Gestalten. Ein unterhaltendes Bilderbuch für Mädchen mit sieben colorirten beweglichen Kupfern in einer Flügelmappe‹, um 1815 veröffentlicht, wird der Heldin in einer Erzählung Gelegenheit gegeben, in wechselnder Garderobe aufzutreten. Sie erweist sich hierin als eine Verwandte der Ausschneide- und Anziehpuppen, die auf vielen Bilderbogen überliefert sind, aber nicht mehr zum eigentlichen Thema des Kinderbuches gehören. Leopold Chimanis ›Bunte Scenerien aus dem Menschenleben. Ein Bilderbuch ganz neuer Art, zum Nutzen und Vergnügen der Jugend bearbeitet‹, 1836 ebenfalls bei H. F. Müller erschienen, hat vier besonders hübsche Aufstellbilder, deren Kulissen sich durch Hochklappen entfalten (Abb. 149). In dieser Hereinnahme räumlicher Effekte ist der Einfluß des Kinder-Papiertheaters zu spüren, das in England, aber auch in Deutschland mit Augsburger Stechern wie Martin Engelbrecht auf eine lange Tradition zurückblicken kann. Im Rahmen unseres Themas sei dieses angrenzende Gebiet nur am Rande erwähnt.

Die beweglichen Bilderbücher von Müller sind heute nahezu unauffindbar, kein Wunder bei ihrer Zartheit und Empfindlichkeit. Die wenigen, meist in Privatsammlungen erhaltenen Exemplare waren wohl nie oder nur unter Aufsicht von Gouvernanten in Kinderhände gekommen.

Eines der frühesten Ziehbilderbücher in Deutschland dürfte die ›Kinder Lust in lebendigen Bildern‹ von F. C. Hösch sein, 1863 im Stuttgarter Verlag Nitzschke erschienen (Abb. 142). Die acht Tafeln haben

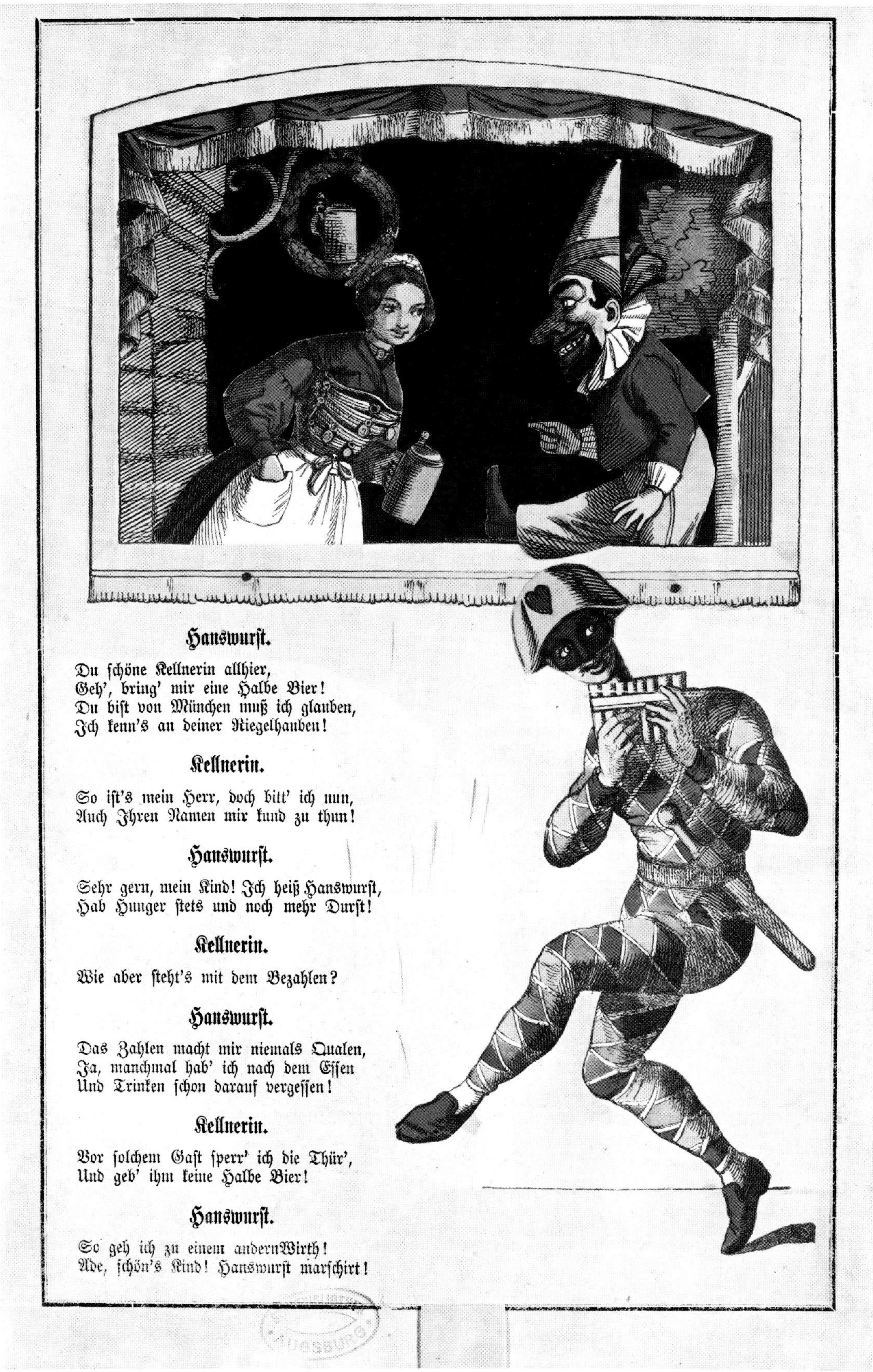

Hanswurst.

Du schöne Kellnerin allhier,
Geh', bring' mir eine Halbe Bier!
Du bist von München muß ich glauben,
Ich kenn's an deiner Riegelhauben!

Kellnerin.

So ist's mein Herr, doch bitt' ich nun,
Auch Ihren Namen mir kund zu thun!

Hanswurst.

Sehr gern, mein Kind! Ich heiß Hanswurst,
Hab Hunger stets und noch mehr Durst!

Kellnerin.

Wie aber steht's mit dem Bezahlen?

Hanswurst.

Das Zahlen macht mir niemals Qualen,
Ja, manchmal hab' ich nach dem Essen
Und Trinken schon darauf vergessen!

Kellnerin.

Vor solchem Gast sperr' ich die Thür',
Und geb' ihm keine Halbe Bier!

Hanswurst.

So geh ich zu einem andernWirth!
Ade, schön's Kind! Hanswurst marschirt!

143 Der Hanswurst und Münchner Kellnerin in Mieder und Riegelhaube, darunter Harlekin, der auf der Panflöte spielt. Beim Ziehen bewegt sich Kasperl auf den Bierkrug zu und Harlekin flötet. Kolorierte Lithographie nach Eduard Ille aus: Lampart's Erstes lebendiges Bilderbuch mit beweglichen Figuren. *Zur Belustigung für Kinder. Hanswurst's lustige Streiche. 5. Auflage. Augsburg um 1880*

144 Der Geburtstag. Kolorierte Lithographie mit beweglicher Klappe, durch die das Bild verändert wird, nach W. v. Breitschwert aus: Das wunderbare Bilderbuch. *Ein Festgeschenk Voll komischer Sachen, zum Staunen und Lachen für heitere Kinder. Stuttgart um 1865*

145 Der Salon. Gestochenes, koloriertes Interieur, auf Pappe aufgezogen, mit Einsteckschlitzen für Figuren, Möbel und Gegenstände. Die gestochenen, kolorierten und ausgeschnittenen Einzelteile können beliebig arrangiert werden. Aus: Familien-Scenen im Zimmer samt Küche und Stall. *Ein Spiel. Wien (1824)*

bewegliche Teile, die durch einen Ziehmechanismus bewegt werden und so einen Überraschungseffekt bieten. Nach demselben System funktionieren ›Lampart's Erstes (und Zweites) lebendiges Bilderbuch mit beweglichen Figuren‹, erschienen 1864 und illustriert von Eduard Ille, der auch für die Münchner Bilderbogen tätig war. Köstlich sind hier die Darstellungen von Hanswursts lustigen Streichen und von Staberls Reiseabenteuern (Abb. 143).

›Das wunderbare Bilderbuch‹ mit Lithographien nach Zeichnungen von W. v. Breitschwert stammt ebenfalls aus der Mitte der sechziger Jahre des 19. Jahrhunderts und zeigt überraschende Verwandlungen auf zwölf lithographierten Klappbildern (Abb. 144). Es ist ›Ein Festgeschenk voll komischer Sachen, zum Staunen und Lachen für heitere Kinder‹. Das Bild ›Der Geburtstag‹ trägt die Unterschrift: »Sieh hier 3 Kinder aufmarschiren, Die ihrem Vater gratuliren! Zehn Jahre später! Sieh mein Kind! Wie groß sie nun geworden sind!«

Isabella Brauns ›Allerneuestes Theaterbilderbuch‹, die ›Grosse Menagerie‹ (Abb. 146) und ›Buffalo Bill's Wilder Westen‹ (Abb. 147) sind allesamt Aufstellbilderbücher, die zwischen 1880 und 1890 bei J. F. Schreiber in Esslingen erschienen, einem Verlag, der in der Folgezeit durch den Zeichner Lothar Meggendorfer führend auf dem Gebiet des beweglichen Bilderbuchs werden sollte, was Anzahl und Vielseitigkeit der publizierten Titel betrifft.

Alle bis jetzt erwähnten Spielarten des beweglichen Bilderbuchs wurden von Lothar Meggendorfer perfektioniert, zusätzlich hat er neue Möglichkeiten erfunden. Über 30 Ziehbilderbücher, deren Figuren zu wirklichem Leben zu erwachen scheinen, über 20 Leporellos, drei Aufstellbilderbücher und zahlreiche andere Verwandlungsbilderbücher verdanken wir diesem ungemein produktiven Künstler, der ein außerordentlich humorbegabter Mensch gewesen sein muß.

Im Jahre 1847 als das jüngste von 25 Kindern aus den zwei Ehen des königlich bayerischen Obertaxators Nepomuk Meggendorfer in München geboren, galt er in der Gewerbeschule als der schlechteste Schüler im Zeichenunterricht. Bald entfaltete er eine vielseitige Begabung und Produktivität, die nur mit der seines Landsmannes Franz Graf Pocci zu vergleichen ist, der übrigens sein großes Vorbild war. Vielleicht ist es kein Zufall, daß beide Künstler, die die Kinder auf so herzliche und kindgemäß einfache Art zu unterhalten wußten, demselben altbayerischen Kulturbereich entstammten, in dem fast jeder das »Komödi-Spielen« im Blut hat.

In den Münchner Bilderbogen ist Lothar Meggendorfer mit 66 Beiträgen der am häufigsten vertretene Zeichner. Seit 1889 erschien eine von ihm konzipierte illustrierte Wochenschrift, die bald den Titel ›Meggendorfer Blätter‹ erhielt. Die von Hildegard Krahé zusammengestellte Bibliographie seiner Bilderbücher in der Zeitschrift ›Marginalien‹ umfaßt über 150 Einzeltitel. An sonstigen Aktivitäten ist Meggendorfers Seidenraupenzucht zu nennen. In seinem Sendlinger Haus, das damals noch vor den Toren der Stadt München lag, hielt er auch zahlreiche Tiere, darunter 70 Hennen, 200 Kaninchen und zwei Äffchen. Auf seinem Gut Jägerhaus bei Bad Kohlgrub betrieb er eine Landwirtschaft von 250 Tagwerk mit über 60 Rindern. Kein Wunder also, daß Meggendorfer ein so guter Tierzeichner war. Wenn er mit seiner Frau und den sechs Kindern abends musizierte, spielte er die Kontragitarre. »Wohl selten ist ein Künstler so im Einklang mit sich selbst gewesen wie Meggendorfer. Sein Leben war so erfüllt, daß er es nicht nötig hatte, Ruhm und Erfolg nachzujagen; beides stellte sich von selbst ein. Hieß es erst, daß er die schönste Seide von ganz München gehabt habe, so galt später seine Rinderzucht als die wertvollste im Werdenfelser Land. All seine Bücher für Kinder waren voll überspringender Heiterkeit und erfreuten sich größter Beliebtheit«, so formuliert es Hildegard Krahé in den ›Marginalien‹. Tatsächlich strahlt das glückliche und humorvolle Naturell Meggendorfers noch heute aus seinen Bilderbüchern, so daß kaum einer ernst bleibt, wenn der Tanzmeister die Violine spielt, ein Bein im Takt schwenkt und verzückt die Augen schließt, oder wenn die Katze dem Schneider beim Bügeln zuschaut und den Schwanz einzieht, wenn das Eisen näher kommt.

Als besonderes Glanzstück unter Meggendorfers Bilderbüchern sei der ›Internationale Circus‹ von 1887 erwähnt (Abb. 153), und hierzu

die anschauliche Rezension aus der Familienzeitschrift ›Die Gartenlaube‹ zitiert: »Das Bilderwerk läßt sich kreisförmig auf dem Tisch aufstellen und zeigt dann das bunte Innere eines Zirkus mit allem plastischen Ausputz, mit Künstlern und Zuschauern. Herr Funkula führt auf ungesatteltem Pferd den ›Flammensprung‹ aus, Miß Ella reitet die hohe Schule, der ›Kurier des Sultans‹ führt dem Publikum vier prachtvolle Schimmel vor. ›August der Dumme‹ produziert sich in ergötzlicher Weise auf einem Esel etc. Der Humor, welcher den Schöpfer beseelt, ist echt: er steckt an.«

Dem Meggendorferschen Feuerwerk konnte das beginnende 20. Jahrhundert nicht viel hinzufügen. Als hübsches Steckbilderbuch mit beweglichen Figuren und Gegenständen sei Else Wenz-Viëtors ›Nürnberger Puppenstubenspielbuch‹ von 1921 genannt (Abb. 148). Originelle neue Ideen verwirklichte Tom Seidmann-Freud in ihren Verwandlungsbilderbüchern ›Das Wunderhaus‹ von 1927 und ›Das Zauberboot‹ von 1930 (Abb. 150). Der Verlag J. F. Schreiber setzte seine alte Tradition mit einer Serie von Stehauf-Bilderbüchern in den dreißiger Jahren fort und Walter Trier, bei dem laut Erich Kästner »alles was er zeichnete und malte, lächelte und lachte«, veröffentlichte sein ›Männlein, Männlein wandle dich!‹, bevor er 1936 aus Deutschland emigrierte (Abb. 152). Er griff damit das Sujet der ›Lustigen Tante‹ von Meggendorfer auf, das noch in einem ähnlichen Bilderbuch von Wilfried Blecher wieder auftaucht, der hiermit 1970 den Deutschen Jugendbuchpreis für das beste Bilderbuch erhielt – ein Beispiel mehr, wie lange die wirklich zündenden Bilderfindungen nachwirken.

▽ *146 Kinder vor dem Affenkäfig. Aufgeklapptes Aufstellbild in Chromolothographie aus:* Grosse Menagerie. *Esslingen (1882). – In geschlossenem Zustand sieht man die jeweiligen Tiere in freier Wildbahn, in aufgestelltem Zustand in Gefangenschaft.*

147 Gesamtpanorama in Chromolithographie von: Buffalo Bill's Wilder Westen. *Ein Bilderbuch zum Aufstellen für Kinder. Esslingen (1891). – Sechs farbige Tafeln auf Karton zum Aufstellen im Halbrund, davor je drei ausgeschnittene Szenerien, die sich beim Aufklappen ebenfalls aufstellen.* △

▽ *148 Die Küche. Farbige Papptafel mit Einsteckschlitzen für Figuren und Gegenstände, gezeichnet von Else Wenz-Viëtor. Die Köchin, die Töpfe auf dem Herd und die Gegenstände auf dem Tisch sind ausgeschnitten und können beliebig arrangiert werden. Aus:* Nürnberger Puppenstubenspielbuch. *Oldenburg (1921)*

▽ *149 Der Abschied vom Vaterhaus. Vier gestochene, kolorierte und ausgeschnittene Kulissen, die sich beim Aufklappen hintereinander plastisch aufstellen, aus:* Leopold Chimani, *Bunte Scenerien aus dem Menschenleben. Ein Bilderbuch ganz neuer Art zum Nutzen und Vergnügen der Jugend bearbeitet. Wien (1836)*

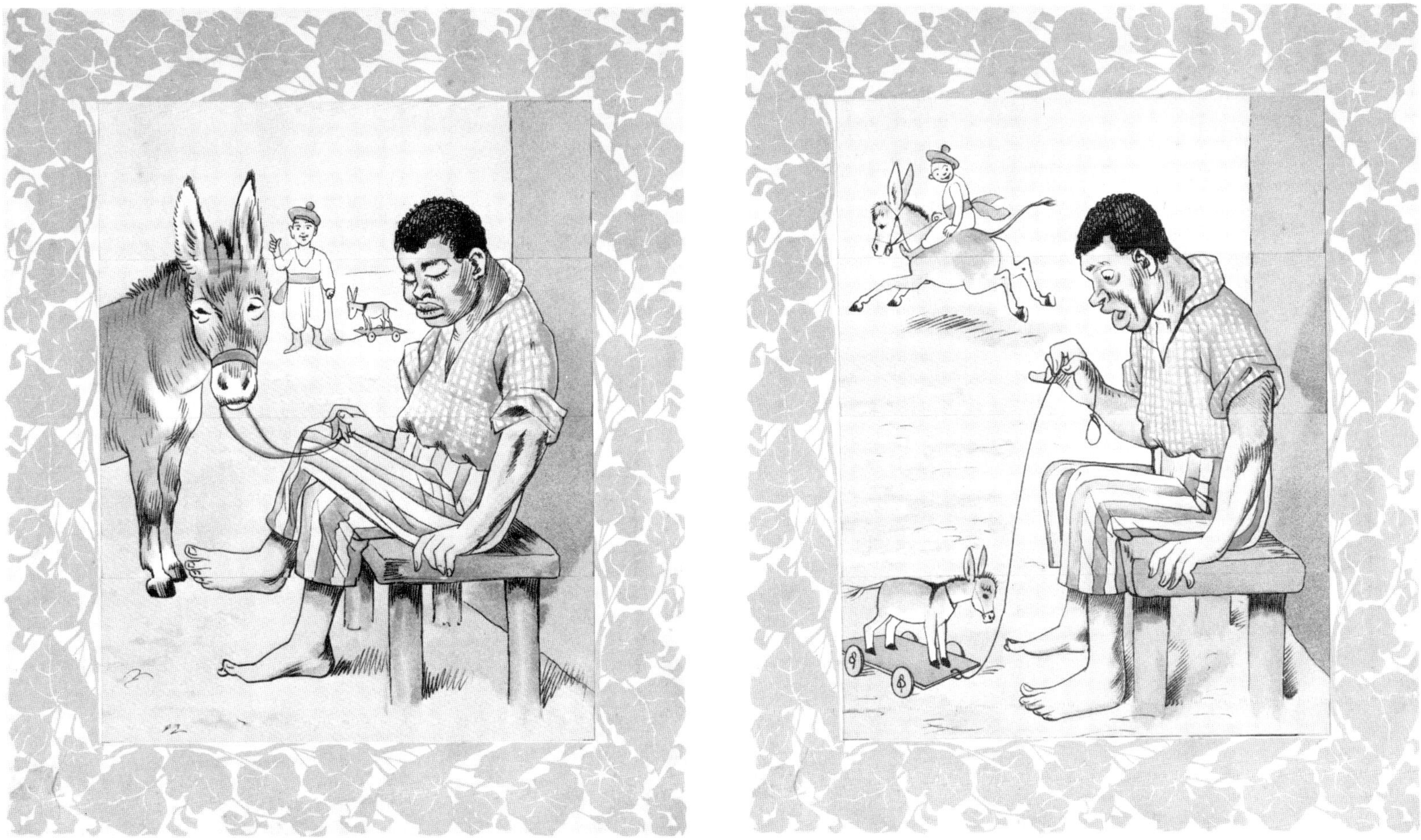

151 Ein schlimmer Tausch. Jalousienbild in Chromolithographie, das sich durch Ziehen verändert, von Lothar Meggendorfer aus: Bubenstreiche. *Ein Verwandlungsbilderbuch. Esslingen (1899)*

150 Der Wettlauf zwischen dem Hasen und dem Igel. Farbige Illustration mit ausgeschnittenem Bild und Drehscheibe, gezeichnet von der Verfasserin aus: Tom Seidmann-Freud, *Das Zauberboot. Ein Bilderbuch zum Drehen, Bewegen und Verwandeln. Berlin 1930*

152 Aus drei Abteilungen zusammengesetzte Figur. Farbillustration von Walter Trier aus: Männlein, Männlein wandle dich! *8192 verschiedene Männlein. Für Kinder von 5–75 und darüber. Esslingen um 1930. – Die Bilder in Spiralheftung lassen sich beliebig kombinieren.*

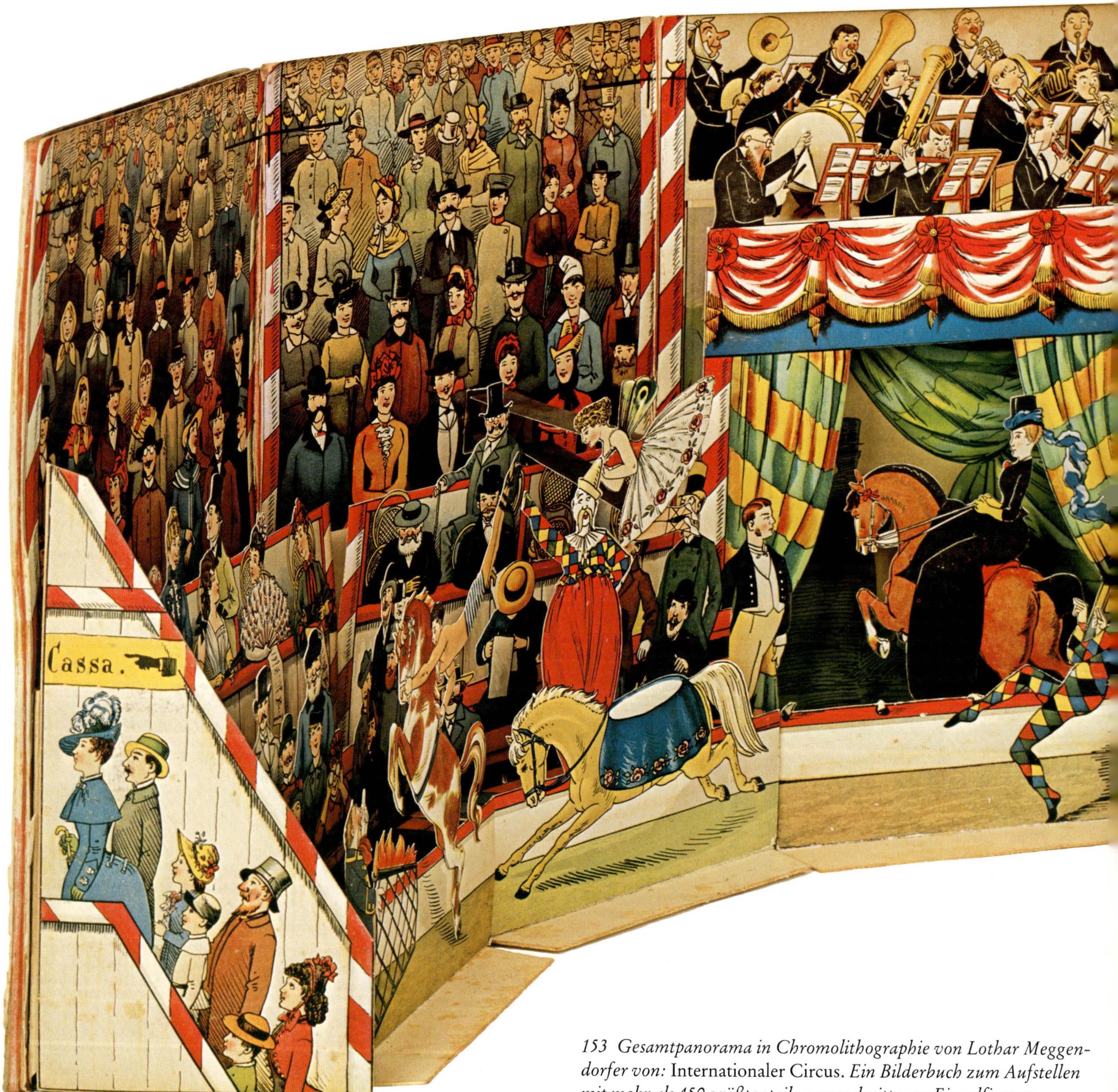

153 Gesamtpanorama in Chromolithographie von Lothar Meggendorfer von: Internationaler Circus. *Ein Bilderbuch zum Aufstellen mit mehr als 450 größtenteils ausgeschnittenen Einzelfiguren.*

Esslingen und München 1887. – Acht farbige Tafeln auf Karton zum Aufstellen im Halbrund, davor je drei ausgeschnittene Szenerien, die sich beim Aufklappen ebenfalls aufstellen.

Lieder und Reime

Ein Wiegenlied für got-
selige Kindermeidlein/vñ andere Christ
liche personen/ so der lieben Kindlin
warten/ damit sie zu schwei-
gen oder ein zu
wiegen.
M. Johan. Mathe.
Ein kinder Joseph/nicht
in der Kirchen/sondern im Hause zu
singen/die Christen Kinder mit
zu schweigen oder ein
zu wiegen.
Im Thon/Resonet in laudibus &c.
M. Johan Mathe.

Der liebevolle Singsang eines Schlafliedes gehört zum ersten, was ein Kind von seiner Umwelt wahrnimmt. Mütter und Ammen haben an der Wiege mündlich einen alten Schatz von unbefangener Volkspoesie überliefert: magisch-beschwörende und lautmalerisch-groteske Lieder und Reime. Vom »Schlaf Kindlein, schlaf« ist es nicht weit zu den Reimen für das Kleinkind, das mit »Heile, heile, Segen« getröstet wird und das »Hopp, hopp, hopp, Pferdchen lauf Galopp« auf den Knien der Eltern reitet. Tiere, Jahreszeiten, Schule, Schabernack und Wortspiele gehören ebenso zu diesem unerschöpflichen, immer neuen Reimrepertoire wie die Auszählreime für Kinderspiele. Lustig, einfach, direkt, leicht zu merken sind Kinderlieder und Reime, aber auch manchmal geheimnisvoll: Da tanzt der Butzemann durchs Haus, da ist ein boshafter Kobold, der einem alles zum Trotz tut und dann ganz unerwartet sagt: »Liebes Kindlein, ach ich bitt, bet fürs bucklicht Männlein mit.«

Uralter Glaube und Aberglaube haben sich in manchen dieser Reime erhalten. Manche Deutungen greifen hierfür sogar bis auf frühe, mythenhaft heidnische Zeiten zurück, auf Frau Holdas unterirdisches Reich, das im Reim vom Hollerbusch weiterleben soll. Dies möge akzeptieren, wem es gefällt. Kinderlieder und Reime haben schließlich nichts Doktrinäres an sich. Sie haben jedoch, wie Hans Magnus Enzensberger in seiner Anthologie ›Allerleirauh‹ 1961 sagt, »Immunität«. Woher? »Zunächst liegt«, heißt es dort weiter, »daß der Kinderreim niemands Diener ist und keinen Auftrag hat. Er war auf keinen Stand, nicht auf Herren und nicht auf Knechte, angewiesen. Nie hat er einen Unterschied zwischen seinen Benutzern gemacht; wer ihn im Mund führt, das sind die Kinder, den schließt er in eine klassenlose Gesellschaft ein. Er ist durchaus respektlos und macht sich lustig über Gott und die Welt. Autorität ist ihm zum Lachen; das läßt er Eltern und Lehrer fühlen. Reichtum imponiert ihm nicht, Armut schüchtert ihn nicht ein, von Geld und Besitz redet er realistisch, unverblümt, auch verächtlich. Bewundernswert, wie konsequent er sich der Bevormundung und der Zensur der Erwachsenen erwehrt, wie gelassen er die Veränderungen der Gesellschaft über sich ergehen läßt. Die Geschichte sieht er eher geringschätzig an, nimmt den Napoleon und den Kaiser Wilhelm im Vorbeigehn mit und vergißt sie wieder. Bedeutender und erstaunlicher kommt ihm die Schnecke vor.«

Frühe Zeugnisse von Liedern für Kinder gehen in das 13. und 14. Jahrhundert zurück. In Ulrich Boners Handschrift ›Der Edelstein‹ (um 1349) findet sich ein Schlaflied, das mit der Zeile beginnt »Swîg, min lîbez kint. Swîgest nicht, der wolf dich nimt…« Die Anfänge des Kunstliedes für Kinder hingegen sind eng mit dem Kirchenlied verbunden. ›Ein Wiegenlied für gotselige Kindermeidlein und andere Christliche personen, so der lieben Kindlin warten, damit sie zu schweigen oder einzuwiegen‹, lautet der Titel eines kleinen, bescheidenen und heute überaus seltenen Heftchens, das Johann Mathesius

154 Titelblatt mit Holzschnitt einer Frau mit Wiege aus: Johann Mathesius, *Ein Wiegenlied für gotselige Kindermeidlein, vnd andere Christliche personen, so der lieben Kindlin warten. Nürnberg (1548)*

155 Kupferstichvignette von Cl. Kohl nach Ch. Sambach auf dem Titel von: Liedersammlung für Kinder und Kinderfreunde am Clavier. *Winterlieder. Wien 1791. – Der anonyme Herausgeber ist Placidus Partsch, der mit einer Reihe von führenden Wiener Komponisten jeweils 30 Frühlings- beziehungsweise Winterlieder zusammenstellte und in reizender Aufmachung herausbrachte.*

verfaßt hat und das 1548 in Nürnberg erschien. Der kleine Titelholzschnitt zeigt eine Frau, die neben der Wiege sitzt und einen großen Löffel in der Hand hält (Abb. 154).

Kunst- und Kirchenlied liefen in enger Verbindung lange neben dem volkstümlichen, mündlich tradierten Reim her. Die Aufklärer des 18. Jahrhunderts dichteten dann ihre eigenen, zumeist recht lehrhaften Kinderlieder. Die alten Ammenlieder mußten ihnen grundsätzlich suspekt sein. So wissen wir von Christian Felix Weiße aus seiner Biographie, daß er bei seinem erstgeborenen Kind »...die abgeschmackten Lieder der Amme und Kinderwärterin singen hörte. Das brachte ihn auf den Entschluß, kleine moralische Lieder für Kinder zu dichten.« Dies war 1765, und bereits 1766/67 lag die zweibändige erste Auflage seines erfolgreichen Buches vor: ›Kleine Lieder für Kinder, zur Beförderung der Tugend mit Melodien zum Singen beim Clavier.‹ Christian Adolf Overbeck veröffentlichte 1781 ›Frizchens Lieder‹, von denen »Komm, lieber May, und mache die Bäume wieder grün« vielleicht das heute noch bekannteste ist. Beide Autoren sind in der 1791 in Wien erschienenen ›Liedersammlung für Kinder und Kinderfreunde am Clavier‹ vertreten, die mit ihrer reizenden Kupferstichausstattung heute zu den großen Kostbarkeiten auf dem Gebiet des deutschen Liedes gehört (Abb. 155).

Die große Wende brachte der Beginn des 19. Jahrhunderts. Die Romantiker entdeckten nicht nur die Volksdichtung der Märchen, sie spürten auch das Ursprüngliche, die Leidenschaft, Phantasie und Poesie der alten Kinderlieder und Reime. 1805/06 und 1808 erschien ›Des Knaben Wunderhorn‹, eine Sammlung deutscher Volkslieder, herausgegeben von Achim von Arnim und Clemens Brentano. Der Anhang des dritten Bandes enthält 143 Kinderlieder, die Brentano in seiner Heimat gesammelt hatte (Abb. 156). Die Sammlung ist nicht nach Gruppen geordnet. Die unterhaltende Vielfalt wird so deutlich, das immer Neue und Frische, teilweise in mundartlicher Färbung, lockt zum Weiterlesen, zum Vorlesen, zum Nachsprechen und Nachsingen. ›Des Knaben Wunderhorn‹ wurde die volkstümlichste deutsche Liedersammlung. In der Folge setzte eine intensive Sammeltätigkeit ein. Neue Anthologien entstanden; sie reichen von der wissenschaftlich ambitionierten Arbeit Karl Simrocks ›Das deutsche Kinderbuch‹ von 1848 bis zu den Neudichtungen Friedrich Güllls.

Auch die Illustratoren hat das ›Wunderhorn‹ inspiriert. In der ›Ammenuhr‹ von 1843 wird jeder Vers von einem ganzseitigen Bild begleitet: »Der Wind der weht, der Hahn der kräht, die Glock schlägt drei: der Fuhrmann hebt sich von der Streu.« Ludwig Richter hat dazu ein Bild gezeichnet, das mit untergehendem Mond, Kirchturm und Nachtwächter ganz der Vorstellungswelt der deutschen Romantik entspricht. Er gehörte zu den zehn Dresdner Künstlern, von denen jeder eine Strophe des Liedes illustrierte. Aus Richters Lebenserinnerungen wissen wir, daß bei einer Abendunterhaltung des Künstlerkreises durch das Los entschieden wurde, wer welchen Vers illustrieren sollte – spielerische Geselligkeit, aber auch ehrgeiziges Bewußtsein, jedem Sujet gerecht zu werden (Abb. 157).

Während die ›Ammenuhr‹ immer wieder im Handel auftaucht, ist

156 Die heilige Familie in der Waldkapelle, umgeben von Tieren, mit zwei musizierenden Kindern, unter Verwendung von Motiven aus dem ›Morgen‹ in Philipp Otto Runges ›Tageszeiten‹. – Der Bretzelbub, Motiv aus dem ›Tag‹ von Runge. Radierter Doppeltitel von Ludwig Emil Grimm nach Zeichnungen von Clemens Brentano, aus dem Anhang zum dritten Band von: Des Knaben Wunderhorn. *Alte deutsche Lieder gesammelt von Ludwig Achim von Arnim und Clemens Brentano. Heidelberg 1806–1808*

157 Dritter und siebter Stundenschlag. Holzschnitte von Hugo Bürkner nach Ludwig Richter und Theobald Oer aus: Die Ammenuhr. *Aus des Knaben Wunderhorn. In Holzschnitten, nach Zeichnungen von Dresdener Künstlern. Leipzig (1843). – Das Buch enthält insgesamt zehn Holzschnitte des Ludwig-Richter-Kreises. Durch Los bestimmten die Künstler, welche Strophe ein jeder illustrieren sollte.* ▷

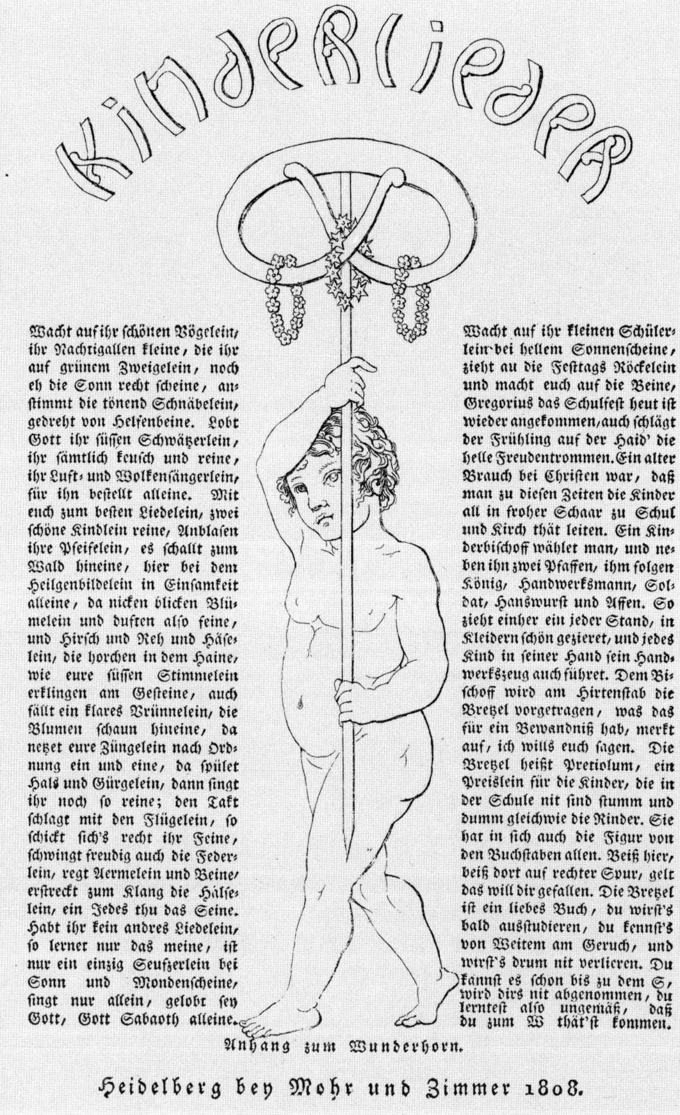

Kinderlieder

Wacht auf ihr schönen Vögelein, ihr Nachtigallen kleine, die ihr auf grünem Zweigelein, noch eh die Sonn recht scheine, anstimmt die tönend Schnäbelein, gedreht von Helfenbeine. Lobt Gott ihr süssen Schwätzerlein, ihr sämtlich keusch und reine, ihr Luft- und Wolkensängerlein, für ihn bestellt alleine. Mit euch zum besten Liedelein, zwei schöne Kindlein reine, Anblasen ihre Pfeifelein, es schallt zum Wald hineine, hier bei dem Heilgenbildelein in Einsamkeit alleine, da nicken blicken Blümelein und duften also feine, und Hirsch und Reh und Häselein, die horchen in dem Haine, wie eure süssen Stimmelein erklingen am Gesteine, auch fällt ein klares Brünnelein, die Blumen schaun hineine, da netzet eure Züngelein nach Ordnung ein und eine, da spület Hals und Gürgelein, dann singt ihr noch so reine; den Takt schlagt mit den Flügelein, so schickt sich's recht ihr Feine, schwingt freudig auch die Federlein, regt Aermelein und Beine, erstreckt zum Klang die Hälselein, ein Jedes thu das Seine. Habt ihr kein andres Liedelein, so lernet nur das meine, ist nur ein einzig Seufzerlein bei Sonn und Mondenscheine, singt nur allein, gelobt sey Gott, Gott Sabaoth alleine.

Wacht auf ihr kleinen Schülerlein bei hellem Sonnenscheine, zieht au die Festtags Röckelein und macht euch auf die Beine, Gregorius das Schulfest heut ist wieder angekommen, auch schlägt der Frühling auf der Haid' die helle Freudentrommen. Ein alter Brauch bei Christen war, daß man zu diesen Zeiten die Kinder all in froher Schaar zu Schul und Kirch thät leiten. Ein Kinderbischoff wählet man, und neben ihn zwei Pfaffen, ihm folgen König, Handwerksmann, Soldat, Hanswurst und Affen. So zieht einher ein jeder Stand, in Kleidern schön gezieret, und jedes Kind in seiner Hand sein Handwerkszeug auch führet. Dem Bischoff wird am Hirtenstab die Bretzel vorgetragen, was das für ein Bewandniß hab, merkt auf, ich wills euch sagen. Die Bretzel heißt Pretiolum, ein Preislein für die Kinder, die in der Schule nit sind stumm und dumm gleichwie die Rinder. Sie hat in sich auch die Figur von den Buchstaben allen. Beiß hier, beiß dort auf rechter Spur, gelt das will dir gefallen. Die Bretzel ist ein liebes Buch, du wirst's bald ausstudieren, du kennst's von Weitem am Geruch, und wirst's drum nit verlieren. Du kannst es schon bis zu dem S, wird dirs nit abgenommen, du lerntest also ungemäß, daß du zum W thät'st kommen.

Anhang zum Wunderhorn.

Heidelberg bey Mohr und Zimmer 1808.

ein anderes illustriertes Buch, das ebenfalls vom ›Wunderhorn‹ inspiriert ist, von großer Seltenheit: ›Schiefertafel-Bilder zu deutschen Kinder Liedern. nach Arnim, Brentano, Simrock u. A.‹. Die 1851 entstandenen 23 Lithographien von Eduard Engelmann stehen wie auf einer echten Schiefertafel weiß auf schwarz, umgeben von einem gemaserten Holzrahmen. Auf dem Titelbild sind zusätzlich Schwamm und Griffel abgebildet, eine Fliege sitzt auf dem Rahmen. Das letzte Blatt zeigt eine zerbrochene Schiefertafel, der Rahmen ist verzogen, die Fliege tot. »Aus war der Schmaus, die Gäste gehn nach Haus«, und der Gastgeber leuchtet ihnen mit der Kerze aus dem Fenster; ein originelles Kinderbuch, das uns noch heute entzückt, obgleich oder weil es längst keine Schiefertafel mehr im Schulranzen gibt (Abb. 158).

In den dreißiger und vierziger Jahren des 19. Jahrhunderts entstanden zahlreiche illustrierte Sammlungen von Kinderliedern und Reimen – teils altes Volksgut, teils neue Dichtung. Besonders gelungen ist die ›Kinderheimath in Bildern und Liedern‹ von 1846. Die Verse stammen von Friedrich Güll, die Bilder dieser zweiten Ausgabe von Franz Graf Pocci (Abb. 160). Gustav Schwab, der große Sagen- und Volksbuch-Herausgeber, rühmt im Vorwort die Unbefangenheit der Poesie Güllis, der es verstünde, »die Lehren, die darin verflochten sind, mit so wenig Lehrmiene und soviel Laune vorzutragen.« So kindgemäß wie die Verse sind auch die Illustrationen Poccis. Außer der ›Kinderheimath‹ hat er zahlreiche andere Lieder- und Reimbücher – teils aus seiner eigenen Feder – immer wieder neu, amüsant und gemütvoll bebildert. Einfachheit und Herzlichkeit zeichnen das Werk des musizierenden, dichtenden und zeichnenden ›Kasperlgrafen‹ aus. »Die Kinder haben seine Kunst gerade so begeistert aufgenommen wie die eines anderen Außenseiters, des Struwwelpeter-Hoffmanns. Wie beschränkt, ja wie beleidigend für die Kinder ist es doch, auf diese beiden kindertümlichen Doppelbegabungen die schäbige Bezeichnung Dilettantismus anzuwenden! Wir jedenfalls glauben,

158 »Schlaf, Kindchen schlaf, Vor der Thüre steht ein Schaf«. Im Rand kolorierte Lithographie von Eduard Wilhelm Engelmann aus: Schiefertafel-Bilder zu deutschen Kinder Liedern. *nach Arnim, Brentano, Simrock u. A. Leipzig (1851). – Unter den sogenannten Schiefertafel-Büchern mit weißer Zeichnung auf schwarzem Grund dürfte dies mit seinem realistisch gezeichneten gemaserten Holzrahmen das originellste sein.*

159 Kinderlieder. – Der Jäger und sein Hund. Lithographierte Seiten nach Franz Graf Pocci aus Band 3 von: Geschichten und Lieder mit Bildern als Fortsetzung des Festkalenders. *München (1841–1845). – Neben den Kasperlkomödien sind die drei Bände der ›Geschichten und Lieder‹ Poccis umfangreichstes Werk. Sie enthalten unter anderem die Folgen ›Die Monate‹, ›Das Schattenspiel‹, ›Fundevogel‹, ›S. Christophorus‹ und ›Gevatter Tod‹.*

160 Der Postknecht. Holzschnitt nach Franz Graf Pocci aus: Friedrich Güll und Franz Pocci, *Kinderheimath in Liedern und Bildern. (Erste Gabe). Mit einem Vorwort von Gustav Schwab. Zweite, reich vermehrte Auflage. Stuttgart 1846. – Eine ›Zweite Gabe‹ erschien unter dem Titel ›Scherz und Ernst‹ mit Holzschnitten nach Zeichnungen von Hugo Bürkner.*

12

Postknecht.

Ein Postknecht will ich werden
Mit Stiefel und mit Sporn,
Dann fahr ich mit vier Pferden
Und hab' ein gold'nes Horn.

161 Tanzliedchen. Lithographierte Seite von J. Williard nach Ludwig Richter aus: (Wilhelm Hey), *Bilder und Reime, Reime und Bilder für Kinder. Erste Lieferung. Dresden (1844). – Richter wurde erst durch Pocci zur volkstümlichen Illustration geführt, wie wir von ihm selbst wissen. Die ›Bilder und Reime‹ sind ein augenfälliges Beispiel für diese Beziehung.*

Tanzliedchen.

Tanz, Püppchen, tanz
Die Schuh'chen sind noch ganz,
Laß sie dir nicht reue,
Der Schuster macht dir neue,
Tanz Püppchen, tanz.

3.

162 »Will ich g'schwind zum Hafner laufen, Mir ein anders Haferl kaufen: – Steht ein bucklig's Männlein da, Schmeißt mich über'n Haufen.« Das bucklige Männlein und die Köchin. – Der Fuhrmann. Radierungen von Eugen Neureuther nach Moritz v. Schwind aus: Funfzehn Radirungen aus den alten und neuen Kinderliedern. *Herausgegeben von Georg Scherer. Leipzig 1849. – Mit Radierungen nach Kaulbach, Kreling, Richter, Neureuther, Schwind und Schmolze.*

daß Pocci als Künstler genial und als Mensch groß war.« Diesem Urteil des Kenners Horst Kunze in seinem ›Schatzbehalter‹ können wir uns vorbehaltlos anschließen. Kunze druckt dort auch einen sehr bezeichnenden Vers Poccis ab, den er seinem späteren Biographen Hyacinth Holland 1857 ins Stammbuch schrieb: »Ein Stück von meinem Herzen ja, Liegt vor Euch in den Blättern da; Denn alles, was und wie ich's gab, Nahm ich aus meines Herzens Hab – Aus meines Lebens tiefem Schacht, Hab ich's auf das Papier gebracht.« In dieselbe produktive Zeit fallen Georg Scherers oft aufgelegte ›Alte und neue Kinderlieder‹ von 1849 (ab 1863 ›Georg Scherers illustriertes Deutsches Kinderbuch‹). Carl von Heideck, Wilhelm von Kaulbach, Eugen Neureuther, Franz Graf Pocci, Ludwig Richter und Moritz von Schwind waren die Illustratoren und trugen wesentlich dazu bei, daß diese Sammlung zu *dem* Hausbuch des deutschen Bürgertums wurde (Abb. 4 und 162).

Eine Sondererscheinung sind Friedrich Fröbels ›Mutter- und Koselieder‹ von 1844 mit Bildern von Friedrich Unger. Der Pädagoge Fröbel gab dieses Buch vor allem den Müttern als Anweisungsbuch zum Umgang mit dem Kleinkind in die Hand. Fingerspiele werden abgebildet und didaktisch erläutert; die feinlinigen, klaren Illustrationen im Geist der Romantik zeigen immer wieder die ›Lebenseinigung‹ zwischen Mutter und Kind (Abb. 166).

Das ausgehende 19. Jahrhundert zehrt dann zumeist vom Althergebrachten. Neues kommt erst mit dem Jugendstil: Es entstehen reizvoll illustrierte neue Sammlungen. Paula und Richard Dehmel treten als Erneuerer des Kinderreims auf den Plan. Sie gewinnen die besten Illustratoren der Zeit wie K. F. von Freyhold oder Karl Hofer für ihre Bücher (Abb. 113 und 115). Kinderlieder und Reime stehen damit nicht mehr für Tradition, sondern für Aufbruch, für neue Bewegung – wie wenig später auch die Illustrationen von George Grosz für die Kindergedichte ›Sonniges Land‹ des Arbeiterdichters Bruno Schönlank von 1920 (Abb. 167).

163 Titel in Chromolithographie mit Golddruck von Viktor Paul Mohn aus: Kinder-Lieder und Reime. *2. Auflage. Berlin um 1885. – Bei diesem stimmungs- und gemütvoll illustrierten Liederbuch sind die Texte in die jeweiligen Bilder eingefügt. Der Künstler war Schüler Ludwig Richters und mit dessen Enkelin verheiratet.*

164 Der Osterhas. Seite in kolorierter Lithographie von Louise Thalheim aus: Der Kindermund. *Illustrirt und auf Stein gezeichnet von Louise Thalheim, Verfasserin von Sing-Sang, Wischwasche Plaudertasche, Liederborn. Berlin (1863). – Typische Illustration der geschätzten schlesischen Künstlerin, die den Text meist mit Bildern umrankte.*

165 Gruß an die Kinder. Farbillustration von Else Rehm-Viëtor aus: Paula Dehmel, *Auf der bunten Wiese. Kindergedichte. Leipzig (1912). – Paula Dehmel und ihr Ehemann Richard Dehmel waren zu Beginn des Jahrhunderts Erneuerer des Kinderlieds und Kinderreims und wurden von so unterschiedlichen Künstlern wie Else Rehm-Viëtor und Karl Hofer illustriert.*

Patsche-Kuchen.

„Mag auch wohl ein höh'rer Sinn
In dem Patsche-Kuchen liegen? —
O, wohl liegt er klar darin:
Willig muß sich Mehres fügen,
Jeder auch zu rechter Zeit
Sein an seinem Theil bereit,
Soll das Werk gelingen
Und uns Freude bringen."

Kindchen! wollen es versuchen,
Uns zu backen einen Kuchen:
Patsche, patsch' den Kuchen glatt,
Der Bäcker sagt: „Nun ist es satt;
Bringt mir doch den Kuchen bald,
Sonst wird ja der Ofen kalt." —
„„Bäcker! hier ist mein Kuchen fein,
Back' ihn schön für mein Kindchen klein.""
„Bald soll der Kuchen gebacken sein,
Tief in den Ofen schieb' ich ihn ein."

18

166 Patsche-Kuchen. Radierung von Friedrich Unger aus: Friedrich Fröbel, *Mutter- und Koselieder. Dichtung und Bilder zur edlen Pflege des Kindheitslebens. Ein Familienbuch. Mit Randzeichnungen, erklärendem Text und Singweisen. Blankenburg (1844). – Der Pädagoge Fröbel gab dieses Buch vor allem den Müttern als Anweisungsbuch zum Umgang mit dem Kleinkind in die Hand. Die abgebildeten Fingerspiele werden didaktisch erläutert.*

167 Farbige Einbandillustration und Zeichnung von George Grosz aus: Bruno Schönlank, *Sonniges Land. Kindergedichte. Berlin 1920. Der Arbeiterdichter Schönlank fand in Grosz einen kongenialen Illustrator; beide sind erfüllt von der Zuversicht auf eine Welt ohne Herren und ohne Knechte.*

168 *Doppelseite in Farbillustration von Johannes Grüger aus:* Heribert Grüger, *Liederfibel. Kinderlieder in Bildernoten dargestellt. Breslau (1927). – Originelles Beispiel, wie die Notenschrift dem Kind anschaulich dargestellt werden kann.*

169 *Doppelseite in Farbillustration von Leo Faller aus:* Albert Seifried, *10 Neue Kinderlieder und Reigen. Stuttgart (1930)*

170 »Hänselein willst du tanzen«. Farbillustration von Heinrich Lefler und Joseph Urban aus: Kling, Klang, Gloria. *Deutsche Volks- und Kinderlieder. Ausgewählt und in Musik gesetzt von W. Labler. Wien und Leipzig (1907). – Den ausdrucksvollen Jugendstil-Illustrationen ist jeweils eine Seite mit Noten und Text gegenübergestellt.*

Märchen

Märchen, diese aus uralten Zeiten mündlich überlieferten Volksdichtungen, haben so manche kontroversen Beurteilungen erfahren – und überlebt. »Das bedrückende Leben der Kindergestalten in den Grimmschen Märchen«, die einer modernen Kinderstube nicht mehr gemäß seien, die Grausamkeit der Märchen – das wird auf der einen Seite angeprangert. »Kinder brauchen Märchen«, sagen die anderen und befinden sich damit in der Nachfolge Johann Gottfried Herders, der gesagt hat: »Ein Kind, dem Märchen nie erzählt worden sind, wird ein Stück Feld in seinem Gemüt behalten, das in späteren Jahren nicht mehr angebaut werden kann.«

Märchen gelten heute als kindgemäß; sie kommen der kindlichen Phantasie entgegen, dem Wunsch nach Wunderbarem, Phantastischem und Geheimnisvollem. Sie entsprechen dem kindlichen Gerechtigkeitssinn in ihrer drastisch-anschaulichen Schwarz-Weiß-Malerei von Gut und Böse, von Belohnung und Strafe. Jacob Grimm hingegen schrieb im Jahre 1813 an Achim von Arnim: »Sind denn diese Kindermärchen für Kinder erdacht und erfunden? Ich glaube dies so wenig, als ich die allgemeinere Frage nicht beantworten werde: ob man überhaupt für Kinder etwas Eigenes einrichten müsse?«

Sicher sind Märchen als überliefertes Erzählgut für Erwachsene bestimmt gewesen, und die Kinder hörten eher zufällig mit: Abends in der Spinnstube erzählten die alten Frauen, im Wirtshaus erzählten ausgediente Soldaten, im Winter auf den Bauernhöfen erzählten auf Stör herumziehende Handwerker, auf den Jahrmärkten erzählten die Märchenerzähler wie im Orient Geschichten der Tausendundeinen Nacht. Vieles hat sich überlagert, überschnitten wie bei jeder echten Volkspoesie, die mündlich weitergegeben wird. Jedes Volk hat seine eigenen Märchen, manchmal im nationalen Kostüm, manchmal international verwurzelt. Italien war uns im 16. Jahrhundert mit der Aufzeichnung des Gestiefelten Katers des Giovanni Francesco Straparola und dem ›Pentamerone‹ des Giambattista Basile aus dem 17. Jahrhundert voraus, Frankreich mit Perraults ›Histoires ou Contes du temps passé‹ von 1697. Daß in Deutschland die Märchen zur Kinderlektüre

wurden, ist den Brüdern Grimm zu verdanken, wenn sie dies auch nicht beabsichtigt haben. Ihre Sammlung der ›Kinder- und Hausmärchen‹, 1812 und 1814/15 zuerst veröffentlicht, entsprang einer romantischen und literarhistorischen Haltung, dem Glauben an Reste einer uralten, teils heidnischen, mythenreichen Volksliteratur. Hervorragende Quelle war ihnen Dorothea Viehmann, Schneidersfrau aus Niederzwehren bei Kassel. Jacob Grimm vertrat eine wissenschaft-

171 Gestochene Titeldoppelseite von Ludwig Emil Grimm mit dem Porträt der Märchenerzählerin Dorothea Viehmann aus: Jacob und Wilhelm Grimm, *Kinder- und Haus-Märchen. Gesammelt durch die Brüder Grimm. Zweite vermehrte und verbesserte Auflage. Berlin 1819–1822. – Die erste Ausgabe erschien ohne Illustrationen.*

lich genaue Überlieferung, Wilhelm dagegen eine nachträglich abrundende Überarbeitung. Er übernahm ab der zweiten Ausgabe im wesentlichen die Herausgabe und schuf bis zur siebten Auflage im Jahre 1857 den klassischen deutschen Märchenstil.

Die Symbolik der Märchen, oft tiefenpsychologisch ausgelotet, hat entgegen allen Anfeindungen ihre Faszination auf jung und alt nicht verloren: »In den alten Zeiten, als das Wünschen noch geholfen hat« – so beginnen die Brüder Grimm, und eine Welt der unbegrenzten Möglichkeiten tut sich auf. Wenn der rechte Bräutigam kommt, dann pfeift der goldene Vogel, dann wiehert das goldene Pferd, dann hört die schöne Jungfrau zu weinen auf. Aber südlicher als Süden und nördlicher als Norden muß so mancher wandern, von Dornen zerstochen, sich nährend von Wurzeln und Kräutern, auf der einsamen Suche nach dem leichtsinnig Verlorenen. Verraten wird so mancher, verkauft und verzaubert, aber nach dreimaliger Probe des Mutes, der Treue, der Liebe kann der Freund, kann die Geliebte ihn befreien. Über sieben Berge wandert die Prinzessin, bei sieben Zwergen findet sie Unterschlupf, beim dritten Mal gelingt der bösen Königin der Giftanschlag. Magische Zahlen, schlimmer Haß, wunderbare Liebe, reiche Belohnung, grausame Bestrafung – das ist die bestrickende Zauberwelt der Märchen.

Johann Karl August Musäus, ein Schriftsteller der Aufklärung, darf als Vorläufer der Brüder Grimm bezeichnet werden. Die von ihm gesammelten und bearbeiteten ›Volksmärchen der Deutschen‹ erschienen zuerst 1782–1786. Ludwig Bechstein hat wie die Brüder Grimm auf echtes Volksgut zurückgegriffen, ist jedoch gegenüber ihrer einfachen Erzählweise bewußt volkstümlich und lehrhaft. Ein besonderes Kapitel sind die Märchen aus Tausendundeiner Nacht, deren Grundstock bis in das 8. Jahrhundert zurückreicht. Aus dem Indischen ins Persische und dann ins Arabische übersetzt, sind sie eine Sammlung von Märchen, Fabeln, Sagen, Legenden, Zauber- und Abenteuergeschichten, eingebettet in die erotische Liebesgeschichte Scheherbans und Scheherazades – ursprünglich durchaus keine für Kinder bestimmte Lektüre, aber vielleicht gerade deshalb von ihnen um so heißer verschlungen.

Neben den überlieferten Volksmärchen entstanden zu Beginn des 19. Jahrhunderts Kunstmärchen. Clemens Brentano, mit den Brüdern Grimm verbunden, schrieb um 1815/16 die erste Fassung von ›Das Märchen von Gockel, Hinkel und Gackeleia‹. Die erweiterte Fassung erschien 1838 mit Lithographien nach seinen eigenen Entwürfen; sie geben Beispiele bester romantischer Illustrationskunst (Abb. 174).

172 Der Tod des Nuß-knackers. Kolorierte Lithographie von E. Hasse nach Zeichnung des Verfassers aus: Robert Reinick, *Die Wurzelprinzessin. Ein Kindermärchen. Leipzig 1848. – Ein Teil der Illustrationen nach Zeichnungen von Theobald Oer, der wie Reinick zum Ludwig-Richter-Kreis gehörte.*

173 Kupferstich-Frontispiz von C. Melchior Roth zu Teil 2 von: Das Cabinet der Feen oder gesammlete Feen-Mährchen in neun Theilen, *aus dem Französischen übersetzt. (Herausgegeben von Charles Joseph de Mayer, übersetzt von Friedrich Immanuel Bierling.) Zweite, verbesserte Auflage. Nürnberg 1820. – Die Illustrationen stehen mit ihrer Rocaille-Rahmung noch ganz in der Tradition des 18. Jahrhunderts.*

Mit diesem Kunstmärchen hat Brentano wohl weniger die lesenden Kinder als die lesenden Erwachsenen im Auge gehabt. Die Meinung der Kenner geht auseinander, ob das Gockelmärchen noch dem Bereich des Kinderbuches zugerechnet werden soll. Als romantisches Literaturprodukt steht es wie so viele andere Märchen an der Schwelle zwischen Kinder- und Erwachsenenwelt.

Wilhelm Hauff hingegen wendet sich in seinen ›Märchenalmanachen‹ auf die Jahre 1826 bis 1828 ausdrücklich an Kinder. Hans Christian Andersen, drei Jahre jünger als der 1802 geborene und schon 1827 verstorbene Hauff, war vielleicht der genialste Schöpfer von Kunstmärchen. Leben und Dichtung, Wirklichkeit und Wunder verbinden sich hier, manchmal nicht ohne Kritik an den Zeitumständen.

Progressive Literaten und Künstler des 20. Jahrhunderts wählten wieder die Urform des Märchens, um ihre Ideen von einer neuen, einer besseren und gerechteren Welt zu verbreiten. Hermynia zur Mühlens ›Es war einmal... und es wird sein‹ wurde von Heinrich Vogeler illustriert, dem Jugendstilkünstler aus Worpswede, der 1918 engagierter Kommunist geworden war (Abb. 196).

Die Illustration der Märchen stellte die Künstler schon immer vor besondere Schwierigkeiten: Phantastik und Irrealität müssen in gegenständliche Ausdrucksformen umgesetzt werden. »Der Illustrator muß gleichsam durch die Kraft seiner Vorstellung Stoff und Form selbst verwandeln und den Betrachter in eine Welt entrücken, in der alles möglich ist«, schreibt Ilse Bang 1944 in ihrer grundlegenden Arbeit über deutsche Märchenillustration.

Noch von der in das Rokoko zurückreichenden Almanach-Tradition geprägt sind die Illustrationen Johann Heinrich Rambergs zu Löhrs ›Buch der Märchen‹, das zuerst im Jahre 1819 erschienen ist. In eine romantische Welt führen die Bilder von Daniel Fohr zu den Hauffschen Märchen (Abb. 176). Bezeichnenderweise ist jedoch die schlichte erste Ausgabe der Grimmschen Kinder- und Hausmärchen ohne ein einziges Bild geblieben: Märchen werden erzählt, nicht illustriert. Erst der zweiten Ausgabe sind die schönen Titel des dritten Bruders, Ludwig Emil Grimm, beigegeben. Das realistische Porträt

174 Lithographierter Titel mit gelblicher Tonplatte von Johann Nepomuk Strixner nach Entwurf des Dichters aus: Clemens Brentano, *Gockel Hinkel Gakeleia. Mährchen, wieder erzählt von Clemens Brentano. Frankfurt 1838. – Dieses auch für Erwachsene geschriebene Kunstmärchen zählt zu den schönsten Büchern der deutschen Romantik.*

175 Die Nymphe des Brunnens. Im Mittelbild kolorierter Kupferstich in Braundruck von Peter Carl Geißler aus: Musäus Volks-Mährchen, *Für die reifere Jugend neu bearbeitet von Franz Hoffmann. Stuttgart 1848. – Geißler gehört zu den produktivsten Illustratoren von Kinder- und Jugendbüchern. Oft umgibt er ein Mittelbild mit kleineren Randszenen.*

176 Das Wirtshaus im Spessart. Kupferstich von L. Troendlin nach David Fohr aus: Wilhelm Hauff, *Maehrchenalmanach für Söhne und Töchter gebildeter Stände auf das Jahr 1828, mit Kupfern. Stuttgart 1827. – Die Kunstmärchen des bereits im Alter von 25 Jahren verstorbenen Dichters sind in Rahmenerzählungen eingebettet und gehören noch heute zum festen Repertoire der Jugendliteratur.*

der Märchenfrau Dorothea Viehmann steht – fast möchte man meinen provozierend – neben dem Titel, also dort, wo sonst die literarischen Autoren abkonterfeit wurden (Abb. 171). Erst die sogenannte kleine Ausgabe von 1825 wurde mit sieben Illustrationen von Ludwig Emil Grimm ausgestattet. Er »hat seine Märchenbilder ganz aus Einfalt und Phantasie heraus geschaffen und eigentlich zum erstenmal einen echten Märchenton gefunden« (Bang).

Moritz von Schwind und Eugen Neureuther entwarfen große Märchen-Kompositionen, Franz Graf Pocci durchsetzte den Text mit kleinen Vignetten. Er hat das Märchenhafte besonders kindertumlich dargestellt; klar, schlicht, von echter Einfachkeit rührte er direkt ans Herz der Betrachter (Abb. 180). Selbst Ludwig Richter, der große Märchenillustrator, konnte sich der Wirkung Poccis nicht entziehen. Von ihm selbst wissen wir, daß er durch Pocci zur volkstümlichen Illustration geführt wurde. Richter illustrierte die Märchen von Musäus und Bechstein, er macht sie anschaulich, umrankt den Text mit Bildern, die den Zaubergarten der Märchen überschaubar und fast heimisch machen (Abb. 183). Auch zu Andersen schuf Richter Illustrationen; sie werden jedoch unserer Meinung nach von denen Otto Speckters an Ausdruckskraft, Innigkeit und Märchenhaftigkeit übertroffen (Abb. 181). Bezaubernd sind auch Speckters Radierungen zum Gestiefelten Kater (Abb. 182). Sein Hamburger Landsmann Johann Peter Theodor Lyser (eigentlich Ludwig Peter August Burmeister) ist ein eigenwilliger, manchmal nachtschattenhafter, unheimlicher und gleichzeitig skurriler Illustrator, progressiv in mancher Hinsicht (Abb. 178).

Über Künstler wie Theodor Hosemann oder Louise Thalheim spannt sich der Bogen zum Jugendstil und in das 20. Jahrhundert. Marcus Behmer schmückte die von Bolte aus dem Nachlaß der Brüder Grimm 1915 herausgegebenen Märchen mit Radierungen (Abb. 188). George Grosz und Heinrich Maria Davringhausen (Abb. 197) illustrierten Bände der im Malik-Verlag in den zwanziger Jahren erschienenen Reihe ›Märchen der Armen‹, die heute zu den großen Seltenheiten der proletarischen Literatur zählen. Ewig junges Thema Mär-

chen, von jeder jungen Künstlergeneration wieder neu entdeckt und gestaltet und am besten dann gelungen, wenn der Stil des Märchens Hand in Hand geht mit dem Stil des Illustrators – geheimnisvoll und wehmütig, düster und traurig, lyrisch-verträumt, schwankhaft und burlesk, oder weltanschaulich programmatisch und progressiv. So ist auch die Geschichte der Märchenillustration oft von dem märchenhaften Glück des Suchens und Sichfindens bestimmt gewesen.

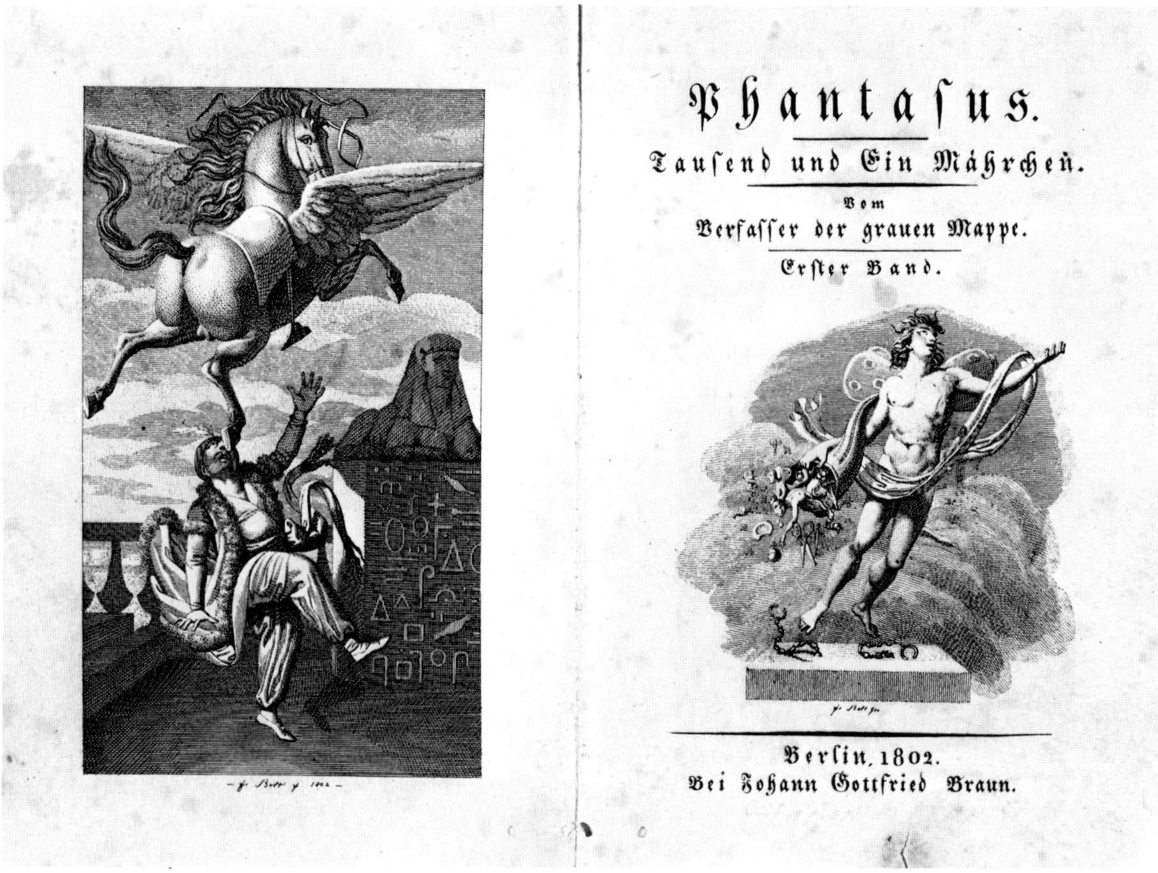

177 Titel mit gestochener Vignette und Kupferstich-Frontispiz von Fr. Bolt aus Band 1 von: Phantasus. *Tausend und Ein Mährchen. Vom Verfasser der grauen Mappe (d. i. Johann Christoph Haken). Berlin 1802*

178 Lithographierte Titeldoppelseite nach Zeichnung des Verfassers aus dem 3. Band von: Johann Peter Lyser (d. i. Ludwig Peter August Burmeister), *Abendländische Tausend und eine Nacht oder: Die schönsten Mährchen und Sagen aller europäischen Völker. Zum ersten Male gesammelt und neu bearbeitet. Meissen (1838–1839). – Es erschienen insgesamt 15 Bände mit je 2 Abteilungen.*

Zweiundsechzigste Nacht. 245

mich auf ein hohes Polster sitzen und sprachen: „Du bist nun unser Herr und Richter, wir sind deine ergebenen Sklavinnen, du kannst befehlen, was du willst!" Ich war sehr erstaunt über diese Anrede; und im Augenblick reichten mir einige unter ihnen zu essen, andre wärmten Wasser und wuschen mir die Hände und Füße, andre brachten

179 Die zweiundsechzigste Nacht. Seite mit Holzstichillustration von F. Groß aus Band 1 von: Tausend und eine Nacht. *Arabische Erzählungen. Zum Erstenmale aus dem arabischen Urtext übersetzt von Dr. Gustav Weil. Herausgegeben und mit einer Vorhalle von August Lewald. Mit 2000 Bildern und Vignetten. Stuttgart und Pforzheim 1838–1841. – Es erschienen insgesamt 4 Bände.*

180 Lithographie von Franz Graf Pocci auf dem Original-Pappband von: Das Märlein vom Sneewittchen *mit Bildern den Kindern gewidmet zu Ostern 1837 von Franz Pocci. München 1837. – Auch der Text dieses mit Vignetten durchsetzten Büchleins ist ganz lithographiert, der Titel ist in Gold gedruckt.*

181 Die Schneekönigin. Kai und Gerda in ihrem kleinen Graten zwischen den Dachkammern. Lithographie mit Tonplatte von Otto Specker aus: Hans Christian Andersen, *Neue Mährchen. Aus dem Dänischen von H. Zeise und Le Petit. Zweite Auflage. Hamburg 1845–1846. – Die zwei Bände enthalten insgesamt 14 Lithographien, die zu den besten Leistungen Speckters gezählt werden dürfen.*

182 Kater Hinze bringt die Rebhühner in des Königs Küche. – Kater Hinze läuft der Kutsche des Königs voraus und schärft den Landleuten ein, alles als Besitz seines Herrn auszugeben. Radierungen von Otto Speckter aus: Das Märchen vom gestiefelten Kater, *in den Bearbeitungen von Straparola, Basile, Perrault und Ludwig Tieck. Leipzig 1843*

199

auszudehnen, und verlobten sie in der Wiege. Das junge Paar wurde beisammen auferzogen, und als der Tod die Erbverbrüderung von Seiten der Eltern frühzeitig trennte, verklausulirten sie ihren letzten Willen dergestalt, daß den Kindern keine andere Wahl übrig blieb als sich zu heirathen. Seit drei Jahren waren sie bereits vermählt und lebten nach dem Beispiel ihrer friedlichen Eltern in einer glücklichen Ehe, als Graf Gombald den wunderbaren Traum der schönen Richilde vernahm. Der Ruf, der alle Dinge vergrößert, setzte noch hinzu, sie sey so heftig in ihn verliebt, daß sie das Gelübde gethan habe,

183 Illustration zu ›Richilde‹. Holzschnitt nach Ludwig Richter aus: Johann Karl August Musäus, *Volksmährchen der Deutschen. Prachtausgabe in einem Bande. Herausgegeben von Julius Ludwig Klee. Mit Holzschnitten nach Originalzeichnungen von R. Jordan, G. Osterwald, L. Richter, A. Schröder. 3. Ausgabe. Leipzig 1847*

184 Holzschnitt nach Ludwig Richter aus: (Clara Fechner), *Die schwarze Tante. Märchen und Geschichten für Kinder. Mit Holzschnitten nach Ludwig Richter. Leipzig 1848*

185 Nala fällt vor Damajanti auf die Knie. Farblithographie aus: Ludwig Bechstein, *Nala und Damajanti. Indisches Märchen der Jugend erzählt. Stuttgart (1851). – In derselben Aufmachung mit Illustrationen vom gleichen Künstler erschienen auch der gestiefelte Kater, der kleine Däumling und Oberon, König der Elfen.*

186 Hänsel und Gretel bei der Hexe. Farblithographie aus: Hermann Romen, *Lieder- und Märchenschatz. Ein Buch für den Papa, die Mama, das Kind, die Amme und alle Kinderfreunde. Sammlung von Kinderliedchen, Mährchen, Spielen, Scherzen und Räthseln zur Lust guter Kinder auserlesen. Wesel um 1850*

187 Der Fischer und seine Seele. Illustration von Heinrich Vogeler-Worpswede aus: Oscar Wilde, *Die Erzählungen und Märchen. Übersetzt von Franz Blei und Felix Paul Greve. Leipzig 1926*

188 Des Toten Dank. Seite mit Radierung in Braundruck von Marcus Behmer aus: Jacob und Wilhelm Grimm, *Sechs Märchen. Aus dem Nachlass hier zum ersten Male herausgegeben (und mit Nachwort versehen) von Johannes Bolte. Berlin 1918. – Eines von 260 Exemplaren.*

Et was emoel en Schniederburſen, de wull reiſen un heff nix mehr aſſe drey Dahler Geld; do kümmt he buten by et Gericht (Galgen) her, do henkt do en armen Sünder an. Do ſeg he: ‚Wat dôt mi dat leed, dat du do henkſt

3

189 Die sieben Zwerge tragen Schneewittchen im Glassarg. Kolorierte Holzschnitt-Vignette von Fritz Kredel aus: Fairy Tales by the Brothers Grimm. *Offenbach 1931. – Gedruckt für die Mitglieder des Limited Editions Club, signiert von Rudolf Koch und Fritz Kredel.*

190 Seite mit Text und Illustration von Fritz Kunz aus: Frau Holle. *Mainz (1905). – Das Märchen erschien als Band 7 der Reihe Scholz' Künstler-Bilderbücher.*

„Kikeriki — unsere goldene Jungfrau ist wieder hie."

Da ging es hinein zu seiner Mutter, und weil es so mit Gold bedeckt ankam, ward es von ihr und der Schwester gut aufgenommen.

Das Mädchen erzählte alles, was ihm begegnet war, und als die Mutter hörte, wie es zu dem großen Reichtum gekommen war, wollte sie der anderen häßlichen und faulen Tochter gern dasselbe Glück verschaffen. Sie mußte sich an den Brunnen setzen und spinnen; und damit ihre Spule blutig ward, stach sie sich in den Finger und stieß sich die Hand in die Dornhecke. Dann warf sie die Spule in den Brunnen und sprang selber hinein. Sie kam, wie die andere, auf die schöne Wiese und ging auf demselben Pfade weiter.

möchte, darum sprach sie: „Laßt Euch nicht kümmern, gestrenger Junker, wer das Süpplein zugerichtet hat; wohl Euch und uns, daß es die heilsame Wirkung hervorgebracht hat, die wir davon hofften.“ Durch diese Antwort geschah aber dem Ritter kein Genügen; er bestund mit Ernst auf der Beantwortung seiner Frage, auf welche die Ausgeberin diesen Bescheid gab: „Es dienet eine junge Dirne in der Küche, genannt die Zigeunerin, aller Kräfte der Kräuter und Pflanzen kundig, die hat das Süpplein zugerichtet, das Euch so wohl tut.“ — „Führt sie alsbald zu mir,“ sagte der Ritter, „daß ich ihr danke für diese Panazee des Lebens.“— „Verzeihet,“ erwiderte die Haushälterin, „ihr Anblick würde Euch Unlust machen; sie gleicht an Gestalt einer Schleiereule, hat einen Höcker auf dem Rücken, ist mit schmutzigen Kleidern angetan und ihr Angesicht und Hände sind mit Ruß und Asche bedeckt.“ — „Tut nach meinem Befehl,“ beschloß der Graf, „und zögert keinen Augenblick.“ Frau Gertrud gehorchte, berief eilig Mathilden aus der Küche zu sich, warf ihr ein Regentuch über, das sie zu tragen pflegte, wenn sie zur Messe ging und führte sie in diesem Aufputz in das Krankenzimmer ein. Der Ritter begehrte, daß sich jedermann entfernen

36

sollte, und als er die Tür hatte heißen zutun, sprach er: „Mägdlein, bekenne mir frei, wie bist du zu dem Ringe gelangt, den ich gefunden habe in der Schale, darein du mir das Frühstück zugerichtet hast?“ — „Edler Ritter,“ antwortete das Fräulein züchtig und sittsam, „den Ring habe ich von Euch; Ihr begabtet mich damit am zweiten Abend des Freudenreihens; sehet nun zu, ob meine Gestalt und Herkunft verdient, daß Ihr Euch so abgehärmt habt, als wolltet Ihr ins Grab sinken. Euer Zustand jammerte mich, darum habe ich nicht länger verweilt, Euch aus dem Irrtum zu ziehen.“

Einer solchen Überraschung hatte sich Graf Konrad nicht versehen; er war bestürzt und schwieg einige Augenblicke. Aber die Gestalt der schönen Tänzerin schwebte ihm bald wieder vor und er verfiel auf den Gedanken, daß man ihn durch einen frommen Betrug von seiner Absicht heilen wollte; doch der wahre Ring, den er zurückempfangen hatte, ließ vermuten, daß die Unbekannte auf irgend eine Weise mit im Spiel sein müßte; also legte er's darauf an, die Dirne auszuforschen und in der Rede zu fangen. „Seid Ihr die holde Jungfrau,“ sprach er, „welcher ich meine Hand gelobet habe, so

37

191 Doppelseite mit Text und Farbillustration von Ignaz Taschner aus: Johann Karl August Musäus, *Die Nymphe des Brunnens. Text bearbeitet von Hans Fraungruber. Wien und Leipzig (1902). – Gerlach's Jugendbücherei 11*

192 Farbillustration von Heinrich Lefler und Joseph Urban aus: Marienkind. *Mainz (1904). – Scholz' Künstler-Bilderbücher 2. – Heinrich Lefler zeichnete die Figuren, Joseph Urban die ornamentalen Rahmen und die Architektur. Bewußt signierten sie wie ein Künstler.*

193 Königin Herzleide und die Hexe Amara. Illustration in zwölffarbigem Steindruck nach Hanns Pellar aus: Fritz v. Ostini, *Der kleine König. Ein Märchen zu zwölf Bildern. München (1909). – Ostini erfand das Märchen vom Kleinen König zu den bereits bestehenden Bildern von Pellar, die in ihrer differenzierten, für den Jugendstil typischen Farbigkeit begeistern.*

3

das Ei von der Konservendose herunter, wickelte es behutsam in seine Schürze und setzte sich damit dicht an den warmen Ofen. Mit einem Male gab es einen **KLING** als ob die GROSSEN Leute mit Wein anSTOSSEN, und da kam der Hahnepeter auch schon aus dem Ei heraus und sagte sofort

Guten Tag

Guten Tag

GUTEN TAG!

194 Typographisch gestaltete Seite aus: Kurt Schwitters und Käte Steinitz, *Die Märchen vom Paradies. Hannover (1924). – Ein nach den Ideen von Merzkunst und Dada gestaltetes Kinderbuch, offensichtlich beeinflußt durch El Lissitzkij.*

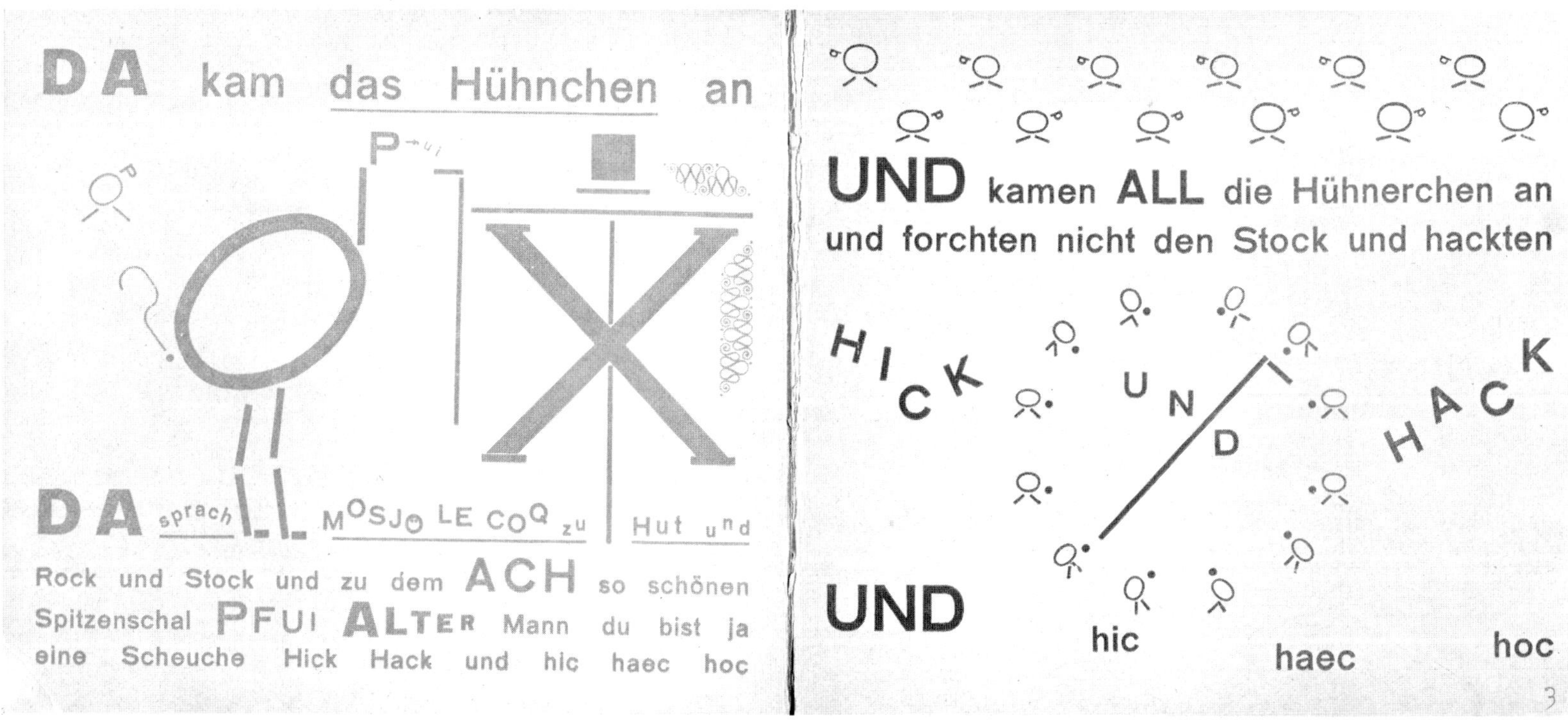

195 Typographisch gestaltete Doppelseite aus: Kurt Schwitters, Käte Steinitz und Theo van Doesburg, *Die Scheuche. (Merz 14/15). Hannover 1925*

196 Illustration von Heinrich Vogeler-Worpswede aus: Hermynia zur Mühlen, *Es war einmal... und es wird sein. Märchen. Berlin (1930). – Der einstige Jugendstilkünstler, der zum engagierten Kommunisten geworden war, illustrierte die proletarischen Märchen Hermynia zur Mühlens, die zu den bedeutendsten Kinderbuchautoren der revolutionären Literaturbewegung der Weimarer Republik zählt.*

197 Frontispiz in Lithographie von Heinrich Maria Davringhausen aus: Eugen Lewin-Dorsch, *Die Dollarmännchen. Acht Märchen. Berlin (1928). – Erschienen im Malik-Verlag als Band 2 der Reihe ›Die Märchen der Armen‹, die heute zu den großen Seltenheiten der proletarischen Jugendliteratur gehören.*

198 In Kupfer gestochener Titel mit kolorierter Vignette und koloriertes Kupferstich-Frontispiz von Rosmäsler aus: Johann Andreas Christian Löhr, *Das Fabelbuch für Kindheit und Jugend. 3. Auflage herausgegeben von Christian August Lebrecht Kästner. Leipzig (1824)*

Volksbücher, Sagen, Fabeln

Was lasen die Kinder früherer Jahrhunderte, bevor ihnen die Aufklärung eigene ›Kinderbibliotheken‹ bescherte? Bei Goethe finden wir eine Antwort auf diese Frage. Im ersten Teil des ersten Buches von ›Dichtung und Wahrheit‹ können wir nachlesen, was er als Kind verschlungen hat: »Nun sollte mir auch noch eine reichlichere Ernte bevorstehn, indem ich an eine Masse Schriften geriet, die zwar in ihrer gegenwärtigen Gestalt nicht vortrefflich genannt werden können, deren Inhalt jedoch uns manches Verdienst voriger Zeiten in einer unschuldigen Weise näher bringt. Der Verlag oder vielmehr die Fabrik jener Bücher, welche in der folgenden Zeit unter dem Titel ›Volksschriften‹, ›Volksbücher‹ bekannt und sogar berühmt geworden, war in Frankfurt selbst, und sie wurden, wegen des großen Abgangs, mit stehenden Lettern auf das schrecklichste Löschpapier fast unleserlich gedruckt. Wir Kinder hatten also das Glück, diese schätzbaren Überreste der Mittelzeit auf einem Tischchen vor der Haustüre eines Büchertrödlers täglich zu finden und sie uns für ein paar Kreuzer anzueignen. Der Eulenspiegel, die vier Haimonskinder, die schöne Melusine, der Kaiser Oktavian, die schöne Magelone, Fortunatus, mit der ganzen Sippschaft bis auf den ewigen Juden, alles stand uns zu Diensten, sobald uns gelüstete, nach diesen Werken anstatt nach irgendeiner Näscherei zu greifen. Der große Vorteil dabei war, daß, wenn wir ein solches Heft zerlesen oder sonst beschädigt hatten, es bald wieder angeschafft und aufs neue verschlungen werden konnte.«

Die Volksbücher stehen in einer langen Tradition. Es sind zumeist romanhafte Prosafassungen alter Epen, die ältesten gehen auf lateinische und französische Quellen zurück. Deutsche Volksbücher entstanden im 15. und 16. Jahrhundert aus Sammlungen mündlicher Geschichten um Gestalten wie Till Eulenspiegel, die Schildbürger oder Dr. Faust. Das Volksbuch von Dr. Faust hat Goethe in seiner Aufzählung nicht erwähnt, obwohl gerade dieser Stoff für die Richtigkeit seiner kindlichen Erinnerungen bürgen könnte. Durch die Erfindung des Buchdrucks kamen die alten Volksbücher im ausgehenden 15. und beginnenden 16. Jahrhundert zu weiter Verbreitung. Ob sie damals gleichzeitig Volks- und Jugendliteratur geworden sind, mag wegen der anfänglich hohen Preise für die meist illustrierten Druckerzeugnisse in Frage gestellt werden. Im folgenden bedurfte es einer spürbaren Verbilligung – man denke an das bei Goethe beschriebene schlechte Papier – sowie der Anpassung des Inhalts an den Publikumsgeschmack, eine Entwicklung, die mit dem Begriff des ›gesunkenen Kulturguts‹ umschrieben werden kann. Dann allerdings gab es kein Halten mehr: ›Die schöne Melusine‹ und ›Kaiser Oktavian‹ erschienen bis 1750 in über 40 Ausgaben; ebenso häufig wurde ›Fortunatus‹ aufgelegt, der als der erste eigenständige Prosaroman gilt. Von ›Till Eulenspiegel‹ wurden für die Zeit von 1515 bis 1765 insgesamt 35 Ausgaben nachgewiesen. Die Reihe ließe sich beliebig verlängern. Es bleibt nachzutragen, daß einige Volksbücher sich direkt an die Jugend wenden. So heißt es im Vorwort der ›Schönen Magelone‹ (Augsburg 1535): »das also billiche beide, Eltern und kinder durch diese schrifft verwarnet sein sollen«. Der Begriff des Volksbuches stammt erst aus dem frühen 19. Jahrhundert, als im Geiste der Romantik Sammlungen alter Volkspoesie angelegt wurden. Joseph von Görres prägte 1807 den Begriff mit seiner Abhandlung ›Die teutschen Volksbücher‹. Am wichtigsten für die Aufnahme der Volksbücher als Jugendlektüre war wohl Gustav Schwabs Herausgebertätigkeit. Seine Sammlung ›Buch der schönsten Geschichten und Sagen‹ von 1836/37 ist der erste Druck der Volksbücher für die Jugend (Abb. 201).

Der Titel macht deutlich, wie eng Volksbücher und Volkssagen zusammenhängen. Die Sage greift auf geschichtliche Vorgänge zurück; die Ereignisse haben sich jedoch von der Wirklichkeit entfernt, weil sie in der Volkssage mündlich umgeformt, in der Heldensage bewußt dichterisch gestaltet wurden. Geschildert wird das Außergewöhnliche, Geheimnisvolle, das Seltsame, Beunruhigende. »Das Märchen ist poetischer, die Sage historischer«, heißt es im Vorwort der Brüder Grimm zu ihren ›Deutschen Sagen‹ von 1816/18. Der örtliche Bezug kommt hinzu: Rübezahl ist eine Figur aus dem Riesengebirge; Bechstein schildert das Zwergenvolk im Osenberg; die

199 Griseldis wird nach ihrer Verstoßung von Walther wieder in Ehren aufgenommen. Titel mit Holzschnittvignette nach Ludwig Richter aus: Geschichte von Griseldis und dem Markgrafen Walther. *Leipzig 1838. – Nummer 1 der von G. O. Marbach herausgegebenen Volksbücher, von denen bis 1850 insgesamt 53 Bändchen erschienen.*

200 Titel mit Holzschnittvignette aus: Fortunatus mit seinem Seckel und Wünsch-Hütlein. *Wie er dasselbe bekommen, und ihm damit ergangen, in einer überaus lustigen Lebens-Beschreibung vorgestellet. Reutlingen (um 1790). – Typisches Beispiel der auf löschpapierähnliches, billiges Papier gedruckten Volksbuchproduktion.*

201 Die schöne Melusine. Gestochenes Frontispiz von Weng nach Franz Fellner aus Band 2 von: Gustav Schwab, *Buch der schönsten Geschichten und Sagen für Alt und Jung wieder erzählt. Stuttgart 1836–1837. – Dies ist die erste allgemeine Volksbuchsammlung und zugleich der erste Druck der Volksbücher speziell für die Jugend.*

202 Wie die Sieben Schwaben einem Mägdlein begegnen, und wie der Blitzschwab von ihr auf die Kirchweih geladen wird. Lithographie von Moritz von Schwind nach Franz Fellner aus: (Ludwig Aurbacher), *Die Geschichte von den Sieben Schwaben mit Zehn lithographirten Darstellungen. Stuttgart 1832*

Volksbücher.

1.

Herausgegeben von G. O. Marbach.

Geschichte

von

Griseldis

und dem

Markgrafen Walther.

Nebst einigen andern Beispielen treuer Liebe.

Leipzig, 1838. Bei Otto Wigand.

Fortunatus

mit seinem

Seckel und Wünsch-Hütlein.

Wie er dasselbe bekommen, und ihm damit ergangen, in einer überaus lustigen

Lebens-Beschreibung

vorgestellet.

(Mit gnädigster Genehmigung.)

Reutlingen,

bei Justus Fleischhauer.

Nibelungen stammen aus Xanten; es gibt Sagen vom Rhein und es gibt Sagen aus dem Bayerischen Wald, alpenländische und nordische Sagen. Wie so manch anderer Lesestoff ursprünglich nicht für Kinder gedacht, wurden die Sagen vor allem durch Ludwig Bechsteins ›Deutsches Sagenbuch‹ von 1853 zur Jugendlektüre (Abb. 203).

In die Antike zurück reicht die Fabel. Die früheste bekannte literarische Fassung – sie geht auf den sagenhaften Aesop im sechsten vorchristlichen Jahrhundert zurück – stammt aus dem zweiten oder dritten Jahrhundert vor Christus und wurde unter Kaiser Augustus von Phaedrus neu bearbeitet. Indien, Babylon, Ägypten, Arabien und Griechenland galten schon im 19. Jahrhundert als Ursprungsländer. Jacob Grimm glaubte, ein Großteil der Fabeln sei germanischen Ursprungs. Heute hat man sich auf eine Polygenese geeinigt: Nach der Heimat der Fabeln zu forschen ist sinnlos, es handelt sich um eine Urform der Geistesbetätigung. Überall herrschten zudem die gleichen gesellschaftlichen Bedingungen: Gliederung der Gesellschaft in Herren und Knechte, Spannungen zwischen den Schichten. Die Fabel drückt das Lebensgefühl der unteren Schichten aus, es wird Kritik an allgemeinen, moralischen oder sozialen Zuständen geübt, eine allgemeine Lebensweisheit wird mitgeteilt, oft endet die Geschichte mit dem Sieg des Kleinen, Pfiffigen über den Großen, Starken. Generell ist die Fabel eine Erzählung, in der Tiere, Pflanzen oder Dinge sprechen und handeln und die in kurzer und überschaubarer Form eine Lehre erteilt.

Dies ist wohl auch der Grund, weshalb Fabeln für Kinder und Jugendliche als passend galten. Bereits im Mittelalter fanden Fabeln

203 Das Zwergvolk im Osenberge. Holzschnitt nach Karl Ludwig Adolf Ehrhardt aus: Ludwig Bechstein, *Deutsches Sagenbuch. Leipzig 1853. – Erste Ausgabe des neben dem Grimm'schen bedeutendsten deutschen Sagenbuchs mit vorzüglichen Illustrationen.*

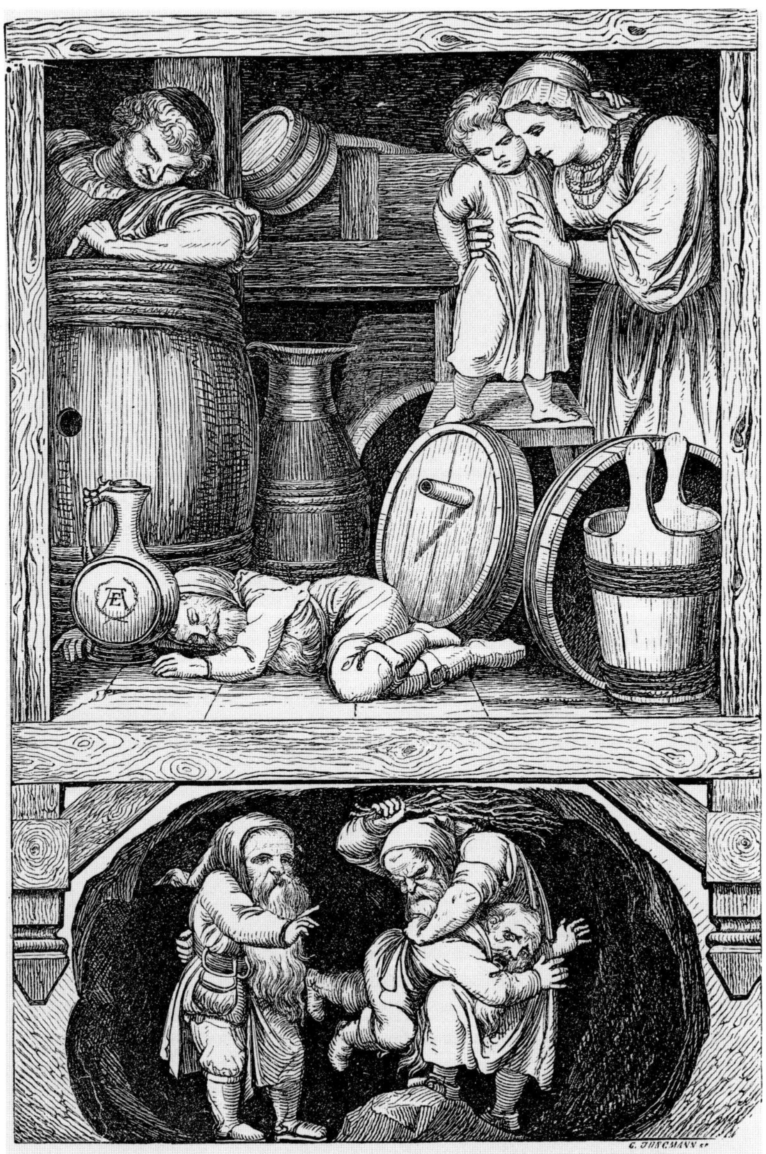

Das Zwergvolk im Osenberge.

im Lateinunterricht Verwendung. Im 15. und 16. Jahrhundert, in der Zeit des Humanismus, spielte die Fabel eine wichtige Rolle. Heinrich Steinhöwel fertigte die erste deutsche Übersetzung des Aesop; sie erschien zwischen 1476 und 1480 und war mit Holzschnitten illustriert. Luther schätzte die Fabeln sehr hoch ein und übersetzte ebenfalls einen Teil, »damit es ein lustiger vnd lieblicher doch erbarlicher und zuechiger vnd nuetzlicher Esopus werde, des man one Suende lachen vnd gebrauchen koende, Kinder und Gesind zu warnen vnd vnterweisen auff ir zukuenfftiges Leben vnd Wandel«. Burkhard Waldis' Fabelsammlung ›Esopus Gantz New gemacht und in Reimen gefasst‹ erschien zuerst 1548 und wendet sich direkt an die »liebe Jugend, Knaben und Jungfrauen«, eine Erscheinung, die sonst erst im 18. und 19. Jahrhundert auftritt.

Das 18. Jahrhundert bringt eine Blütezeit der Fabel, unter den Fabeldichtern finden sich Namen wie Hagedorn, Gellert, Lessing und Lichtwer. Den aufklärerischen Ideen der Zeit entsprechend werden religiöse Themen in der Fabel mehr und mehr von weltlichen abgelöst, die Kritik an sozialen und politischen Zuständen, an der Gesellschaftsordnung verstärkt sich zusehends.

Im beginnenden 19. Jahrhundert hingegen lebt die Fabel auf einer anderen Stufe weiter: als Lektüre für Kinder. Die großen Pädagogen, allen voran Comenius, hatten schon immer die Fabel als Lesestoff für Kinder empfohlen. Jetzt im 19. Jahrhundert dichtet man Fabeln, die speziell dem kindlichen Verständnis angepaßt sind. Die gereimten Fabeln von Wilhelm Hey können als typische Beispiele gelten. In Kombination mit den zauberhaft zarten Illustrationen Otto Speckters wurden sie zu einem der großen, internationalen Kinderbucherfolge des 19. Jahrhunderts. Für die erste und zweite Ausgabe von 1833 und 1834 radierte Speckter die Bilder selbst auf den Stein (Abb. 212); es folgten bei den weiteren Ausgaben Kupferstiche der Nachzeichnungen. Zwischen 1836 und dem Beginn der vierziger Jahre gibt es Lithographien, ab 1850 dann Holzstiche. Dem Pastor Hey, der es als Dichter nicht zu großem Ruhm gebracht hat, verdanken wir auch die schönen Verse: »Weißt du, wieviel Sternlein stehen«.

204 Textseite mit Holzschnittvignette aus: Johannes Praetorius, *Bekannte und unbekannte Historien von dem abenteuerlichen und weltberufenen Gespenste dem Rübezahl. Leipzig 1920*

205 Zwiesprach des Wolfs mit dem Esel. Textseite mit Holzschnitt-illustration aus: Die Zwiesprach der Tiere. *Nach dem Dialogus Creaturarum, 1480 von Peter van Leu in Gouda gedruckt. München 1923. – Eines von 500 numerierten Exemplaren mit 38 Holzschnitten nach dem holländischen Frühdruck.*

109

117. Rübezahl hänselt einen losen Fuhrmann.

Rübezahl kommt zu einem Fuhrmanne, welcher nach Hirschberg zu fahren in Willens, bei deme er sich angegeben und umbs Fuhrlohn gedinget. Als sie aber kaum eine Viertelmeil Weg miteinander gefahren, wollen die Pferde nicht einen Schritt von der Stelle gehen; da ihn der Fuhrmann heißen absteigen, welches er zu tun sich geweigert, vorgebende, weil er hätte Geld gegeben, müßte er auch dafür fahren. Als aber der Fuhrmann mit Ungestüm auf ihn zugelaufen, in Willens, ihn herabzureißen, hat er sich furchtsam gestellet und ist auf der andern Seite des Wagens geschwind heruntergesprungen.. Hierauf haben zwar die Pferde ein zwölf Schritt den Wagen von dem alten Ort gerücket, aber bald wieder stille gehalten. Der Fuhrmann wird zornig, schlägt auf die Pferde immer los, bis Rübezahl machet, als wenn alle beide mitten voneinander springen. Worüber dem Fuhrmann so angst worden, daß er alsbald zurückgelaufen, seinem Wirte das Unglück angemeldet und gebeten, er möchte ihm doch seine Pferde so weit leihen, daß er den Wagen wieder zurückbringen und sich ein paar andere Pferde kaufen könnte. Wie nun der Wirt und andere Leute mehr (so es gehöret) mit dem Fuhrmanne hinauskommen, stehen die zersprungenen Pferde wieder am Wagen ganz ohne Schaden und Mängel, aber der Wagen ganz abgeladen, daß der Fuhrmann die Ware mit großer Mühe und Beschwerd hat müssen auf dem Felde aufladen, und ist endlich mit seinen eigenen Pferden an bestimmten Ort gelanget.

Zwiesprach des Wolfs mit dem Esel.

Einst sägten ein Wolf und ein Esel zusammen an einem Brett. Oben auf dem Schragen arbeitet einfältig der Esel, unten zog voll Tücke der Wolf, denn er wollt eine Gelegenheit finden,

9

2

Wie faszinierend der Fabelstoff mit seinen Tiergestalten geblieben ist, zeigt uns Johann Peter Theodor Lysers satirische Fassung des Wettrennens zwischen Hase und Igel in plattdeutscher Mundart, in deren Nachwort der Autor seine Ansicht über die künstlerische Gestaltung von vermenschlichten Tierfiguren klarlegt: »Ich habe zuerst wirkliche Thier-Figuren gezeichnet, mich bemühet, so viel menschlichen Ausdruck in die Thier-Physiognomie zu legen, als unbeschadet der Letzteren geschehen konnte, und sodann die Thiere bekleidet« (Abb. 210).

Im Jahre 1867 erschien bei Cotta Goethes gereimter ›Reineke Fuchs‹ mit den Stahlstich-Illustrationen nach Wilhelm Kaulbach, ein typisches Prachtwerk der Zeit (Abb. 211). Das Tierepos vom listigen Fuchs ist Fabel und Volksbuch zugleich und zeigt einmal mehr, wie fließend die Grenzen hier verlaufen.

206 Titel in Rot- und Schwarzdruck mit Holzschnittvignette von Virgil Solis aus: Burkhard Waldis, *Esopus Gantz neuw gemacht, vnd in Reimen gefaßt. Frankfurt a. M. 1565. – Dieser zuerst 1548 erschienene Aesop wendet sich direkt an die »liebe Jugend, Knaben und Jungfrauen«.*

207 Titel in Rot- und Schwarzdruck mit Holzschnittvignette aus: Der listige Reineke Fuchs. *Das ist: Ein sehr Nutzliches Lust- und Sinn-reiches Büchlein, Darinnen auf verblümte, jedoch löbliche Schreib-Art, unter dem Namen des Löwen, Bären, Fuchses, Wolffes etc. Das Hof- wie auch aller Stände der Welt Leben und Wesen, sowohl nach ihren Tugenden, als auch insonderheit nach denen darinn vorfallenden Lastern, mecklich beschrieben. Ohne Verlagsort und Jahr. Um 1670*

Esopus
Gantz neuw ge
macht/ vnd in Reimen ge-
faßt. Mit sampt Hundert neuwer
Fabeln/ vormals im Druck nicht ge-
sehen/ noch außgangen.
Durch
Burcardum Waldis.

Gedruckt zu Franckfurt am Mayn/ bey
Georg Raben/ vnd Weygand Ha-
nen Erben.
M. D. LXV.

Der listige
Reineke Fuchs.
Das ist:
Ein sehr Nutzliches
Lust- und Sinn-reiches
Büchlein,
Darinnen auf verblümte, jedoch löbliche
Schreib-Art, unter den Namen des
Löwen, Bären, Fuchses, Wolffes, etc.
Das Hof- wie auch aller Stände der
Welt Leben und Wesen,
sowohl
Nach ihren Tugenden, als auch insonderheit
nach denen darinn vorfallenden Lastern, me klich
beschrieben, und gleichsam mit lebendigen
Farben bezeichnet wird.

Zuvor niemals also gedruckt. (22.)

208 *Titel mit Kupferstichvignette von Carl Crusius aus:* Magnus Gottfried Lichtwer, *Auserlesene verbesserte Fabeln und Erzählungen in zweyen Büchern. Herausgegeben von Karl Wilhelm Ramler. Greifswalde und Leipzig 1761. – Lichtwers Fabeln waren zwar nicht ausdrücklich für Kinder bestimmt, wurden aber von ihnen mit Sicherheit gelesen.*

Herrn M. G. Lichtwers,
Königl. Preußischen Hof= und Regierungsraths im Fürstenthume Halberstadt,
auserlesene
verbesserte Fabeln
und
Erzählungen
in zweyen Büchern.

Mit Königl. Poln. und Churfürstl. Sächßl. allergn. Freyheit.

Greifswalde und Leipzig,
bey Johann Jacob Weitbrecht, 1761.

209 *Einbandillustration in Lithographie von A. Wiedemann zu:* Georg Rollenhagen, *Der Froschmäusler oder Geschichte des Frosch- und Mäusekriegs von Marx Hupfinsloch von Mauseloch. Ein Volksbuch aus dem 16. Jahrhundert. Für Volk und Jugend neu bearbeitet von Friedrich Seidel. Langensalza 1861. – Das deutsche Epos vom Krieg der Frösche und Mäuse stammt aus dem Jahre 1595; die Helden haben barocke Namen wie Dreckpatz, Bröseldieb, Tellerlecker, Wurstlieb, Gutbischen oder Sparkrümlein.*

Der
Froschmäusler
oder
Geschichte des Frosch=und Mäusekriegs
von
MARX HUPFINSLOCH von MAUSELOCH
(Georg Rollenhagen).
Ein Volksbuch aus dem 16. Jahrhundert.
Für Volk und Jugend neu bearbeitet
von
Friedrich Seidel.

6

seggen: „Wahr mutt se doch sien, mien Söhn, anners kunn man se jo nich vertellen!“ De Geschicht hett sick awer so todragen.

Et wör an eenem schönen Sündagmorgen to'r Harvsttied, jüst as de Bookweeten blöde. De Sünn wör hellig upgaan ann Hewen, de Morgenwind güng warm öwer de Stoppeln,

7

de Larken süngen inn'r Lucht, de Immen sumsten in den Bookweeten, un de Lüde güngen in eeren Sündagsstaat nah'r Karken, un alle Kreatur wör vergnögt, un de Swienegel ook.

210 Kirchgang zu Pfingsten und das Heim Chrischan Swienegels, des »getreuen Conterfeis eines Niedersächsischen Kleinhäuslers«. Doppelseite mit Holzschnitten nach Zeichnung des Verfassers aus: Johann Peter Theodor Lyser (d.i. Ludwig Peter August Burmeister), *De Swienegel als Wettrenner. Ein plattdeutsches Märchen. Neu illustrirt und mit einem Nachwort versehen. Hamburg (1853)*

211 (links unten) Kater Hinze kommt mit der Botschaft des Königs zu Reineke Fuchs. – Reineke Fuchs vor dem König, dem Löwen. Stahlstiche von Rudolf Rahn nach Wilhelm v. Kaulbach aus: Johann Wolfgang v. Goethe, *Reineke Fuchs. München 1846*

212 Das Begräbnis des Kanarienvogels. – Kind und Buch. Zwei Seiten mit Text und Steinradierungen von Otto Speckter aus: (Wilhelm Hey), *Funfzig Fabeln für Kinder. In Bildern, gezeichnet von Otto Speckter. Nebst einem ernsthaften Anhange. Hamburg (1833). – Dies ist die äußerst seltene erste Ausgabe, für die Speckter die reizenden Illustrationen selbst auf den Stein radiert hat. Die Hey-Speckterschen Fabeln traten einen unvergleichlichen Siegeszug durch die Länder an und gehören zu den Kinderbüchern mit den meisten Auflagen.*

Canarienvogel.

Vögelchen, ach da liegst du todt;
Suchst dir nie wieder ein Krümchen Brod,
Siehst mich nicht an mit den Augen hell,
Hüpfst mir nicht auf die Schulter schnell,
Singest nun nie mehr mit solcher Lust
Schmetternd dein Lied aus voller Brust!

Bald sind die Kinder gekommen und haben
Das arme Ding in dem Garten begraben,
Und drüber gepflanzt einen Rosenstrauch,
Der trug dann schöne Blüthen auch.
Dort haben sie gar oft gesessen,
Und den lieben Vogel nicht vergessen.

Kind und Buch.

Komm her einmal du liebes Buch;
Sie sagen immer, du bist so klug.
Mein Vater und Mutter die wollen gerne,
Daß ich was Gutes von dir lerne;
Drum will ich dich halten an mein Ohr;
Nun sag' mir all' deine Sachen vor.

Was ist denn das für ein Eigensinn,
Und siehst du nicht, daß ich eilig bin?
Möchte gern spielen und springen herum,
Und du bleibst immer so stumm und dumm?
Geh', garstiges Buch, du ärgerst mich,
Dort in die Ecke werf' ich dich.

213 Das Kartenhaus. Frontispiz in kolorierter Radierung aus: Karl Friedrich Müchler, *Der kleine Fabelerzähler. Enthaltend achtzig Fabeln und Erzählungen. Berlin (1825)*

214 In Kupfer gestochener Titel und koloriertes Kupferstich-Frontispiz von W. Linger aus: Johann Heinrich Lehnert, *Wanderungen im Gebiete deutscher Vorzeit. Eine Auswahl lehrreicher und angenehm unterhaltender Volkssagen, zunächst für die wissbegierige Jugend. Berlin (1831)*

215 Wie der Teufel ins Weihwasser fiel. Farbillustration von Julius Diez aus: Himmel und Hölle. *Wie das deutsche Volk sich seine erdenferne Welt menschlich näher bringt. München 1924. – Aus der Reihe ›Der deutsche Spielmann. Eine Auswahl aus dem Schatze deutscher Dichtung für Jugend und Volk‹.*

216 Seefahrt der Burgunder. Farbillustration mit Golddruck von Carl Otto Czeschka aus: Die Nibelungen, *dem deutschen Volke wiedererzählt von Franz Keim. Wien und Leipzig 1924. – Band 22 der Reihe ›Gerlach's Jugendbücherei‹, herausgegeben von Hans Fraungruber. Es erschienen ab 1900 insgesamt 34 Teile, alle in gleicher Ausstattung und von Jugendstilkünstlern illustriert.*

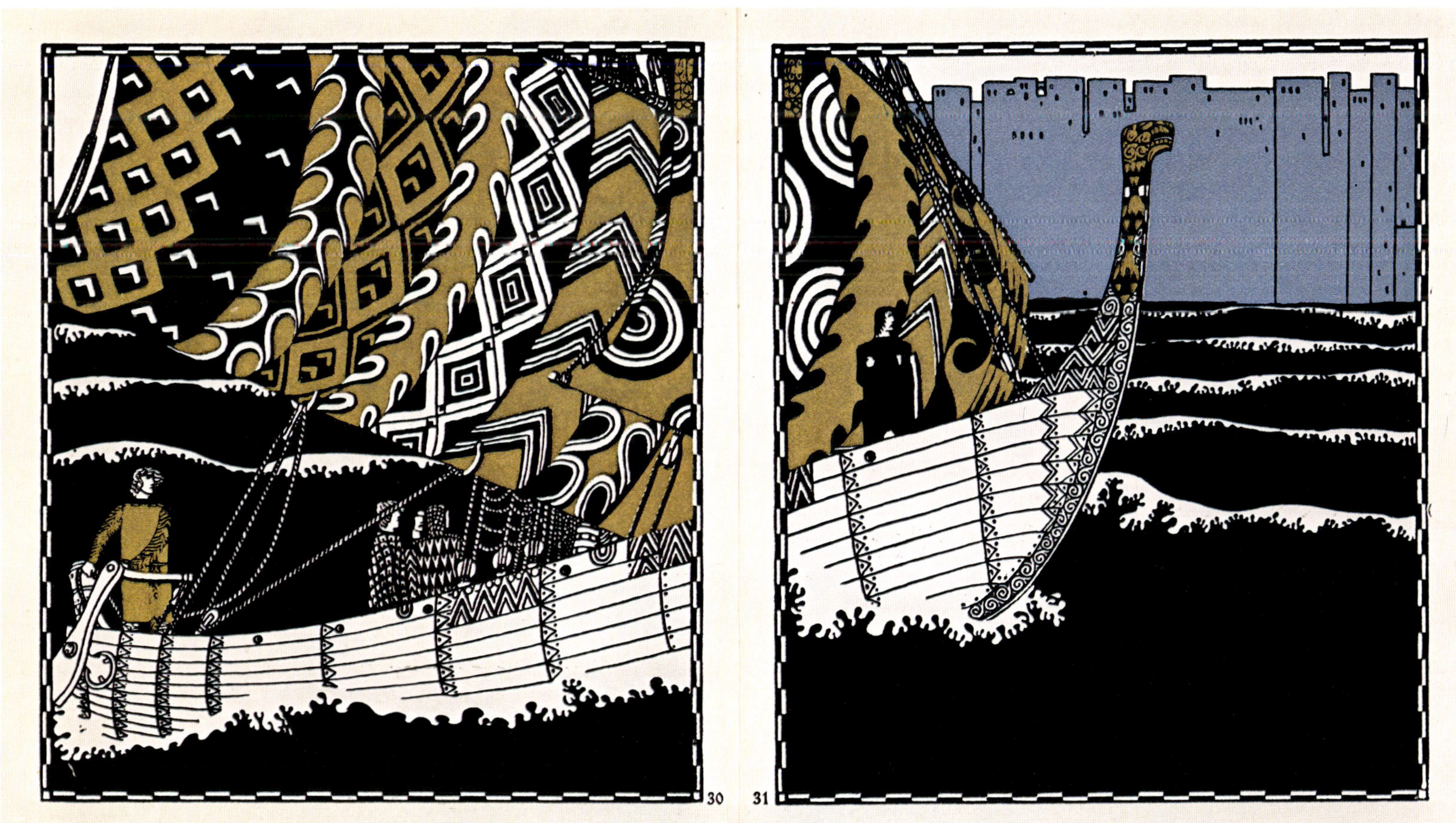

217 Spielende Kinder, ärztliche Untersuchung und stillende Mutter, Vorzeigen der Zensuren und Abfahrt eines Schiffes. Kupferstich mit vier Einzeldarstellungen von Rosmäsler aus: Joachim Heinrich Campe, *Kleine Seelenlehre für Kinder. Nebst vier Kupfertafeln in Quart. Hamburg 1780. – Zu den von Chodowiecki inspirierten Kupfern heißt es im Vorwort: »Ein paar Ideen zu Vorstellungen auf den Kupfertafeln sind von den Basedowschen Elementarbildern entlehnt, weil ich keine zweckmäßigere anzugeben wuste.«*

Jugendschriften

Jugendliteratur im eigentlichen Sinn – das wurde von verschiedenen Seiten zu Recht immer wieder betont – gibt es erst seit den Werken von Joachim Heinrich Campe. Der erfolgreiche Jugendschriftsteller war Erzieher von Alexander und Wilhelm von Humboldt, wirkte dann in Basedows ›Philanthropinum‹ und begründete 1778 eine eigene Erziehungsanstalt. Der von Rousseauschen Ideen angeregte ›Robinson der Jüngere‹ ist ihm ebenso zu verdanken wie zahlreiche weitere merkwürdige Reisebeschreibungen. Seine ›Kleine Kinderbibliothek‹, zuerst 1779 bis 1784 in zwölf Bändchen erschienen und oft neu aufgelegt, enthält Gedichte, Fabeln, kleine Erzählungen und Gespräche. Sie ist erstmals nach Lesealtern für sechs-, zehn- und zwölfjährige Kinder geordnet. »Es kam hierbei vornehmlich auf eine zweckmäßige Auswahl und Abstufung sowohl der Materialien, als auch des jedesmaligen Tons an, damit der junge Geist in jeglichem Alter beim Lesen dieser Bücher eine ihm angemessene Nahrung und einen ihm verständlichen Vortrag fände.« Die ›Kleine Kinderbibliothek‹ ist ganz aus dem Geist der Aufklärung entstanden. Campe legte Wert auf eine aus den Lesestücken zu erschließende ›Sittenlehre‹; er wollte den Kindern vor allem nahebringen, »was Mensch sein heißt«. In diesem Sinne ist auch seine ›Kleine Seelenlehre für Kinder‹ von 1780 zu verstehen, in deren Vorrede es heißt, daß »ein Inbegriff psychologischer Vorerkenntnisse dem eigentlichen Religions-Unterrichte und der Sittenlehre vorgehen« müsse. Die beigefügten Kupfer sind in Anlehnung an das Basedowsche Elementarwerk entstanden (Abb. 217). Sie sollten im Kinderzimmer gut sichtbar aufgehängt werden, um den Kindern jederzeit vor Augen zu sein.

Im Hinblick auf die Entwicklung einer spezifischen Jugendliteratur seien die ebenfalls in das späte 18. Jahrhundert zu datierenden Kinderzeitschriften genannt. Der ›Kinderfreund‹ von Christian Felix Weiße war die Kinderwochenschrift mit der wohl weitesten Verbreitung. Hier, wie auch bei Campe und anderen Zeitgenossen, soll das Kind unterhalten und gleichzeitig belehrt werden. Dies geschieht mehr oder minder auffällig; die stark moralisierende Tendenz und die stets folgende praktische Nutzanwendung jedes Vorganges sind jedoch durchgängig. Kein Wunder, daß Männern wie Campe oder Weiße die Märchen, Sagen und Volksbücher suspekt erschienen und erst die Romantik zu einer Neuentdeckung dieser unintellektuellen Stoffe kommen konnte. Aufschlußreich in diesem Zusammenhang ist Eichendorffs Schilderung in ›Ahnung und Gegenwart‹: Ein kleiner Bub, vermutlich er selbst, liest mit unbeschreiblichem Entzücken die Geschichten vom gehörnten Siegfried, der schönen Magelone, Genoveva und den Haimonskindern. »Alle diese Herrlichkeit dauerte nicht lange. Mein Hofmeister, ein aufgeklärter Mann, kam hinter meine heimlichen Studien und nahm mir die geliebten Bücher weg. Ich war untröstlich. Aber Gottseidank, das Wegnehmen kam zu spät. Meine Phantasie hatte auf den waldgrünen Bergen, unter den Wundern und Helden jener Geschichten gesunde freie Luft genug eingesogen, um sich des Anfalles einer ganz nüchternen Welt zu erwehren. Da erfuhr ich denn, wie man Bohnen steckt, sich selber Regenschirme macht, wenn man einmal wie Robinson auf eine wüste Insel verschlagen werden sollte, nebstbei mehrere, zuckerbackene edle Handlungen, einige Elternliebe und kindliche Liebe in Scharaden. Mitten aus dieser pädagogischen Fabrik schlugen mir einige kleine Lieder von Matthias Claudius rührend und lockend ans Herz.« Hier wird uns deutlich, wie eine ganze aufklärerisch erzogene Generation förmlich zu Romantikern werden *mußte:* der Pendelausschlag in die entgegengesetzte Richtung, den es bei der Jugend nicht nur in unserem Jahrhundert gegeben hat.

Aber selbst ein alter, bewährter Schulmann wie Ludwig Friedrich Gedike äußert sich 1787 skeptisch zur Flut des in die Breite gehenden Angebots von Jugendschriften: »Keine einzige literarische Manufaktur ist so sehr im Gange als die Büchermacherei für die Jugend nach allen Graduationen und Klassen. Jede Leipziger Sommer- und Wintermesse spült wie die Flut des Meeres eine zahllose Menge Bücher der Art an das Ufer. Da gibt es unter zahllosen Formen und Namen: Kinderalmanache, Kinderzeitungen, Kinderjournale, Kindersammlungen, Kinderromane, Kinderkomödien, Kinderdramen, Kindergeographien, Kinderhistorien, Kinderphysiken, Kinderlogiken, Kinder-

218 Der Besuch des Christkindlmarktes. Kolorierter Kupferstich (nach Rosmäsler?) aus: Johann Andreas Christian Löhr, *Der Weihnachtsabend in der Familie Thalberg. Für Kinder beschrieben. Leipzig (1805). – Eines der künstlerisch reizvollsten Kinderbücher der Zeit, »in welchem freylich mehr enthalten ist als ein bloßer Weihnachtsabend«. Die Kupfer zeigen auch den Knecht Rupprecht, das Adventssingen und den Gang zur Christmette.*

◁ *219 Heinrich sorgt für die Schwester, indem er bei den Nachbarskindern für sie um etwas zu Essen bittet, was ihm bereitwillig zum Fenster hinausgereicht wird. Kolorierter Kupferstich von Rosmäsler aus:* Johann Andreas Christian Löhr, *Tändeleyen und Scherze für unsere Kinder. Erstes Bändchen. Leipzig (1805)*

◁ *220 Koloriertes Kupferstich-Frontispiz von F. Tallnig aus:* Amalia Schoppe, geb. Weise, *Hundert kleine Geschichten. Das allerliebste Buch für gute Kleine Kinder. Zur Erweckung des Gemüths und Bildung des Verstandes. Für Schule und Haus. Berlin (1836). – Die Autorin zählt zu den Hauptvertreterinnen der moralisierenden Jugendschriften der Zeit.*

221 Kolorierter und goldgehöhter Titel von Heinrich Vogeler-Worpswede aus: Gustav Falke, *Das Büchlein Immergrün. Eine Auswahl deutscher Lyrik für Junge Mädchen. Köln 1903. – Dieses ganz in Gold gedruckte Buch erschien im Verlag Schaffstein, der sich der künstlerischen Erneuerung des Kinder- und Jugendbuchs gewidmet hatte.*

222 Kinder beim Topfschlagen und Unterricht durch den Hauslehrer. Kupferstich mit zwei Darstellungen von Johann Benedikt Wunder aus: Mannigfaltiges Bilder- und Lesebuch *zum Nutzen und Vergnügen für die Jugend. Mainz um 1820. – Die 10 Kupfertafeln mit insgesamt 20 Darstellungen stehen noch ganz in der Nachfolge der Kupferstiche Chodowieckis zu Basedows Elementarwerk.*

223 Gestochener Titel mit kolorierter Vignette und Frontispiz in koloriertem Kupferstich aus: Friedrich Philipp v. Wilmsen, *Euphrosyne oder Deutsches Lesebuch zur Bildung des Geistes und Herzens für die Schule und das Haus. Berlin 1820. – Der Autor widmete sich als erster in größerem Umfang der vaterländischen Jugendliteratur.*

katechismen, Kinderreisen, Kindermoralen, Kindergrammatiken und Lesebücher für Kinder in allen Sprachen ohne Zahl, Kinderpoesien, Kinderpredigten, Kinderbriefe, Kindergespräche und wie sonst noch alle der literarische Puppenkram heißen mag...«

Was uns heute diese frühen Jugendschriften liebens- und sammelnswert macht, ist freilich weniger die moralische Grundhaltung als die zumeist entzückende, in Kupferstich ausgeführte und oft prachtvoll kolorierte Illustration. ›Der Weihnachtsabend in der Familie Thalberg. Für Kinder beschrieben von J. A. C. Löhr, in welchem freylich mehr enthalten ist, als ein bloßer Weihnachtsabend‹, 1805 zuerst erschienen, schildert in Text und Bild auf das anschaulichste und auch vom Kulturhistorischen her interessant den Christkindlmarkt, das Adventssingen, Knecht Rupprecht, die Bescherung und den Gang zur Christmette (Abb. 218). Titel wie ›Moralische Leseübungen‹ von 1805 (Abb. 224) oder ›Mannigfaltiges Bilder- und Lesebuch, zum Nutzen und Vergnügen für die Jugend‹ von 1820 (Abb. 222) liegen noch ganz auf der Linie von Campe, auch was die Ausstattung mit Kupferstichen angeht.

Die erste Hälfte des 19. Jahrhunderts bringt dann eine breite Produktion biedermeierlicher Idyllen, die wieder unter dem Oberbegriff der Belehrung und Unterhaltung stehen. Bürgerliche Tugenden wie Gehorsam, Anpassung, Strebsamkeit, Fleiß, Mäßigung und Genügsamkeit sind oberste Ideale. Während in der ›großen‹ Literatur langsam Sozialkritisches anklingt, steht bei den Jugendschriften die offen zur Schau gestellte Wohltätigkeit als christliche Tugend an erster Stelle. Es sind vornehmlich Lehrer und Pfarrer, die für die Jugend schreiben. Ob allerdings die solcherart Angesprochenen die entsprechenden Moralpredigten einfach überschlagen, oder ob sie nicht doch lieber heimlich zu einem Buch aus dem elterlichen Bücherschrank gegriffen haben, entzieht sich zum Glück auch der Kenntnis der gründlichsten Jugendbuchforscher. Wir hingegen können uns heute wiederum an der köstlichen Ausstattung der Büchlein erfreuen, vielfach in dekoriertem Pappband in nahezu quadratischem Format und illustriert mit strahlend kolorierten Bildern. ›Euphrosyne oder Deut-

Euphrosyne
oder
Deutsches Lesebuch
zur
Bildung des Geistes und Herzens
für die Schule und das Haus.
von
F. P. Wilmsen.
Erster Theil.
Mit IX colorirten Kupfertafeln.

Berlin, 1820.
Bei Karl Friedrich Amelang.
(Brüderstraße No. 11.)
Theil I. Pag. 137.

sches Lesebuch zur Bildung des Geistes und Herzens für die Schule und das Haus‹ stammt von Friedrich Ph. Wilmsen, der sich als erster in größerem Umfang der vaterländischen Jugendliteratur annahm (Abb. 223). Allein schon der Titel so manchen Buches ist heute im Zeitalter der Sachlichkeit für uns reizvoll: ›Bitte! Bitte! liebe Mutter, lieber Vater! guter Onkel! beste Tante! schenke mir dies allerliebste Buch mit den schönen ausgemalten Kupfern und den vielen hübschen Erzählungen‹ (Abb. 229). Der Autor dieses Werkes, der viel für die Jugend schreibende Pastor Heinrich Müller aus Wollmirsleben, figuriert auf zahlreichen anderen Titelblättern seiner Schriften nur als der ›Verfasser des Bitte! Bitte!‹.

Man darf nicht vergessen, daß das 19. Jahrhundert im Gegensatz zum späten 18. eine starke Hinwendung zum emotional Religiösen brachte. Dies blieb nicht ohne nachhaltige Wirkung auf die Jugendschriften. Sie sind oft eine Mischung von gefühlsbetonter Frömmigkeit, ausführlichem Tugendkatalog und scheinheiliger Prüderie. Da wird in Tränen und Edelmut geschwelgt, die furchtbarsten Verwicklungen lösen sich dank der göttlichen Vorsehung, und alles Elend hatte einen tieferen Sinn, diente es doch der seelischen Läuterung der verwickelten Personen. Die Erzählungen Christoph von Schmids, des Pfarrers und Lehrers, der aufgrund seiner erfolgreichen Jugendschriften sogar geadelt wurde, sind besonders ausgeprägte Beispiele dieser Gattung. Schmid wird auf fast allen Titelblättern seiner Werke als ›Verfasser der Ostereyer‹ genannt. Im Jahre 1816 zuerst erschienen, wurden ›Die Ostereier‹ ein Riesenerfolg, trotz ihrer moralisierenden Tendenz und unglaubwürdigen Handlung (Abb. 225).

Ähnliche Stilelemente finden sich bei Amalia Schoppe, geborene Weise. Sie verfaßte insgesamt über 200 Bücher und konnte dabei Triviales nicht immer vermeiden. Moral, Ordnung, Gehorsam, Gottesfurcht, Genügsamkeit und Pflichterfüllung waren auch für sie die Ideale einer intakten Welt, die es für ihr persönliches Leben – nach einer unglücklichen Ehe, dem frühen Tod zweier Söhne und der Auswanderung des dritten nach einer Gefängnisstrafe – nicht gegeben hatte. Verarmt starb sie 1858 im Staat New York und wäre heute

224 Die Kinder der abgebrannten Tuttlinger werden in überdachten Fuhrwerken zu gutherzigen Familien gebracht, wo sie in Pflege genommen werden. – Der Wanderer und die Schlange. Eine Fabel. Zwei Kupferstiche aus: Moralische Lese Übungen *ein nützliches Geschenk für junge Leute beiderley Geschlechts, von 10 bis 15 Jahren, mit 12 auf den Text gerichteten Kupfern. Stuttgart (1805)*

wohl ziemlich vergessen, hätten nicht ihre Verleger, allen voran C. F. Amelang in Berlin, ihre Bücher so überaus hübsch ausgestattet. In zeitgenössischen Pappbändchen sind sie heute begehrte Sammelobjekte, vor allem wenn sie sich frisch erhalten haben.

Amalia Schoppe ist die Anführerin einer wahren Flut von schreibenden Damen, die sich neben den »pädagogischen Priestern« und »priesterlichen Pädagogen«, wie Egon Schmidt treffend sagt, nun der Jugendschriften und vorzugsweise des Mädchenbuchs annehmen. Neben so manchem Reizvollen wie den ›Schicksalen der Puppe Wunderhold‹ von A. Cosmar (eigentlich Antonie Klein), illustriert von der Schlesierin Louise Thalheim (Abb. 231), oder den Werken der Isabella Braun, findet sich aber gerade auf diesem Sektor viel Mittelmäßiges und Konventionelles. Es waren eben leider nicht immer die schöpferischsten und klügsten Frauen, die sich an das Schreiben für die Jugend machten. So ist es auf dem Gebiet der Jugendschriften nicht zu bedauern, daß die Jahrhundertwende den Aufbruch zu Neuem bringt. Ein wunderschönes Beispiel ist ›Das Büchlein Immergrün. Eine Auswahl deutscher Lyrik für Junge Mädchen von Gustav Falke‹ von 1908. Die Buchausstattung stammt von Heinrich Vogeler-Worpswede; das schmale Bändchen ist ganz in Gold gedruckt und handkoloriert – ein Paradebeispiel der Buchkunst des Jugendstils (Abb. 221).

225 Rosalinde von Burgund, verheiratete Gräfin von Lindenburg, beschenkt die Frauen des Köhlertales mit Zuchthühnern. Lithographie aus: Christoph v. Schmid, *Die Ostereier. Eine Erzählung zum Ostergeschenk für Kinder und Kinderfreunde. Von dem Verfasser der Genoveva. Karlsruhe 1835. – Die adelige Dame mußte durch die Rache des abgewiesenen Freiers Hanno v. Schroffeneck in ein einsames Tal flüchten und führte bei den dortigen Köhlern die Hühner ein.*

226 *Der Schreck. Der Topf mit Hanchens Küken ist auf den Boden gefallen und zerbrochen; die Küken leben aber noch. Stahlstich von Otto Speckter aus:* August Gottlob Eberhard, *Hanchen und die Küchlein. 9. Auflage. Leipzig 1842. – Dies ist die 3. von Speckter illustrierte Auflage. Die Erzählung ist in Hexametern wie den folgenden abgefaßt: »Doch jetzt sind sie dafür an's Herz mir doppelt gewachsen, und ich pflege sie nun mit erneuter, verdoppelter Liebe!«*

227 *Gestochener Titel mit kolorierter Vignette und Frontispiz in koloriertem Kupferstich von Böttger nach Straßberger aus:* Amalia Schoppe, geb. Weise, *Wilhelm und Elfriede oder die glücklichen Tage der Kindheit. Ein nützliches und unterhaltendes Lesebuch für gute Kinder, die eben so wohl Unterhaltung als Belehrung suchen. Leipzig 1829*

228 *Frontispiz in kolorierter Lithographie aus:* Erholungsstunden. *Ein angenehm unterhaltendes Lesebuch für die Jugend. Mit 4 feinen, sauber illuminirten Abbildungen. Neuhaldensleben u. Magdeburg (1830)*

229 *Titel und kolorierte Kupferstichillustration auf dem Einband von:* Heinrich Müller, *Bitte! Bitte! liebe Mutter! lieber Vater! guter Onkel! beste Tante! schenke mir dies allerliebste Buch ... Hamburg (1841)*

230 Die Wahl einer Freundin. Kolorierte Lithographie mit gelblicher Tonplatte von Theodor Hosemann aus: Olga Eschenbach (d.i. Johanna Hering), *Gertruden's Erzählungen für die weibliche Jugend von Olga Eschenbach, Verfasserin von »der Seele Schönheit«. Berlin um 1850*

231 Der Tanz mit der Puppe. Kolorierte Lithographie von Louise Thalheim aus: A. Cosmar (d.i. Antonie Klein), *Schicksale der Puppe Wunderhold. 2. Auflage. Berlin 1866. – Typisches Beispiel für die Illustratorin, die Haupt- und Nebenszenen meist mit Rankenwerk verband.*

232 Die Erdbeeren. 2. Teil. Lithographierte Seite von J. M. Benz aus: Christoph v. Schmid, *Zwey und fünfzig Bilder für die Jugendwelt in Original-Zeichnungen entworfen zur Bildung des Verstandes und Herzens als Versinnlichung der kleinen und lehrreichen Erzählungen des Christoph Schmid, Domdechant in Augsburg. 1. Jahrgang. Innsbruck um 1830. – Die kleine Agathe wird dafür belohnt, daß sie einen alten Soldaten mit Stelzfuß unterstützte, indem sie auf dem Schulweg im Wald Erdbeeren pflückte, sie verkaufte und das Geld dem alten Mann zukommen ließ. Die zweisprachige Fassung dieser moralisch-belehrenden Erzählung trägt am Ende die erzieherische Nutzanwendung in Form eines Sinnspruchs vor.*

Die Erdbeeren.

2.

Nach einiger Zeit reisete ein vornehmer Officier, der mehrere Ordenszeichen trug, durch das Dorf. Er hielt mit seinem prächtigen Wagen vor dem Wirthshause an, um die Pferde füttern zu lassen, hörte von dem kranken Soldaten, und besuchte ihn.

Der alte Soldat erzählte ihm sogleich von seiner Wohlthäterinn. „Was, rief der Officier, ein armes Kind hat so viel für dich gethan! Nun, da darf ich, dein alter General, unter dem du ehemals gedient hast, nicht weniger thun. Ich werde sogleich Anstalten machen, daß man dich im Wirthshause aufs Beste verpflege."

Er that es, und ging hierauf in die Hütte der kleinen Agathe. „Gutes Kind, sprach er gerührt, deine Wohlthätigkeit hat mir das Herz warm und die Augen naß gemacht. Du hast dem alten Kriegsmanne ein Dutzend Sechskreuzerstücke geschenkt; hier hast du dafür eben so viele Goldstücke." Die erstaunten Ältern sagten: „Ach, das ist alles zu viel!" Allein der General sprach: „Nein, nein! Es ist dieses nur ein armseliger Lohn; den bessern hat das gute Kind im Himmel zu erwarten."

Barmherzigkeit und Wohlthun werden
Belohnt im Himmel und auf Erden.

Le Fragole.

2.

Qualche tempo dopo passò per questo villaggio un Uffiziale di rango, che portava parecchj distintivi d'anore. Si fermò colla superba sua carrozza all'osteria per far dare da mangiar ai cavalli, ed avendo sentito dire del soldato infermo, lo visitò.

Il vecchio Soldato gli raccontò subito della sua benefattrice. „Che, esclamò l'Uffiziale, una povera fanciulla ha fatto tanto per te! Or io, che fui già tuo Generale, sotto a cui hai servito, non posso neppur fare di meno. Disporrò ben tosto, che tu alla meglio venga alimentato all'osteria."

Lo fece, ed indi andò nella casa della picciola Agata: Buona fanciulla, le disse commosso, la tua beneficenza mi ha toccato il cuore, e riempiuto gli occhi di lagrime. Tu hai donato una dozzina di pezzi da sei a quel vecchio guerriero; eccoti perciò altrettante pezze d'oro." I Genitori stupefatti dissero: „Quest'è troppo„ ma il Generale soggiunse: No, no! questa non è che una misera ricompensa; una migliore s'el ha da aspettare la buona ragazza su in cielo."

Quei che ha misericordia,
E fa quel ben che può;
In cielo e sulla terra,
Sempre mercè trovò.

№ 26.

233 Robinson auf seiner einsamen Insel. – Landkarte der Insel. Titel in Rot- und Schwarzdruck mit Kupferstich-Frontispiz und Kupferstichkarte von Johann Gottfried Fritzsch aus: (Daniel Defoe), *Das Leben und die gantz ungemeine Begebenheiten des Weltberühmten Engelländers, Robinson Crusoe. Hamburg 1731. Die erste deutsche Ausgabe des in London zuerst 1719 publizierten Buches erschien bereits 1720 in Hamburg.*

Das Leben
und die gantz ungemeine
Begebenheiten
des Weltberühmten Engelländers,
ROBINSON
CRUSOE,
welcher durch Sturm und Schiffbruch, worin
alle seine Reise-Gefährten elendiglich ertruncken, auf der
Americanischen Küste, bey dem Ausflusse des grossen
Strohms Oroonoko, auf eine unbewohnte Insull gerathen, acht und zwantzig Jahr lang darauf gelebet,
und zuletzt durch See-Räuber wunderbahrer
Weise davon befreyet worden.
Von ihm selbst beschrieben, und, nach der
dritten Engelländischen Edition, auf vornehmes Begehren, ins Teutsche übersetzt.
Die dritte Hamburgische Auflage.
Mit beygefügtem accuraten Abriß obgedachter Insull.

HAMBURG,
Gedruckt und verlegt durch seel. Thomas von Wierings Erben,
im güldnen A, B, C. 1731.
Ist auch in Leipzig bey Philip Hertel zu bekommen.

Reisen und Abenteuer – die Klassiker und ihre Nachfolger

Im Jahre 1719 veröffentlichte Daniel Defoe in London ›The life and strange surprizing adventures of Robinson Crusoe, of York, Mariner‹; 1726 erschien Jonathan Swifts ›Travels into several Remote Nations of the World. By Lemuel Gulliver‹. Beide Bücher waren von den Verfassern nicht als Kinderbücher gedacht: Robinson, ein zeitbezogener Abenteuerroman mit puritanischem Hintergedanken, geschrieben zum Zweck des reinen Gelderwerbs; Gulliver eine beißende Satire auf die Mächtigen, die Dummen, die Feigen und auf die politischen Zeitumstände. Und doch sind beide Bücher zu *den* Klassikern der Jugendliteratur geworden, geliebt und gelesen seit nunmehr über 250 Jahren.

»Die Bücher, welche die Kinder von oben herab behandeln und sie als

234 (links und rechts oben) Gulliver rettet den Kaiser von Lilliput. – Gulliver fällt in eine Suppenschüßel zu Brodignak. Kolorierte Kupferstiche aus: (Jonathan Swift), *Des weltberühmten Schiffscapitains Lemuel Gulliver's Reisen nach Lilliput, Brobdignak und anderen wundervollen Ländern. Zur Unterhaltung der Jugend neu bearbeitet (von Johann Heinrich Meynier). 2. Auflage. Nürnberg 1823*

235 Klim's Kampf mit dem Greif. Koloriertes Kupferstich-Frontispiz aus: Des weltberühmten Niclas Klim höchst merkwürdige Reisen und Abentheuer *in einer ganz neuen Welt. Zur Unterhaltung der Jugend neu bearbeitet. Nürnberg 1824. – Dies ist eine freie Bearbeitung der sozialen Satire und Utopie von Ludwig Holberg, die 1741 lateinisch wie deutsch erschienen war.*

236 (unten Mitte) Gestochener, kolorierter Titel und koloriertes Kupferstich-Frontispiz aus: Heinrich Müller, *Des Knaben von Neapel Gefahr und Rettung. Leipzig (1838). – Der Verfasser figuriert hier wie auch auf anderen Titelblättern als »Verfasser des Bitte! Bitte«, seines bekanntesten und am weitesten verbreiteten Werks.*

237 Die Bucht von Karakakua auf Hawaii, wo Cook von einem Eingeborenen von hinten erstochen wurde. Im Hintergrund ankert sein britisch beflaggtes Schiff, die ›Endeavour‹. Koloriertes Kupferstich-Frontispiz aus: Des Kapitains James Cook Beschreibung seiner Reise um die Welt. *Ein nützliches Lesebuch für die Jugend, nach Campe's Lehrart bearbeitet. 3. Auflage. Altona 1804*

Des
KNABEN von NEAPEL
Gefahr und Rettung.
Oder
Reiseabentheuer
von
ROM NACH TIBET.

Ein Lehr und Sittenbuch für die Jugend beiderlei Geschlechts von 10 bis 14 Jahren
von
PASTOR H. MÜLLER.
Verfasser des: Bitte, bitte! Jugend und Tugend u.m.a.
Mit 6 col. Kupfern.

Leipzig
Verlag von Ch. C. Krappe.

238 Der erzählende Hausvater im Kreise seiner Zöglinge. Kupferstich-Frontispiz von Weißenhahn aus: Joachim Heinrich Campe, *Robinson der Jüngere, zur angenehmen und nützlichen Unterhaltung für Kinder. München 1780. – Nachdrucksausgabe des zuerst 1779 in Hamburg erschienenen Buches, das zu einem der ganz großen und vielfach aufgelegten Erfolge der Jugendliteratur wurde.*

239 Robinsons Abreise von seiner Insel, neben ihm seine treuen Lamas, hinten der ▷ berühmte Sonnenschirm. Holzschnitt mit Tonplatte nach Ludwig Richter aus: Joachim Heinrich Campe, *Robinson der Jüngere. Ein Lesebuch für Kinder. 40. rechtmäßige Auflage. Braunschweig 1848. – Dies ist die erste von Ludwig Richter illustrierte Ausgabe, der zahlreiche weitere folgten.*

›Liebe kleine Leser‹ anreden; die Bücher, die ihrem eigentlichen Wesen nicht entsprechen; die Bücher, die ihre Augen nicht durch Bilder, ihren Geist nicht durch die Lebendigkeit ihrer Darstellung fesseln, die sie nichts lehren, als was sie auch in der Schule lernen können; die Bücher, die sie einschläfern, anstatt sie träumen zu lassen, sie alle lehnen sie einfach ab. Andererseits aber wird sie nichts von ihrer Ansicht abbringen, wenn sie sich einmal für ein Werk entschieden und beschlossen haben, es für sich zu erobern. Sie brauchen eine lange Lehrzeit, um essen, sich anziehen oder irgend etwas anderes tun zu lernen, aber sie sind sehr halsstarrig: Dies bestimmte Buch da wollen sie haben und nicht das daneben; und sie wollen alle, alle gerade dies; sie packen es, halten es fest, setzen ihren Stempel darauf, machen es zu ihrem Besitz und Eigentum. Mag die Geschichte nicht für sie geschrieben sein, das ist ihnen gleich; das ist ein Umstand, der sie nichts angeht. Sie halten ihn nicht für wichtig – falls sie nicht sogar einen besonderen Reiz darin sehen. Ich behaupte, daß sie die besten und berühmtesten unter ihren Lieblingsbüchern in einem kühnen Kampf haben erobern müssen; deren Autoren wandten sich nur an die großen Leute; aber die Kinder haben sie sich einfach zu eigen gemacht.« So schreibt Paul Hazard in seinem unübertroffenen Buch ›Kinder, Bücher und große Leute‹, das von der jahrhundertelangen Unterdrückung der Kinder durch die großen Leute handelt, indem sie ihnen nur Lehrreiches und Moralisches in geschickter Verpackung angeboten haben, und davon, wie die Kinder sich gegen diese Unterdrückung erfolgreich wehrten: sie haben einfach Bücher aus den Regalen der Großen in Besitz genommen.

Dies ist wahrhaft ein merkwürdiges und interessantes Phänomen. Sicher, auch die Märchen, die Sagen und Fabeln, die Volksbücher waren ursprünglich keine Kinderlektüre. Sie kommen aber aus dem mündlichen Erzählgut, der Überlieferung, an der die Kinder naturgemäß Anteil hatten. Robinson und Gulliver jedoch, Münchhausen und Simplicissimus, Don Quijote, Onkel Tom und Lederstrumpf waren samt und sonders als Romane für Erwachsene geschrieben. Aber es sind Kinder und Jugendliche, die diese Bücher bis auf den heutigen Tag lesen. Oder wollten vielleicht gar die Erwachsenen die kritisch-satirische Botschaft eines Gulliver oder Don Quijote, die soziale Botschaft eines Onkel Tom gar nicht so sehr zur Kenntnis nehmen und haben diese unbequemen Bücher lieber für Kinder bearbeiten lassen, als sich selbst damit zu beschäftigen? Ausschlaggebend waren wohl in allen Fällen die klare und spannungsreiche Handlung, die exotischen oder außergewöhnlichen Umstände, die originelle und bildhafte Erfindung, die diese Bücher für Kinder so lesbar und lesenswert machen.

»Ich hasse die Bücher«, schreibt Jean-Jacques Rousseau im dritten Buch seines ›Emile oder über die Erziehung‹ – aber Robinson ist das Buch, das sein Zögling als das erste zu lesen bekäme und es würde für lange Zeit das einzige sein. Rousseau sieht in Robinson den im Naturzustand glücklichen Menschen; er ahnt noch nicht, daß derselbe Robinson im 20. Jahrhundert Anlaß zu Betrachtungen über ›Kapitalismus auf einer öden Insel‹ geben wird. Im Robinson wird ein Urtraum des Menschen, des spielenden Kindes wahr: ganz von vorne anfangen, sich die eigene Welt selber bauen. Das hat die Kinder wohl seit jeher immer ebenso angesprochen wie die genauen Angaben von Fakten: am 1. September 1651 fuhr Robinson aus; 28 Jahre, 2 Monate

▽ 240 *Robinson und Freitag. Kolorierte Vignette nach Zeichnung des Verfassers aus:* Fried Stern, *Der Robinson in Reim und Bild. Frankfurt (1916). – Der aus der Jugendbewegung kommende Autor preist in Bildern und Worten das einfache, naturverbundene Leben.*

und 19 Tage blieb er auf der Insel. Wir erfahren alle Einzelheiten über Waffen und Hausgeräte, Tiere, Essen und selbstgefertigte Kleidung inklusive des berühmten Sonnenschirms. Der Leser kann sich alles genau vorstellen, sich ohne große Mühe identifizieren.

Robinson hatte eine unvorstellbare Wirkung: die ersten Übersetzungen ins Deutsche, Französische und Holländische erschienen bereits 1720, ein Jahr nach der englischen Erstausgabe. Übersetzungen, Bearbeitungen und sogenannte ›Robinsonaden‹ schwollen zu einem breiten Strom an. Deutschland sei einst von dieser Robinsonsucht als von einer wütenden Pest heimgesucht, schreibt die Jenaische Zeitung 1779. Das Spektrum reicht vom Persischen und Ostfriesischen Robinson bis zum Buchhändler Robinson und der Jungfer Robinsone. Die größte Bedeutung für den deutschen Sprachraum hatte Joachim Heinrich Campes ›Robinson der Jüngere‹, zuerst 1779 erschienen. Rousseaus Ideen hatten wohl den Anstoß zu diesem didaktischen Roman gegeben, bei dem in Form einer Unterhaltung ein erziehender Hausvater eingeführt wird, der gleich die Nutzanwendung zur jeweiligen Situation gibt (Abb. 238). Die Illustrationen Ludwig Richters haben das Buch dann im 19. Jahrhundert begleitet und zu einem Erfolg ohnegleichen gemacht (Abb. 239). »Dies sei Dein allerschönster Lohn, in jedem Bub lebt Robinson«, schreibt Fried Stern noch 1914 in seiner Widmung an Daniel Defoe, die er seinem ›Tagebuch des Robinson Crusoe‹ voranstellt.

Mit Robinson kann Gulliver nicht ganz mithalten, was die Auflagen-

241 Titeldoppelseite in kolorierter Lithographie aus: Ph. Külb, *Reisebilder für die Jugend erzählt. Mainz um 1850. – Ein typisches Beispiel für die breite Produktion von Reise- und Abenteuerbüchern mit anschaulichen farbigen Illustrationen, deren Schöpfer jedoch, wie bei vielen ähnlichen Beispielen, unbekannt geblieben ist. In der Zeit des Jugendstils trat dann der Verlag Scholz in Mainz mit seinen von einzelnen Künstlern individuell gestalteten Bilderbüchern besonders hervor.*

242 Berggeist Wurzbrüchler und sein Freund Stichelbein, genannt Röhrenaug. Farbillustration von Bruno Goldschmitt aus: Hans Reiser, *Holdeguck und Dieterwackel. Oder die Reise ins Wunderland. Eine lustige Erzählung wie sie Kinder gerne lesen. Stuttgart u. Heilbronn 1921. – Hans Reiser, der ›Schwabinger Vagabundendichter‹, ist bekannt für seine selbsterlebten Reiseschilderungen aus Südamerika, aus dem peruanischen Busch, wo er unter Indianern lebte.* ▷

243 Erlebnisse des Don Quijote. Lithographien aus: Miguel Cervantes de Saavedra, *Leben und Thaten des edlen und tapfern Ritters Don Quixote von La Mancha. Für die Jugend bearbeitet von Franz Hoffmann. Stuttgart 1844*

244 Der Kampf gegen die Windmühlen. Farbillustration von Adolf Uzarski aus Don Quijote. *Mainz (1924). Erschienen als Nummer 113 der Scholz' Künstler-Bilderbücher.* ▷

höhe betrifft, aber auch er hat sich wacker geschlagen. Seine Reise ins Land der Zwerge und Riesen fasziniert durch ihre Märchenhaftigkeit, und doch wird gezeigt – so Paul Hazard –, »alles ist relativ, die Kräfte sind es, denn man ist ein Zwerg oder ein Riese nicht von sich aus, sondern im Vergleich mit anderen«. Kinder, die kleinen Wesen, finden solche Erlebnisse nicht erstaunlich; sie kämpfen selbst mit den Proportionen. Gulliver ist für sie eine konkrete Figur, und sie folgen der logischen Phantasie voll Begeisterung.

Auch die Lügengeschichten des Baron von Münchhausen gehören zu den Büchern, die sich die Kinder angeeignet haben. Wer sich als Autor hinter der Figur des Lügenbarons mit den übermenschlichen Fähigkeiten verbirgt, ist bis heute nicht eindeutig geklärt. Der etwas zwielichtige, nach England geflohene Rudolf Erich Raspe übersetzte 1785 den anonym erschienenen Ur-Münchhausen ins Englische; bereits ein Jahr später erschien eine Rückübersetzung ins Deutsche durch Gottfried August Bürger.

Coopers Lederstrumpf-Bände, die die jugendliche Vorstellung von Leben und Schicksal der edlen und mutigen Indianer so nachhaltig geprägt haben, waren ebensowenig als Kinderbuch konzipiert wie Harriet Beecher Stowes ›Onkel Toms Hütte‹. Bei James Fenimore

245 Der ›wilde Mann‹ reißt einen Baum aus. Der ›Seehund‹ verbeißt sich in die Haare der Seejungfrau. Kupferstichfrontispiz aus: Seltsame Reisen und Abentheuer von Herrn Peter von Großmaul, Taufpathen Münchhausens. *Von ihm selbst beschrieben. Peru (d.i. Wien) 1812*

246 Das halbierte Pferd: die vordere Hälfte trinkt vergeblich Wasser, die hintere Hälfte vergnügt sich mit einer Stute. Kupferstich von E. Riepenhausen aus: (Rudolf Erich Raspe), *Wunderbare Reisen zu Wasser und Lande, Feldzüge und lustige Abenteuer des Freiherrn von Münchhausen, wie er dieselben bei der Flasche im Zirkel seiner Freunde selbst zu erzählen pflegt. Aus dem Englischen nach der neuesten Ausgabe übersetzt, hier und da erweitert, und mit noch mehr Kupferstichen gezieret. 3. Auflage. Hamburg 1812*

XXXIV.
Die Menschenwaare wird vor dem Verkauf besehen.

247 Sklavenmarkt. Holzstich aus: Harriet Beecher Stowe, *Onkel Tom's Hütte; oder Negerleben in den Sklavenstaaten von Nordamerika. Mit funfzig Illustrationen. Dritte, mit Anmerkungen vermehrte Auflage. Leipzig 1853*

Cooper, der einer englischen Einwandererfamilie entstammte, ist es vielleicht das eigene Erleben der Wildnis, das seine Bücher so fesselnd macht, ein Kriterium, das bei dem Phänomen Karl May allerdings völlig versagt, da er die Orte der von ihm beschriebenen Handlungen nie gesehen und doch so wirkungsvoll beschrieben hat. Coopers Thematik ist eindringlich: Die Indianer voll Freiheitsdrang und Tapferkeit sind dem Untergang geweiht, oder zumindest dem Verderben durch Feuerwaffen und Feuerwasser. Anders die Behandlung der Negerfrage in dem zuerst 1851 als Zeitschriften-Fortsetzungsroman erschienenen Werk ›Uncle Tom's Cabin‹. Hier ist es nicht ein untergehendes Paradies, sondern ein brennendes Zeitproblem, das von einer mitfühlenden Frau – eine Biographie nennt sie einen »Kreuzritter in Krinoline« – den Mitbürgern voll Engagement vor Augen geführt wird: »Ist der Mensch ein Geschöpf, das man mit gänzlich unverantwortlicher Gewalt bekleiden darf? Macht nicht das Sklavensystem, indem es dem Sklaven jedes gesetzliche Recht abspricht, den Besitzer zu einem unverantwortlichen Despoten? Und jetzt frage ich Euch, Ihr Männer und Frauen Amerika's, ist dies eine Sache, die leicht genommen, vertheidigt oder mit Schweigen übergangen werden kann?«

Es fällt auf, daß der englische, der angelsächsische Anteil bei denjenigen Büchern, die Kinder aus den Bücherschränken der Erwachsenen für sich erobert haben, besonders groß ist. Vielleicht liegt dies daran, daß die Engländer immer – auch für die Erwachsenen – die spannenderen, abenteuerlicheren, unterhaltsameren, mit einem Wort: lesbareren Bücher geschrieben haben. Was haben wir dagegen zu setzen? Der abenteuerliche Schelmenroman ›Simplicius Simplicissimus‹, dessen Titelheld wahre Robinsonaden erlebt hat, ist ein solcher ›Klassiker‹, der für Kinder bearbeitet wurde. Münchhausen ist in seinem Umweg über England schon ein Sonderfall. Die deutschen Klassiker, die Eingang in die Kinderstuben gefunden haben, sind nur sehr dünn gesät.

Dafür können wir mit einer beträchtlichen Zahl von Bearbeitungen und Nachfolgeliteratur aufwarten. Die Entdeckungsreisen und Abenteuer von James Cook (Abb. 237) und John Ross (Abb. 249) gehören dazu, Amalia Schoppes ›Auswanderer nach Brasilien‹ oder ›Des Knaben von Neapel Gefahr und Rettung‹ (Abb. 236). Die Ausgaben des frühen 19. Jahrhunderts zeichnen sich durch schöne kolorierte Illustrationen aus. Wahrhaft surrealistisch sind die Bilder zu ›Des weltberühmten Niclas Klim höchst merkwürdige Reisen und Abentheuer in einer ganz neuen Welt‹ von 1824 (Abb. 235). Theodor Dielitz hat viele Reise- und Abenteuerbücher für die Jugend geschrieben; zumeist war Theodor Hosemann der ideenreiche Illustrator (Abb. 250).

Kinder haben sich im Laufe der Geschichte ihre eigenen Bücher erobert. Mit sicherem Instinkt haben sie sich viel vom Besten gegriffen und nicht mehr losgelassen. Diese Glücksfälle in der Geschichte des Kinder- und Jugendbuchs sollten zu denken geben. Was Kinder lesen, begleitet sie oft für den Rest ihres Lebens. Das Beste sollte deshalb gerade gut genug für sie sein.

248 *Der Marterpfahl. Stahlstich aus:* James Fenimore Cooper, *Lederstrumpf-Erzählungen. Für die Jugend bearbeitet von Franz Hoffmann. 2. Auflage. Stuttgart 1852*

249 *Lithographierter Titel und Frontispiz in kolorierter Lithographie von Albert Schule aus:* Heinrich Eduard Maukisch, *John Ross zweite Entdeckungsreise nach den Gegenden des Nordpols für die Jugend bearbeitet. Leipzig (1836)*

250 Alpen-Wanderung. Kolorierte Lithographie von Theodor Hosemann aus: Theodor Dielitz, *Lebensbilder. Der Jugend vorgeführt. Berlin (1841). – Hosemann illustrierte eine große Anzahl ähnlicher Titel für den Verlag Winckelmann u. Söhne. Er schuf damit einen eigenen Illustrationsstil, der viele Nachahmer fand.*

251 Einbandillustration zu: Fritz Martens erste Seereise. *Nach eigenen Erlebnissen der Jugend erzählt von Kapitän A. Spring, Verfasser von ›Selbsterlebtes in Afrika‹. Stuttgart (1900). – Die illustrierten Leinenbände sind typisch für eine reiche Produktion von Reise- und Abenteuerbüchern, die innen meist weniger reizvoll bebildert sind.*

252 Illustration nach einer Federzeichnung von Walter Trier aus: O. Gabrielli und Hans Striem, *Das Wunderauto. Oldenburg 1930. – Das Wunderauto, das sich auch in die Lüfte erheben kann, wird von Trier in seiner bezeichnenden humorvollen Weise dargestellt, die an die etwa gleichzeitigen Illustrationen zu Erich Kästner erinnert.*

253 Holzstichillustration aus: Jules Verne, *Zwanzigtausend Meilen unter'm Meer. Wien, Pest u. Leipzig 1874. – Die Illustrationen der französischen Originalausgabe wurden unverändert in die autorisierte deutsche Ausgabe übernommen. Der obige Titel ist Band IV/V der Reihe ›Bekannte und unbekannte Welten. Abenteuerliche Reisen von Julius Verne‹.*

254 Einbandillustration von Max Wulff zu: Jules Verne, *Robur der Flieger. Eine Erzählung für die reifere Jugend. Deutsch von Paul Heichen. Berlin (1912). – Wohl kaum ein anderer Jugendschriftsteller hat die Entwicklung unserer modenen Welt des 20. Jahrhunderts mitsamt dem Flug zum Mond so realistisch vorausgesehen wie der noch heute lesenswerte Jules Verne.*

Das Sammeln alter Kinderbücher – einst und jetzt

Erst relativ spät wurden alte Kinderbücher als Sammelgebiet entdeckt. Das lag vor allem daran, daß man sie lange Zeit als zweitrangig betrachtete. Sie wurden nicht zur Nationalliteratur gerechnet und waren damit des Sammelns nicht würdig. So haben große Bibliotheken erst nach dem Zweiten Weltkrieg begonnen, Kinderbücher systematisch zu sammeln; ihre älteren Bestände sind meist mehr oder weniger zufällig, zum Beispiel durch die Ablieferung von Pflichtexemplaren, zusammengekommen.

Es ist bezeichnend, daß es private Liebhaber waren, die zuerst ernsthaft mit dem Sammeln alter Kinderbücher begonnen haben. Sie waren nun ihrerseits mit dem Hauptproblem dieses Sammelgebietes konfrontiert: der Seltenheit und der Erhaltung. Was nämlich die Kinder wirklich geliebt und gelesen haben, ist oft nur in verschwindend wenigen Exemplaren auf uns gekommen, zumeist in benutztem, oft in wahrhaft zerlesenem Zustand. Schön erhalten sind meist nur die Bücher, die die Kinder nicht in die Hand nehmen durften oder nicht in die Hand nehmen wollten.

Der erste hier zu nennende Sammler aus Privatinitiative ist Karl Hobrecker. Er setzte seiner Leidenschaft 1924 in dem hübschen und heute noch nützlichen Büchlein ›Alte vergessene Kinderbücher‹ ein Denkmal. Der gelernte Chemiker trug im Laufe einiger Jahrzehnte etwa 12000 Bände zusammen. 1876 geboren, begann Hobrecker 1906 zu sammeln und blieb seiner Passion bis zu seinem Tod im Jahre 1949 treu, ab 1933 an der offiziellen Stelle der neubegründeten Reichsjugendbücherei in Berlin, in die er seine Sammlung einbrachte, und die ihm dafür eine feste Anstellung sicherte. Der Großteil der bedeutenden Sammlung Hobrecker befindet sich heute in der Universitätsbibliothek Braunschweig, ein kleinerer Teil in Frankfurt am Main.

Arthur Rümann ist der zweite große deutsche Kinderbuchsammler und -bibliograph unseres Jahrhunderts. Im Jahre 1888 geboren, gab er 1937 sein gültig gebliebenes und gesuchtes Werk ›Alte deutsche Kinderbücher‹ heraus. Als Kunsthistoriker war Rümann vor allem an der künstlerischen Ausstattung der Kinderbücher interessiert, wobei er immer einen hohen Qualitätsmaßstab anlegte. Seine Sammlung besitzt heute die Stadt- und Universitätsbibliothek Frankfurt am Main. Neben den eigenen Beständen hat Rümann in seiner Bibliographie auch zahlreiche Bücher aus dem Besitz eines weiteren wichtigen Sammlers abgebildet: des 1899 geborenen Antiquars Walter Schatzki, der zuerst in Frankfurt und nach seiner Emigration in New York als Spezialist für alte Kinderbücher hervorgetreten ist und der bedeutende Privatsammlungen aufgebaut hat. In seinem Katalog Nr. 1 ›Children's books old and rare‹ (New York 1941) schreibt er: »... Sicher, diese Bücher sind gewöhnlich klein und anspruchslos und sie tragen wenig zur Entwicklung von Wissenschaft und Kunst bei. Aber wir sollten daran denken, daß auch Shakespeare, Rousseau, Goethe, Newton, Washington und Noah Webster zu denen zählen, die als Kinder aus ihnen ihr erstes Wissen bezogen. Aus diesen kleinen Büchern kam für sie der erste Eindruck von der Schönheit der Sprache, der Realität und der Poesie. Da es in jenen Zeiten keine Bibliotheken gab, die diese Bücher als genügend bedeutend erachteten, um sie frisch aus der Presse zu kaufen und in ihre Regale zu stellen, ist eine große Anzahl von ihnen verschwunden. Es ist dem Zufall überlassen geblieben, welche und wie viele der kleinen Bücher bis in unsere Zeit überlebt haben, und es ist dem Eifer und Interesse der Sammler überlassen geblieben, das Übriggebliebene vor Zerstörung und Vergessenheit zu bewahren.«

Als vierter Sammler aus der ersten Hälfte unseres Jahrhunderts ist Walter Benjamin (1892–1940) zu nennen. Er schreibt in einem Brief

aus dem Jahre 1918, daß er sich »ein Spezialgebiet geschaffen habe... auf dem auch noch heute nicht allgemein gesammelt wird und auf dem also ein glücklicher Fund noch möglich ist.«
Heute gibt es in Deutschland, Österreich und der Schweiz eine ganze Reihe engagierter Kinderbuchsammler, die zum Teil ihre Bücher in Ausstellungen gezeigt und in Katalogen publiziert haben. Auch die öffentlichen Institutionen sind in zunehmendem Maße an der so lange als »Trivial- oder Subliteratur« betrachteten Materie interessiert.
Daß sich bei dieser allgemein verstärkten Sammeltätigkeit der Markt verengt hat, liegt auf der Hand. Trotzdem meinen wir, daß es auch heute noch möglich ist, alte Kinderbücher zu sammeln, und das zu erschwinglichen Preisen. Erste Voraussetzung ist allerdings, von dem hohen Qualitätsmaßstab Abstand zu nehmen, der früher obligatorisch war. Man muß heute einfach für so manches Kinderbuch dankbar sein, das weit unter der Würde eines Arthur Rümann gewesen wäre – weniger unter der eines Karl Hobrecker, der schon damals mehr in die Breite gesammelt hat. Wirklich Gutes und Seltenes kostet heute natürlich seinen Preis – hat ihn wohl immer schon gekostet. Man darf nicht vergessen, daß in den zwanziger oder dreißiger Jahren, als das Angebot reich und das Geld knapp war, ein Betrag von zehn Mark nicht wenig bedeutete.
Gerade aus der zweiten Hälfte des 19. Jahrhunderts ist aber auch heute noch viel Hübsches und Amüsantes zu haben; man denke nur an die zahlreichen, reizend illustrierten Bändchen von Franz Graf Pocci oder an die auch einzeln preiswert erhältlichen Blätter der Münchener Bilderbogen nach Zeichnungen von Wilhelm Busch, Moritz von Schwind, Eduard Ille oder Lothar Meggendorfer. Kinderbücher ohne aufwendige Illustrationen, nur mit kleinen Vignetten ausgestattet und unterhaltsam zu lesen, gibt es oft schon für wenige Mark zu kaufen. Auch sind Kinderbücher aus der ersten Hälfte des 20. Jahrhunderts, die bei den Verlagen nicht mehr lieferbar sind, bereits wieder ein neues Sammelgebiet. Hier wie dort kann man nach Autoren sammeln, nach Illustratoren oder nach Themen. Wie für alle Gebiete des Sammelns gilt auch hier wieder der alte Grundsatz, sich nicht auf das zu konzentrieren, was gerade Mode ist, was alle sammeln, sondern sein eigenes Gebiet zu finden, das noch nicht abgegrast ist. Dann ist Sammeln mit Spannung verbunden, dann verlangt es Gespür, Geschick und Geschmack. Nur so wird es zur erfüllenden Freude. Anlagekäufer und Spekulanten sind dann weit abgeschlagen, weil ihr Gewinn mit dem des echten Sammlers nicht verglichen werden kann.
Seriöse Antiquare werden den sammelnden Anfänger beraten und können ihm manchen nützlichen Hinweis geben. Der Verband Deutscher Antiquare e. V. versendet auf Wunsch ein ausführliches Mitgliederverzeichnis mit Angabe der Spezialgebiete der einzelnen Händler. Die Adresse der jeweiligen Geschäftsstelle kann über die Arbeitsgemeinschaft Antiquariat im Börsenverein des Deutschen Buchhandels (Großer Hirschgraben 17–21, 6000 Frankfurt am Main) erfragt werden. Auch das hier im Anschluß gegebene Literaturverzeichnis führt den Interessenten weiter.
Nicht unerwähnt bleiben sollen die zum Teil sehr guten Reprints alter Kinder- und Jugendbücher, die neuerdings in verstärktem Maße auf den Markt kommen. Sie geben in den besten Fällen einen guten Eindruck vom Original und werden manchmal selbst zum Sammelobjekt – insbesondere die meist schnell vergriffenen Auflagen aus Leipzig, wo unter der Herausgeber-Tätigkeit von Horst Kunze viel in dieser Hinsicht geleistet wird. Man sollte jedoch immer im Auge behalten, daß ein Original auch durch den besten Neudruck nie zu ersetzen ist.
Das Sammeln alter Kinderbücher, wie das Sammeln alter Bücher überhaupt, kann zu einer Leidenschaft werden. So mancher, der sich darauf eingelassen hat, ist davon nicht mehr losgekommen. Über die allgemeine Sammlerfreude hinaus führt uns das Sammeln alter Kinderbücher zurück in ein verlorenes Paradies, in die traumhaft ursprüngliche und einfache Welt unserer eigenen Kindheit. Ein Stück vom Kind, das kein kleiner Erwachsener, sondern ein eigenständiges Wesen ist, steckt noch in den meisten von uns. Zu unserem Glück – wenn wir an den Ausspruch von Erich Kästner denken: »Nur wer erwachsen wird und ein Kind bleibt, ist ein Mensch.«

Bibliographisches Verzeichnis der abgebildeten Bücher

Die kursiven Abbildungsnummern verweisen auf die Wiedergaben im vorliegenden Band.

ABC-Blatt. Abzug von einem xylographischen Täfelchen im Format 9×11,5 cm. Wohl Augsburg 1481. *Abb. 7*

ABC-Buch. 23 kolorierte Lithographien von J. Gschihay. Ohne Ort (Wien?) und Verlag, 1836. Quer-8°. *Abb. 19*

ABC-Fibel. Stargard (um 1780). 8 Bll. auf Karton. Mit koloriertem Holzschnitt des Fibel-Gockelhahns. 8°. *Abb. 10*

Das Alphabet in Bildern, zum Zwecke den Kindern die Buchstaben spielend ins Gedächtniss zu bringen. Mit umfassenden Text. Reutlingen, Fleischhauer u. Spohn (1843). 12 Bll. Mit lithographiertem Titel u. 12 kolorierten Lithographien von Johann Michael Voltz. Illustrierter Original-Pappband. 4°. – Hauswedell 55a. *Abb. 18*

Die Ammenuhr. Aus des Knaben Wunderhorn. In Holzschnitten nach Zeichnungen von Dresdener Künstlern. Leipzig, Meyer u. Wigand (1843). 12 Bll. Mit zehn Holzschnitten nach Eduard Bendemann, Julius Hübner, Karl Ludwig Adolf Ehrhardt, Carl Gottlob Peschel, Ludwig Richter, Otto Wagner, Ernst Friedrich Oehme, Ernst Rietschel und Theobald von Oer. 8°. – Wegehaupt 33; Rümann, Illustrierte Bücher 1883; Seebaß 61; Hauswedell 117a; Hoff-Budde 1064. *Abb. 157*

Andersen, Hans Christian, Neue Mährchen. Aus dem Dänischen von H. Zeise und Le Petit. 2. Auflage. Hamburg, Kittler 1845/46. 2 Bde. mit 8 u. 6 Lithographien mit Tonplatte v. Otto Speckter. Klein-8°. – Rümann 22; Seebaß 63; Ehmcke 24. *Abb. 181*

Angenehme Bilderlust der lieben Jugend zur Ergötzung also eingerichtet. Nürnberg, Monath (um 1760). 25 kolorierte Kupferstiche. 4°. – Rammensee 217. *Abb. 93*

(Aurbacher, Ludwig), Die Geschichte von den Sieben Schwaben mit Zehn lithographirten Darstellungen. Stuttgart, Fr. Brodhag 1832. 56 S. m. 10 Lithographien von Moritz von Schwind nach Zeichnungen von Franz Fellner. 4°. – Rümann, Illustrierte Bücher 2354; Seebaß 92. *Abb. 202*

(Basedow, Johann Bernhard), Des Elementarwerks erster (-vierter) Band. Ein geordneter Vorrath aller nöthigen Erkenntniß. Zum Unterrichte der Jugend, von Anfang, bis ins academische Alter. Zur Belehrung der Eltern, Schullehrer und Hofmeister. Zum Nutzen eines jeden Lesers, die Erkenntniß zu vervollkommnen. In Verbindung mit einer Sammlung von Kupferstichen und mit französischer und lateinischer Übersetzung dieses Werks. – Kupfersammlung zu J. B. Basedows Elementarwerke für die Jugend und ihre Freunde. Erste Lieferung in 53 Tafeln. Zweyte Lieferung in 47 Tafeln. Dessau und Leipzig, Siegfried Leberecht Crusius 1774. 4 Bde. 8°. Und 1 Bd. Quer-Groß-4°. 100 Kupferstiche von Berger, Beyel, Bock, Endner, Grossmann, Krüger, Schellenberg, Schleuen u.a. nach Daniel Chodowiecki. – Wegehaupt 79 u. 81; Rümann 27; Seebaß 129; Hauswedell 147; Engelmann 54, 57, 61–63, 117. *Abb. 44*

Bechstein, Ludwig, Deutsches Sagenbuch. Mit sechzehn Holzschnitten nach Zeichnungen von A. (Karl Ludwig Adolf) Ehrhardt. Leipzig, Georg Wigand 1853. XXIV, 813 S. 1 Bl. Berichtigungen u. Verlagsverzeichnis. 8°. – Rümann 31; Rümann, Illustrierte Bücher 357; Seebaß 144; Hauswedell 161. *Abb. 203*

Bechstein, Ludwig, Nala und Damajanti. Indisches Märchen der Jugend erzählt. Stuttgart, Eduard Hallberger (1851). IV, 56 S. 2 Bll. Verlagsanzeigen. Titel und 3 Tafeln in Farblithographie. Illustrierter Original-Pappband. 4°. – Hauswedell 160. *Abb. 185*

Beecher Stowe, Harriet, Onkel Tom's Hütte; oder Negerleben in den Sklavenstaaten von Nordamerika. Mit funfzig Illustrationen. Dritte, mit Anmerkungen vermehrte Auflage. Leipzig, J. J. Weber 1853. XII, 430 S. Mit 50 Holzstichen. 8°. – Seebaß 152; Hauswedell 167. *Abb. 247*

Die beiden Kinder-Freunde. Berlin, Winckelmann u. Söhne (1854). 20 lithographierte Bll. davon Titel m. kolorierter Vignette u. 8 ganzseitige kolorierte Lithographien. 8°. *Abb. 102*

(Bertuch, Friedrich Johann Justin), Bilderbuch für Kinder, enthaltend eine angenehme Sammlung von Thieren, Pflanzen, Blumen, Früchten, Insekten, Trachten, und allerhand anderen unterrichtenden Gegenständen aus dem Reiche der Natur, Der Künste und Wissenschaften; alle nach den besten Originalen gewählt, gestochen und mit einer kurzen wissenschaftlichen, und den Verstandes-Kräften eines Kindes angemessenen Erklärung begleitet. Weimar und Gotha, Expedition des Journals des Luxus und der Moden und in Kommision der Ettingerischen Buchhandlung 1790ff. 12 Bde. mit 1185 kolorierten Kupfertafeln, unter Leitung von H. Lips gestochen. 4°. – Wegehaupt 131ff.; Rümann 33; Seebaß 180; Pilz S. 346ff. *Abb. 46*

Beschäftigungen für die Jugend aller Stände zur Gewöhnung an zweckmäßige Thätigkeit, zur erheiternden Unterhaltung so wie zur Anregung des Kunst- und Gewerbsinnes. Von einer Gesellschaft Gelehrter und Erzieher. Mit Kupfertafeln. Stuttgart, P. Balz 1834–1840. 5 Bde. m. 67 gefalteten Kupfertafeln. 8°. – Wegehaupt 143. *Abb. 81*

Bilder A.B.C. Buch für gute Knaben u: Mädchen. mit 22 illum: Kupfern. 2. Auflage. Nürnberg, Bauer u. Raspe 1831. 24 S. Frontispiz, Titel u. 5 Tafeln in koloriertem Kupferstich. Klein-8°. – Wegehaupt 156. *Abb. 13*

Bilderbogen-Sammelband. 88 Bll. kolorierte Kupferstiche von Martin Engelbrecht. Augsburg 1739ff. Quer-2°. *Abb. 91*

Bilderbuch. 15 Bll. mit 15 kolorierten Lithographien ohne Text, monogrammiert C. D. Ohne Ort, Verlag u. Jahr (um 1840). Quer-8°. *Abb. 108*

Bildergalerie, welche vierundzwanzig Vorstellungen von verschiedenen Kinder- und andern Spielen, Übungen und Beschäftigungen, sowie auch einen erklärenden Text enthält zum Zeitvertreib für Kinder. Nürnberg, Trautner (um 1785). 7 Bll. Text u. 24 kolorierte Kupferstiche. 8°. – Rammensee 212. *Abb. 92*

Bilder-Lust für artige Kinder. 24 kolorierte Lithographien von Kuhn nach Johann Michael Voltz. (Reutlingen, Fleischhauer u. Spohn 1841). Illustrierter Original-Pappband m. Leinenrücken. Quer-2°. *Abb. 94*

Bildertafeln zum Anschauungsunterricht. Ohne Ort, Verlag u. Jahr (auf dem Vorderdeckel G. & V. St.) (um 1870). 10 kolorierte Lithographien auf Pappe. Illustrierter Original-Pappband. Quer-2°. *Abb. 99*

Bilder zum Anschauungs-Unterricht für die Jugend. Bestehend in vaterländ. Gegenständen, nach der Natur und den besten Originalen lithographirt und herausgegeben. Esslingen, J. F. Schreiber 1835. Titel u. 5 S. lithographierter Text u. 40 kolorierte Lithographien. Quer-2°. – Wegehaupt 155 (2. Auflage 1840). *Abb. 96*

Bilder zum ersten Anschauungs-Unterricht für die Jugend. 1. Teil. Ein Bilderbuch enthaltend 30 Bildertafeln in Farbendruck. Neu bearb. v. Eduard Walther, Direktor d. Königl. Taubstummen-Anstalt zu Berlin. Esslingen, J. F. Schreiber (1889). 7 S. 30 Chromolithographien (v. L. Meggendorfer u. a.). Ill. Orig.-Pappband m. Leinenrücken. 2°. Krahé S. 28. *Abb. 103*

Blatt für Blatt. Eine zweite Sammlung acht farbiger Bilder nach Original-Zeichnungen von Oscar Pletsch. Lithographiert von Heinrich Stelzner. Mit Text. Esslingen, J. F. Schreiber (1868) 8 Bll. 8 Tafeln. Illustrierter Original-Pappband m. Leinenrücken. 4°. – Wegehaupt, Pletsch 20. *Abb. 110*

Bohny, Niklaus, Neues Bilderbuch. Anleitung zum Anschauen, Denken, Rechnen und Sprechen für Kinder von 2 ½ bis 7 Jahren zum Gebrauche in Familien, Kleinkinderschulen, Taubstummen-Anstalten und auf der ersten Stufe des Elementarunterrichts. Stuttgart u. Esslingen, Schreiber u. Schill (1847). 4 Bll. 37 (davon 36 kolorierte) lithographierte Tafeln. Pappband mit aufgeklebter Illustration. Quer-2°. – Rümann 53; Seebaß 240; Hauswedell 223. *Abb. 42*

Bonn, Franz, Bilder aus dem Familienleben in vierzehn Original-Radirungen von H(ugo) Bürkner. Leipzig, Alphons Dürr (1874). 1 Bl., 14 Bll. radierter Titel und Frontispiz u. 13 Radierungen, datiert zwischen 1852 u. 1874. Quer-2°. – Rümann, Illustrierte Bücher 161; Seebaß 298; Hauswedell 226. *Abb. 112*

Bonn, Franz, Zwölf Schöne Geschichten. Ein Bilderbuch für Kinder von Lothar Meggendorfer. München, Braun u. Schneider (1881). 24 S. m. 12 kolorierten Lithographien. Illustrierter Original-Pappband m. Leinenrücken. 2°. – Krahé 150. *Abb. 119*

Braun, Isabella, Das Vater Unser in Erzählungen für Jung und alt. Mit Bildern von Ferdinand Rothbart. Stuttgart, Scheitlin (1854). 118 S. mit Frontispiz und 7 weiteren kolorierten Lithographien mit Tonplatte. Klein-4°. *Abb. 37*

Brechtel, Christoph Fabius, Soli Deo Gloria, Schöne Zierliche Schrifften der lieben Jugend zu nützlichem vnterricht. vnd dann: Den Edlen Ehrnvesten Fürsichtigen, Erbarn vnd Hochweisen Herrn Burgermaistern vnd Rath der Statt Nürnberg etc. zu vnterthenigem wolgefallen Dediciret! Durch Christoph: Fabium Brechteln Rechnmaister. an Tag geben Vnd durch Georg Herman v. B. Caymox, in Kupffer gebracht. Nürnberg, Balthasar Caymox, nach 1613 (Blatt 5 datiert 1614). Titel und 13 Bll. Kupferstiche von Georg Hermann nach Christoph Fabius Brechtel. Quer-8°. – Doede 42; Rammensee 266. *Abb. 69*

Brentano, Clemens, Gockel Hinkel Gakeleia. Mährchen, wieder erzählt von Clemens Brentano. Frankfurt a. M. Schmerber 1838. XIV, 346 S. mit Titelbild und 14 ganzseitigen Lithographien von Johann Nepomuk Strixner nach den Entwürfen Brentanos. 8°. – Seebaß 275; Rümann 55; Rümann, Illustrierte Bücher 2562; Hauswedell 236; Mallon 112. *Abb. 174*

(Brentano, Clemens), Rothkehlchens, Liebseelchens Ermordung und Begräbnis. Zürich, J. Veith (1843). Lithographierter Titel und 15 lithographierte Bll. mit Vignetten nach Clemens Brentano. 8°. – Rümann 56; Mallon 130. *Abb. 106*

Bromme, Traugott, Zonengemälde. Naturgeschichte und Völkerkunde vollständig in Wort und Bild. Mit 40 colorirten Tafeln. Stuttgart, Schmidt u. Spring 1846. 1 Bl. 130 S. Mit lithographiertem Titel und 40 kolorierten Lithographien. Quer-2°. – Wegehaupt 203; Hauswedell 241. *Abb. 68*

Buffalo Bill's Wilder Westen. Ein Bilderbuch zum Aufstellen für Kinder. Esslingen, J. F. Schreiber (1891). 6 farbige Tafeln auf Karton zum Aufstellen im Halbrund, davor je 3 ausgeschnittene Szenerien, die sich aufstellen. Illustrierter Original-Pappband. 2°. *Abb. 147*

Busch, Wilhelm, Stippstörchen für Aeuglein und Oehrchen. Rothkehlchen. – Das Häschen. – Das brave Lenchen. – Der Sack und die Mäuse. – Die beiden Schwestern. – Hänschen Däumeling. – Der weise Schuhu. München, F. Bassermann (1881). 48 S. m. bunten Illustrationen. Illustrierter Original-Pappband

m. Leinenrücken. 4°. – Rümann, Illustrierte Bücher 229; Hauswedell 262; Vanselow 75. *Abb. 118*

Das Cabinet der Feen oder gesammlete Feen-Mährchen in neun Theilen, aus dem Französischen übersetzt. (Hrsg. von Charles Joseph de Mayer, übersetzt von Friedrich Immanuel Bierling). 2. verb. Auflage. Nürnberg, Bauer u. Raspe 1820. 9 Teile in 8 Bde. Mit 57 (ohne Bd. 3) Kupferstichen von C. Melchior Roth. Klein-8°. – Rammensee 285. *Abb. 173*

Campe, J(oachim) H(einrich), Kleine Seelenlehre für Kinder. Nebst vier Kupfertafeln in Quart. Hamburg, Carl Ernst Bohn 1780. 314 S. u. 4 gefaltete Kupfertafeln v. Rosmäsler. Klein-8°. – Wegehaupt 260 u. Seebaß 326 (Ausgabe 1784). *Abb. 217*

Campe, Joachim Heinrich, Neues Abeze- und Lesebuch mit vielen schönen Bildern. Neue Gesammtausgabe der letzten Hand. Bd. 1. Abeze- und Lesebuch. Braunschweig, Schulbuchhandlung 1830. XIV, 200 S. Mit Frontispiz und 23 kolorierten Kupfern von W. Arndt nach Gottlob Junge. Klein-8°. – Wegehaupt 287; Rümann 66; Seebaß 319. *Abb. 11*

Campe, J(oachim) H(einrich), Robinson der Jüngere, zur angenehmen und nützlichen Unterhaltung für Kinder. München, Johann Baptist Strobel 1780. 11 Bll. 198 S. mit Kupferstich-Frontispiz u. gestochener Titelvignette v. Weißenhahn. Klein-8°. – Ullrich S. 67/68, III, 7b. *Abb. 238*

Campe, Joachim Heinrich, Robinson der Jüngere. Ein Lesebuch für Kinder. Vierzigste rechtmäßige Auflage. Braunschweig, Schulbuchhandlung (Friedrich Vieweg u. Sohn) 1848. 2 Teile in 1 Bd. XIV, 156, 205 S. Titel und Frontispiz sowie 23 weitere Tafeln in Holzschnitt mit Tonplatte nach Ludwig Richter wie auch zahlreiche Holzschnittvignetten im Text. 4°. – Wegehaupt 314; Rümann 68; Rümann, Illustrierte Bücher 1519; Seebaß 1592; Hauswedell 1058; Hoff-Budde 1365–1411; bei Ullrich andere Ausgaben. *Abb. 239*

(Cervantes de Saavedra, Miguel), Don Quijote. Gezeichnet von Adolf Uzarski. Mainz, Josef Scholz (1924). 8 Bll. mit 8 Farbtafeln u. mehreren Vignetten. Quer-8°. Scholz' Künstler-Bilderbücher 113. *Abb. 244*

Cervantes de Saavedra, Miguel, Leben und Thaten des edeln und tapfern Ritters Don Quixote von La Mancha, nach Miguel Cervantes de Saavedra aus dem Spanischen. Für die Jugend bearbeitet von Franz Hoffmann. Mit 49 Bildern. Stuttgart, Stoppani 1844. 304 S. lithographierter Titel u. 23 lithographierte Tafeln. Klein-8°. – Seebaß 353; Hauswedell 280. *Abb. 243*

Chimani, Leopold, Bunte Scenerien aus dem Menschenleben. Ein Bilderbuch ganz neuer Art zum Nutzen und Vergnügen der Jugend bearbeitet. Mit vier in Kupfer gestochenen, colorirten und beweglichen Darstellungen. Wien, H. F. Müller (1836). 172 S. m. 4 gestochenen, vierteiligen ausgeschnittenen Szenerien, die sich aufstellen. 4°. – Wegehaupt 409; Seebaß 377. *Abb. 149*

Comenius, Johann Amos, Orbis sensualium pictus. Hoc est, Omnium fundamentalium in Mundo Rerum & in Vitâ Actionum Pictura & Nomenclatura. Die sichtbare Welt, Das ist, Aller vornemsten Welt-Dinge und Lebens-Verrichtungen Vorbildung und Benahmung. Nürnberg, Michael Endter 1658. (Neudruck, hrsg. v. Johannes Kühnel, Leipzig, Klinckhardt 1910). 3 Bll. 308 S. 6 Bll. Register, 25 Bll. Klein-8°. – Wegehaupt 435 (Ausgabe 1698); Rümann 80; Rammensee 312; Pilz 2. *Abb. 40*

Cook, James, Des Kapitains James Cook Beschreibung seiner Reise um die Welt. Ein nützliches Lesebuch für die Jugend, nach Campe's Lehrart bearbeitet (von Friedrich Wilhelm v. Schütz). Mit Kupfern. Dritte verb. Auflage. Altona, Friedrich Bechtold 1804. 3 Bde. Mit je 1 koloriertem Kupferstich-Frontispiz und 2 weiteren kolorierten Kupfern. Klein-8°. *Abb. 237*

Cooper, James Fenimore, Lederstrumpf-Erzählungen. Für die Jugend bearbeitet von Franz Hoffmann. Mit 20 Stahlstichen. 2. Auflage. Stuttgart, Schmidt u. Spring 1852. 666 S. 8°. *Abb. 248*

Cosmar, A. (d.i. Antonie Klein), Schicksale der Puppe Wunderhold. Mit 8 Kupfern von Louise Thalheim. 2. Auflage. Berlin, Plahn'sche Buchhandlung (Henri Sauvage) 1866. 219 S. u. 8 kolorierte Lithographien. 8°. – Rümann 84; Semrau 12 (geben 1865 an). *Abb. 231*

Curieuse Bilder-Bibel oder die vornehmsten Sprüche heiliger Schrifft in Figuren vorgestellt wodurch dieselben der zarten Jugend auf eine angenehme u. ergötzende Art bekannt gemacht werden können. Mit churfürstl. sächs. allergnädigster Freyheit. Neue verb. Auflage. Nürnberg, Raspe 1806. 128 S., mit zahlreichen, in den Text gestreuten Holzschnitten. Klein-8°. – Rammensee 162. *Abb. 31*

Curioser Spiegel, im welchem der allgemeine Lauff des ganzen menschlichen Lebens, von der zartesten Kindheit an, bis in das gestandene Alter, in allerhand schönen Figuren, mit beygefügten artigen Reimen zur Belustigung vorgestellet wird. Nürnberg, Endter (um 1690). Titel u. 21 Bll. mit kolorierten Holzschnitten v. Elias Porzelius nach Zeichnungen v. Susanna Maria Sandrart. 2°. – Rammensee 1447. *Abb. 90*

Davidis, Henriette, Puppenköchin Anna. Praktisches Kochbuch für kleine und große Mädchen. 9. verb. Auflage. Bearbeitet v. Emma Heine. Leipzig, Eugen Twietmeyer (1898). XVI, 238 S. 1 Bl. Frontispiz in Farblithographie. Illustrierter Original-Pappband. 8°. *Abb. 85*

(Defoe, Daniel), Das Leben und die gantz ungemeine Begebenheiten des Weltberühmten Engelländers, Robinson Crusoe, welcher durch Sturm und Schiffbruch, worin alle seine Reise-Gefährten elendiglich ertruncken, auf der Americanischen Küste, bey dem Ausflusse des grossen Strohms Oroonoko, auf eine unbewohnte Insull gerathen, acht und zwantzig Jahr lang darauf gelebet, und zuletzt durch See-Räuber wunderbahrer Weise davon befreyet worden. Von ihm selbst beschrieben, und, nach der dritten Engelländischen Edition, auf vornehmes Begehren, ins Teutsche übersetzt. Die dritte Hamburgische Auflage. Mit beygefügtem accuraten Abriß obgedachter Insull. Hamburg, Wierings Erben und Leipzig, Philip Hertel 1731 (Neudruck Leipzig, Insel 1909, mit Nachwort von Hermann Ullrich). 2 Bde. mit 2 gestochenen Frontispizen und 1 Falttafel von Johann Christian Gottfried Fritzsch. 8°. – Eines von 600 numerierten Exemplaren, gedruckt in der Offizin W. Drugulin zu Leipzig. – Hauswedell 1050; Sarkowski 363; Neudruck der Ausgabe Ullrich 55b. *Abb. 233*

Dehmel, Paula, Auf der bunten Wiese. Kindergedichte. Mit bunten Bildern von E(lse) Rehm-Viëtor. Leipzig, Alfred Hahn (1912). 32 S. Illustrierter Original-Pappband mit Leinenrücken. 4°. *Abb. 165*

Dehmel, Paula, Rumpumpel. Ein Buch für junge Mütter und ihre Kleinsten. Mit Bildern von Karl Hofer. Köln, Schaffstein (1903). 45 S. m. 17 kolorierten u. goldgehöhten Illustrationen. Illustrierter Original-Pappband. Quer-4°. *Abb. 115*

Dehmel, Richard (Hrsg.), Der Buntscheck. Ein Sammelbuch herzhafter Kunst für Ohr und Auge deutscher Kinder. Liebhaber-Ausgabe. Köln, Schaffstein 1904. 55 S. Mit kolorierten, teils goldgehöhten Illustrationen von K. F. v. Freyhold, Karl Hofer, Ernst Kreidolf und E. R. Weiß. Texte von Paula und Richard Dehmel, Oskar Wiener, Friedrich Kayßler, Paul Scheerbart, Gustav Falke, Peter Hille, Jakob Wassermann, Alfred Mombert u. Robert Walser. Illustrierter Original-Pappband. 2°. *Abb. 113*

Dehmel, Paula und Richard, Fitzebutze. Allerhand Schnickschnack für Kinder. Mit Bildern von Ernst Kreidolf. Berlin u. Leipzig, Insel Verlag bei Schuster u. Loeffler 1900. 40 S. Titelzeichnung u. 40 farbige Illustrationen. Illustrierter Original-Pappband m. Leinenrücken. 4°. – Sarkowski 365. *Abb. 120*

Dielitz, Theodor, Lebensbilder. Der Jugend vorgeführt von Theodor Dielitz, Oberlehrer an der Königl. Realschule. mit 8 illuminirten Bildern. Berlin, Winckelmann u. Söhne (1841). IV, 246 S. 1 Bl. Lithographierter Titel mit kolorierter Vignette, Frontispiz in kolorierter Lithographie und 6 weitere kolorierte Lithographien von Theodor Hosemann. 8°. – Seebaß 491; Hauswedell 346. *Abb. 250*

Eberhard, A(ugust) G(ottlob), Hanchen und die Küchlein. Mit 10 Stahlstichen von Otto Speckter. 9. Auflage. Leipzig, Renger (Fr. Volckmar) (um 1842). 100 Bll., 3 Bll. Verlagsanzeigen und 10 Stahlstiche von Otto Speckter. Klein-8°. – Wegehaupt 511; Ehmcke 14 (7. Auflage, gleichzeitig 1. illustrierte). *Abb. 226*

Das Elternhaus. Scenen aus dem Familienleben Ein Bilderbuch für Knaben und Mädchen. 10 colorirte Blätter mit Randzeichnungen und Text. Stuttgart u. Esslingen, Schreiber u. Schill (1847). 10 S. u. 10 kolorierte Lithographien v. C. Schulz (Randzeichnungen mit Tonplatte). Ill. Original-Pappband. Quer-2°. *Abb. 98*

Erholungsstunden. Ein angenehm unterhaltendes Lesebuch für die Jugend. Mit 4 feinen, sauber illuminirten Abbildungen. Neuhaldensleben, Eyraud (überklebt:) Magdeburg, Rubach (1830). 126 S. lithographierter Titel, 4 kolorierte Lithographien. Illustrierter Original-Pappband. Klein-8°. *Abb. 228*

Ernst, Dr. Das Schreiliesel. Eine lustige und lehrreiche Geschichte für Kinder von + – 8 Jahren. 14. Auflage. München, Braun u. Schneider (um 1880). 44 S. m. kolorierten Holzstichen v. Fritz Steub. Illustrierter Original-Pappband. 4°. *Abb. 135*

Eschenbach, Olga (d. i. Johanna Hering), Gertruden's Erzählungen für die weibliche Jugend von Olga Eschenbach, Verfasserin von »der Seele Schönheit«. 3. Auflage. Mit 8 Bildern von Th(eodor) Hosemann. Berlin, Winckelmann u. Söhne (um 1850). 301 S. Lithographierter Titel mit kolorierter Vignette, koloriertes Frontispiz und 6 kolorierte Lithographien mit Tonplatte. Illustrierter Original-Pappband. 8°. – Wegehaupt 908 (1. Auflage 1846); Rümann, Illustrierte Bücher 773; Hauswedell 395. *Abb. 230*

Falke, Gustav (Hrsg.), Das Büchlein Immergrün. Eine Auswahl deutscher Lyrik für Junge Mädchen. Köln, Schaf(f)stein 1903. 119 S. in Golddruck, kolorierter, goldgehöhter Titel. Buchausstattung v. Heinrich Vogeler-Worpswede. Illustrierter Original-Leinenband. Klein-8°. *Abb. 221*

Familien-Scenen im Zimmer samt Küche und Stall. Ein Spiel. Scènes de famille dans la chambre avec cuisine et l'ecurie. Un jeu. Wien, H. F. Müller (1824). Gestochenes koloriertes Interieur mit Einsteckschlitzen für Figuren, Möbel und Gegenstände. 57 gestochene, kolorierte und ausgeschnittene Einzelteile von V. R. Grüner. In Original-Pappschuber mit aufgeklebtem Titelschildchen. 4°. *Abb. 145*

(Fechner, Clara), Die schwarze Tante. Märchen und Geschichten für Kinder. Mit Holzschnitten nach Ludwig Richter. Leipzig, Georg Wigand 1848. 2 Bll. 154 S. 1 Bl. 47 Holzschnitte, davon 44 nach Richter. Original-Pappband. Klein-8°. – Wegehaupt 594; Rümann 108; Rümann, Illustrierte Bücher 2112; Hauswedell 411; Hoff-Budde 1412–1455. *Abb. 184*

Felixmüller, Conrad und Londa, Ein geschütteltes, geknütteltes Alphabet in Bildern und Versen. Berlin Selbstverlag 1925. 16 kolorierte Holzschnitte von Conrad Felixmüller. Illustrierter Original-Leinenband. Quer-4°. – Eines von 100 numerierten und signierten Exemplaren. – Söhn 348–363. *Abb. 25*

Fortunatus mit seinem Seckel und Wünsch-Hütlein. Wie er dasselbe bekommen... Reutlingen, Fleischhauer (um 1790). 160 S. mit Holzschnitten. 8°. *Abb. 200*

Fröbel, Friedrich, Mutter- und Kose-Lieder. Dichtung und Bilder zur edlen Pflege des Kindheitslebens. Ein Familienbuch. Mit Randzeichnungen, erklärendem Text und Singweisen. Blankenburg, Anstalt zur Pflege des Beschäftigungstriebes der Kindheit und Jugend (1844). 3 Bll. 76 Bll. mit Radierungen von Friedrich Unger. Illustrierter Original-Pappband. Groß-4°. – Wegehaupt 666; Rümann 114; Rümann, Illustrierte Bücher 2691; Seebaß 682; Hauswedell 435. *Abb. 166*

Fröhlich, Karl, Fröhliches ABC-Buch. Hrsg. v. Kunstwart. München, G.D.W. Callwey (1912). Nach der ersten Ausgabe Berlin 1859. 26 Bll. mit Silhouettenbildern. 8°. *Abb. 21*

Gabrielli, O(lga) u. Hans Striem, Das Wunderauto. Mit 4 farbigen Vollbildern u. 30 Federzeichnungen sowie farbigem Einband von Walter Trier. Oldenburg, Stalling 1930. 232 S. 4°. *Abb. 252*

Gailer, J(acob) E(berhard), Neuer Orbis pictus für die Jugend, oder Schauplatz der Natur, der Kunst und des Menschenlebens in 316 lithographirten Abbildungen mit genauer Erklärung in deutscher, lateinischer und französischer Sprache. Nach der früheren Anlage des Comenius bearbeitet und dem jetzigen Zeitbedürfnisse gemäß eingerichtet. Reutlingen, Johann Conrad Mäcken 1832. IV, 547 S. 1 Bl. Verlagsanzeigen, 1 Bl. Register. Mit Frontispiz und 316 Lithographien auf 158 Tafeln. 8°. – Wegehaupt 693; Rümann 120 (Ausgabe Stuttgart 1832); Pilz S. 361. *Abb. 50*

Geschichte von Griseldis und dem Markgrafen Walther. Nebst einigen anderen Beispielen treuer Liebe. Leipzig, Georg Wigand 1838. 71 S. m. 6 Holzschnitten nach Ludwig Richter. 8°. – Volksbücher 1. Hrsg. v. G.O. Marbach. – Hoff-Budde 659–664. *Abb. 199*

(Glaßbrenner, Adolf), Lachende Kinder. Mit Bildern von Th(eodor) Hosemann. Hamburg, Verlags-Comptoir (1850). 18 S. (und 4 Bll. ABC) mit kolorierten Holzstichen. 4°. – Rümann, Illustrierte Bücher 802; Seebaß 732 (4. Auflage von 1865); Hauswedell 470. *Abb. 133*

(Glaßbrenner, Adolf), Sprechende Tiere. Vom Verfasser der »lachenden Kinder« Mit achtzehn kolorierten Bildern von C(arl) Reinhardt. 15. unveränderte Auflage. Hamburg, Verlagsanstalt und Druckerei Actien-Gesellschaft (vormals J. F. Richter) (um 1880). 18 S. m. 17 Farbbildern. Illustrierter Original-Pappband. 4°. – Rümann 284 (Ausgabe 1854). *Abb. 134*

Goethe, (Johann) Wolfgang v., Reineke Fuchs. Mit Zeichnungen von Wilhelm von Kaulbach, gestochen von R(udolf) Rahn und A(drian) Schleich. München, Verlag der Literarisch-artistischen Anstalt (J. G. Cotta'sche Buchhandlung) 1846. 257 S. 1 Bl. Mit 36 Stahlstichen nach Wilhelm v. Kaulbach. 2°. – Rümann, Illustrierte Bücher 1094; Hauswedell 1014. *Abb. 211*

Grimm, (Jacob u. Wilhelm), Kinder- und Haus-Märchen. Gesammelt durch die Brüder Grimm. 2. vermehrte und verb. Auflage. Berlin, G. Reimer 1819/22. 3 Bde m. 2 gestochenen Frontispizen u. 2 gestochenen Titelblättern v. Ludwig Emil Grimm. LVI, 439 u. 1 S.; LXXI u. 1 u. 304 S.; VI, 441 u. 1 S. 12°. – Rümann, Illustrierte Bücher 556; Hauswedell 503; Bolte-Polivka Bd. IV, S. 473, 2. *Abb. 171*

Grimm (Jacob u. Wilhelm), Fairy Tales by the Brothers Grimm. Illustrated with Woodcuts by Fritz Kredel. Offenbach, Wilhelm Gerstung 1931. 96 S. Original-Lederband. 8°. – Printed for the Members of The Limited Editions Club. Numeriertes Exemplar; handsigniert von Rudolf Koch und Fritz Kredel. *Abb. 189*

(Grimm, Jacob u. Wilhelm), Frau Holle. Gez(eichnet) von Fritz Kunz. Mainz, Josef Scholz (1905). 8 Bll. mit 8 ganzseitigen Farbtafeln. Illustrierter Original-Pappband. Quer-4°. – Scholz' Künstler-Bilderbücher. (»Das deutsche Bilderbuch«.) Serie A. Märchen 7. *Abb. 190*

(Grimm, Jacob u. Wilhelm), Das Märlein vom Sneewittchen mit Bildern den Kindern gewidmet zu Ostern 1837 von Franz Pocci. München, Zach's lith. Kunstanstalt (1837). Lithographierter Titel in Golddruck, 19 S. mit 43 Illustrationen und Vignetten. Illustrierter Original-Pappband. 8°. – Rümann 271; Rümann, Illustrierte Bücher 1668; Pocci (Enkel) 70. *Abb. 180*

(Grimm, Jacob u. Wilhelm), Marienkind. Gez(eichnet) von Heinrich Lefler u. Joseph Urban, Wien. Mainz, Josef Scholz (1904). 8 Bll. mit 8 ganzseitigen Farbtafeln. Illustrierter Original-Pappband. Quer-4°. – Scholz' Künstler-Bilderbücher. (»Das deutsche Bilderbuch«.) Serie A. Märchen 2. *Abb. 192*

Grimm, Jacob u. Wilhelm, Sechs Märchen. Aus dem Nachlass hier zum ersten Male herausgegeben (und mit Nachwort versehen) von Johannes Bolte. Mit radierten Bildern von Marcus Behmer. Berlin, Brandus 1918. 33 S. 8°. – Eines von 260 Exemplaren. *Abb. 188*

Grimm, Ludwig Emil, Klebe-Bilderbuch für seine Tochter Friederike, genannt Ideke, aus den Jahren 1833–1836. 36 Bll. graublauer Karton, beklebt mit 12 Aquarellen, 30 Federzeichnungen, 4 Bleistiftzeichnungen u. 4 Radierungen von Ludwig Emil Grimm, sowie zahlreichen eingeklebten kolorierten Kupferstichen, Lithographien, Holzschnitten u. Scherenschnitten der Zeit. 4°. *Abb. 89*

Grosse Menagerie. Esslingen, J. F. Schreiber (1882). 1 Bl. Text u. 7 lithographierte Tafeln mit Aufstellbildern. Illustrierter Original-Pappband m. Leinenrükken. 2°. *Abb. 146*

Grüger, Heribert, Liederfibel. Kinderlieder in Bildernoten dargestellt. Illustriert von Johannes Grüger. Breslau, Ostdeutsche Verlagsanstalt (1927). 39 S. Illustrierter Original-Pappband mit Leinenrücken. 4°. *Abb. 168*

Grumbach, Karl, Kinder-Reisen oder des wißbegierigen Wilibalds Durchzüge merkwürdiger Länder und Völker der Welt auf seiner Stube gemacht und ans Licht gezogen. Mit 12 Darstellungen. Leipzig, Wilhelm Lauffer (1827). 1 Bl. 99 S. Mit 12 kolorierten Kupfern von J. F. Schröter nach Geisler. Klein-8°. *Abb. 66*

Güll, Friedrich und Franz Pocci, Kinderheimath in Liedern und Bildern (Erste Gabe). Mit einem Vorwort von Gustav Schwab. 2. reich vermehrte Auflage. Stuttgart, S. G. Liesching 1846. VI S. 1 Bl. 232 S. mit 59 Holzschnitten nach Franz Pocci. Illustrierter Original-Pappband. 8°. – Rümann 149; Rümann, Illustrierte Bücher 1657; Pocci (Enkel) 205. *Abb. 160*

Gustav Weises lebendiger Struwwelpeter. Ein Ziehbilderbuch. Mechanik eingerichtet von El. Em. (Lothar Meggendorfer). Stuttgart, Gustav Weise (1895). 8 farbige Ziehbilder. Illustrierter Original-Pappband. 2°. – Nicht bei Krahé. *Abb. 137*

Gutsmuths, J(ohann) C(hristoph) F(riedrich), Gymnastik für die Jugend, enthaltend eine praktische Anweisung zu Leibesübungen. Ein Beytrag zur nöthigsten Verbesserung der körperlichen Erziehung. 2. verm. Auflage mit 12 von dem Verf. gezeichneten Tafeln. Schnepfenthal, Buchhandlung der Erziehungsanstalt 1804. XVI, 528 S. (S. III–VIII Subskribenten), 12 Kupfer von D. nach Gutsmuths. 8°. *Abb. 79*

Hansen, Sophus, Gross-Stadt-Bilder-Buch. Leipzig, R. Voigtländer (1909). 1 Bl. 15 Farbtafeln. Illustrierter Pappband m. Leinenrücken. Quer-2°. *Abb. 104*

Hauff, Wilhelm, Maehrchenalmanach für Söhne und Töchter gebildeter Stände auf das Jahr 1828 mit Kupfern. Stuttgart, Gebr. Franckh 1827. 2 Bll. 248 S. Mit 3 Kupfern v. L. Troendlin nach D(avid) Fohr. 12°. – Rümann 158; Hauswedell 554. *Abb. 176*

Die Heilige Schrifft Alt und Neuen Testaments abgebildet der Christlichen Jugend zu nützlicher Erbauung. Nürnberg. Christoph Weigel (um 1710). 2 Teile m. je 1 gestochenen Titelkupfer, gestochenen Titelblatt u. 80 Kupfern. 16°. – Rammensee 1402. *Abb. 28*

(Hey, Wilhelm), Bilder und Reime, Reime und Bilder für Kinder. 1. Lieferung. Dresden. J. Naumann (1844). 25 lithographierte Bll. von J. Williard, davon 20 nach Ludwig Richter. 1 Bl. Verlagsanzeigen. Klein-4°. – Rümann, Illustrierte Bücher 1908; Hauswedell 191; Hoff-Budde 3326–3345. *Abb. 1, 161*

(Hey, Wilhelm), Funfzig Fabeln für Kinder. In Bildern, gezeichnet von Otto Speckter. Nebst einem ernsthaften Anhange. Hamburg, Friedrich Perthes (1833). 50 Bll. 42 S. 1 Bl. Mit 50 Steinradierungen von Otto Speckter, zum Teil eingeklebt. Illustrierter Original-Pappband. 8°. – Wegehaupt 922; Rümann 168; Rümann, Illustrierte Bücher 2485; Ehmcke 5; vgl. Rümann in Philobiblon VI, S. 295–314 u. Hobrecker in Zeitschrift für Bücherfreunde Jg. 37, 1933. S. 187–191. *Abb. 212*

(Hey, Wilhelm), Das Kind, von der Wiege bis zur Schule. Hamburg u. Gotha, Friedrich u. Andreas Perthes (1850). Radierter Titel, 6 S. 19 Bll. u. 19 Radierungen v. Heinrich Justus Schneider. Quer-4°. – Seebaß 888 (3. Auflage). *Abb. 111*

Heyne, Friedrich, Die Weihnachtfreude. Ein Lesebuch für kleine Knaben und Mädchen. Neueste Auflage mit 6 Kupfern. Reutlingen, J. J. Mäcken (um 1840). 56 S. m. 6 kolorierten Lithographien. 8°. *Abb. 101*

Himmel und Hölle. Wie das deutsche Volk sich seine erdenferne Welt menschlich näher bringt. Bildschmuck von Julius Diez. 2. veränderte Auflage. München, Georg D. W. Callwey (Verlag des deutschen Spielmanns) 1924. 78 S. 4 Farbillustrationen und zahlreiche Textabb. 4°. – Der deutsche Spielmann. Eine Auswahl aus dem Schatze deutscher Dichtung für Jugend und Volk, hrsg. v. Ernst Weber. Mit Bildern von deutschen Künstlern. Sammelband Deutscher Glaube. *Abb. 215*

Historische Darstellung aller Künste und Handwerke. Ein Weihnachtsgeschenk zur Belehrung und Unterhaltung für die Jugend. Erster Band, den ersten bis vierten Heft enthalten (alles was erschienen). Mit sieben und zwanzig von Geißler gestochenen und fein kolorirten Abbildungen. Leipzig, Johann Friedrich Gleditsch 1807. 4 Bll. (Inhalt d. Hefte u. Erklärung d. Kupfer), 178 S. Frontispiz (Albrechtsburg in Meißen) u. 26 weitere kol. Radierungen von Christian Gottfried Heinrich Geißler. 4°. – Rümann 124. *Abb. 64*

Hobrecker, Karl, Rundfunk-Struwwelpeter. Erfindung und Text von Karl Hobrecker, Zeichnung nach H. Hoffmann von M. Avierinós. Oldenburg, Stalling 1926. 12 farbige Illustrationen in Leporelloform. Illustrierter Original-Pappband. Klein-8°. *Abb. 132*

Hoffmann, Heinrich, Besuch bei Frau Sonne. Neue lustige Geschichten und drollige Bilder. Aus dem Nachlass hrsg. v. Eduard u. Walther Hessenberg. Frankfurt a. M. Literarische Anstalt Rütten u. Loening 1924. 16 Bll. mit farbigen Bildern. Illustrierter Original-Pappband m. Leinenrücken. 4°. *Abb. 129*

Hoffmann, Heinrich, König Nußknacker und der arme Reinhold. Ein Kindermährchen in Bildern. Frankfurt a. M. Literarische Anstalt (J. Rütten) (1851). 31 Bll. mit kolorierten Holzstichen. Illustrierter Original-Pappband m. Leinenrücken. 4°. – Erste Ausgabe. Rümann 179; Rümann, Illustrierte Bücher 678; Hauswedell 628. *Abb. 130*

(Hoffmann, Heinrich), Prinz Grünewald und Perlenfein mit ihrem lieben Eselein. Ein Bildermärchen verzeichnet und gereimt von dem Verfasser des Struwwelpeter (H. Hoffmann-Donner) Frankfurt a. M. Literarische Anstalt (Rütten u. Löning) (um 1880). 24 Bll. mit kolorierten Holzstichen. 4°. *Abb. 128*

Hoffmann, Heinrich, Das Struwwelpeter-Manuskript. Originalgetreue Nachbildung der Urhandschrift (von 1844). Begleitwort von G.A.E. Bogeng. Frankfurt a. M. Rütten u. Loening 1925. 14 Bll. farbige Illustration und 25 S. Begleittext. 4°. – Eines von 550 numerierten Exemplaren. – Seebaß 933. *Abb. 125*

Hoffmann, Heinrich, Der Struwwelpeter oder lustige Geschichten und drollige Bilder für Kinder von 3–6 Jahren. 23. Auflage. Frankfurt a. M. Literarische Anstalt (J. Rütten) (um 1855). 24 Bll. mit kolorierten Lithographien. Ill. Original-Pappband. 4°. *Abb. 127*

Hoffmann, Heinrich, Der Struwwelpeter oder lustige Geschichten und drollige Bilder für Kinder von 3–6 Jahren. 175. Auflage mit dem Jubiläumsblatt zur hundertsten Auflage. Frankfurt a. M., Literarische Anstalt Rütten u. Löning (um 1890). 14 Bll. auf Karton mit farbigen Holzstichen. Illustrierter Original-Pappband mit Leinenrücken. 4°. *Abb. 126*

Holl, Friedrich, Das Schiff und die See. Ein Lehr- und Bilder-Buch für kleine und grosse Leutchen, die sich vom Seewesen einen richtigen u. deutlichen Begriff verschaffen wollen. Mit 10 Kupfer. Pirna, A. R. Friese (1830). VIII, 206 S. (davon 6 S. Verlagsanzeigen). Gestochener, kolorierter Titel und 9 weitere (7 kolorierte) Kupfer von Karl Heinrich Beichling. Illustrierter Original-Pappband. Klein-4°. – Wegehaupt 1012. *Abb. 62*

Holting, Gustav (d. i. Carl Gustav Winckelmann), Biblische Geschichten. Für die Jugend bearbeitet. Das alte Testament. Mit 8 colorirten Bildern, gezeichnet von Th(eodor) Hosemann. Berlin, Winckelmann u. Söhne (1840). 166 S. mit 8 kolorierten Lithographien. Klein-8°. *Abb. 38*

Hübner, (Johann), Biblische Historien aus dem alten und neuen Testamente. Für die Jugend und Volksschulen nach der Anforderung unserer Zeit aufs Neue bearbeitet mit leicht faßlichen Fragen unter dem Texte, einer kurzen Geschichte der christlichen Religion, 51 Steindrücken und 1 Kärtchen von Palästina. Reutlingen, Heerbrandt u. Kurtz 1831. VIII, 376 S. 52 Lithographien. 8°. – Wegehaupt 1040–1060 (andere Ausgaben). *Abb. 33*

Huther (auch Hutter), Elias, Künstlich New ABC Buch. Darauß ein Junger Knabe, die nötigsten vier Hauptsprachen Ebraisch, Grieckisch, Lateinisch, Deutsch Zugleich so leicht, als ein alleine, mit großem vortheil lesen lernen kan, allgemeiner Christlichen Jugend zum besten angestellet. Hamburg, Ernst Jandeck 1593. 32 Bll. Klein-4°. – Rammensee 639 (Ausgabe Nürnberg 1597). *Abb. 6*

Kaiserer, Jakob, Beschäftigungen für die Jugend in ihren Erholungsstunden. Ein Handbuch für Aeltern und Erzieher; worin Anleitung gegeben wird, wie man Säugthiere, Vögel, Amphibien, Fische, Insecten und Würmer fangen, Pflanzen einsammeln, und diese sowohl als jene für ein Naturalienkabinett zubereiten, und in denselben aufbewahren könne; ferner wie man Münzen oder Medaillen in verschiedenen Materien abdrucken oder abgießen könne; u. dgl. mehr. Hrsg. von Jakob Kaiserer, Verfasser des praktischen Erziehungskatechismus. Wien, Anton Pichler 1802. XVI, 326 S. 2 Kupfer und 2 Faltkupfer. 8°. *Abb. 78*

Kinderhumor für Auge und Ohr. Bilder von Gertrud und Walther Caspari. Hrsg. v. Jugendschriftenausschuss des Leipziger Lehrervereins. Leipzig, Hahn (1906). 44 S. Illustrierter Original-Pappband m. Leinenrücken. 4°. – Seebaß 348. *Abb. 121*

Kinder-Lieder und Reime. Mit Bildern von V(iktor) P(aul) Mohn. 2. Auflage. Berlin, Raimund Mitscher (um 1885). 28 Bll. Chromolithographien u. 1 Bl. Inhaltsverzeichnis. Illustrierter Original-Pappband mit Leinenrücken. 4°. – Seebaß 1037 (1. Ausgabe). *Abb. 163*

Kinder Lust in lebendigen Bildern. Erfunden von F. C. Hösch, Nürnberg. Stuttgart, Wilhelm Nitzschke (1863). 6 kolorierte Lithographien (Ziehbilder m. beweglichen Figuren) u. Text. Ill. Original-Pappband m. Leinenrücken. 4°. – Seebaß 963. *Abb. 142*

Kleines Arbeitsbuch für Kinder in den Erholungsstunden, oder angenehme und nützliche Beschäftigungen für die Jugend die wenig Kostenaufwand verursachen, und zur körperlichen und moralischen Bildung sehr wirksam sind. Mit 1 Kupfertafel. Pirna, Carl August Friese (1810). VIII, 122 S. gestochenes Frontispiz. Klein-4°. *Abb. 83*

Kling, Klang, Gloria. Deutsche Volks- und Kinderlieder. Ausgewählt und in Musik gesetzt von W. Labler. Illustriert von H(einrich) Lefler und J(oseph) Urban. Wien u. Leipzig, F. Tempsky u. A. Freytag (1907). 65 S. Illustrierter Original-Pappband mit Leinenrücken. Quer-4°. – Seebaß 1089. *Abb. 170*

Des Knaben Wunderhorn. Alte deutsche Lieder gesammelt von L. A. von Arnim und Clemens Brentano. (Und Anhang:) Kinderlieder. Heidelberg, Mohr und Zimmer 1806-1808. 3 Bde m. je 1 radiertem Titel (Anhang zu Teil 3 zusätzlich mit radiertem Frontispiz von Ludwig Emil Grimm). 8°. – Mallon (Arnim) 27, 36–38; Mallon (Brentano) 17, 25–27. *Abb. 156*

(Krüger, Hilde), Hurleburles Wolkenreise. Ein Bilderbuch aus bunten Dreiecken. Berlin, J. H. W. Dietz Nachfolger 1926, 12 Bll. mit farbigen Illustrationen. 1 S. Verlagsanzeigen. Illustrierter Original-Pappband m. Leinenrücken. 4°. *Abb. 122*

Külb, Ph(ilipp) H., Reisebilder für die Jugend erzählt von Dr. Ph. H. Külb, Bibliothekar der Stadt Mainz. Mainz, Josef Scholz (um 1850). 354 S. Titeldoppelseite in kolorierter Lithographie und 5 weitere kolorierte Lithographien. Illustrierter Original-Pappband mit Leinenrücken. 8°. *Abb. 241*

Kunnst- vnd Lehrbüchlein für die anfahenden Jungen Daraus reissen vnd Malen zu lernen Darjnnen allerley Art lustige vnd artliche fürreissung von Mans vnd Weybsbildern Deßgleichen von Kindlein Thierlein vnd andern stucklein Allen liebhabenden Jungen dieser Kunst zum bessten an Tag geben Durch Jos Aman von Zürych. (Frankfurt a. M., Peter Schmid für Sigmund Feyrabend 1580, Faksimile Stuttgart, Müller u. Schindler, 1971). Titel mit Rollwerkumrahmung in Holzschnitt, 76 unnumerierte Bll. mit 93 Holzschnitten von Jost Amman. 4°. – Im gleichen Jahr erschien noch ein zweiter Teil mit 63 Holzschnitten von Amman. *Abb. 3*

Kyburz, Abraham, Historien- Kinder- Bet- u. Bilder-Bibel, Oder: Das Geheimnis der Gottseeligkeit und der Boßheit, In Löblichen und sträflichen Geschichten, In einem ordentlichen Zusammenhang nebst einfältigen Rand-Fragen. 6 Bde. Bd. 1–4; Augsburg, Pfeffel 1737–1746. Bd. 5: Basel, Eckstein 1758. Bd. 6: Bern, Brunner/Haller 1763. 6 Kupferstich-Frontispize und zahlreiche Textkupfer von Philipp Gottfried Harder, Jeremias Wachsmuth u. a. nach Catharina Sperling. 8°. *Abb. 30*

Lampart's Erstes lebendiges Bilderbuch mit beweglichen Figuren. Zur Belustigung für Kinder. Hanswurst's lustige Streiche. Acht Blätter nach Originalzeichnungen von Ed(uard) Ille. 5. Aufl. Augsburg, Lampart u. Comp. (um 1880). 8 kolorierte Lithographien mit Ziehbildern u. eingedrucktem Text. Illustrierter Original-Pappband m. Leinenrücken. 4°. – Hauswedell 666. *Abb. 143*

Lauckhard (Carl Friedrich), Die Welt in Bildern. Orbis pictus. Bilderbuch zur Anschauung und Belehrung. 5. Auflage. Mit über 600 colorirten Abbildungen. Leipzig, Ambr. Abel (1883). 3 Teile in 1 Bd. 148, 149, 204 S. Mit 92 kolorierten Stahlstich-Tafeln von Wilhelm Müller nach Theodor Neu. 4°. – Pilz S. 387. *Abb. 53*

(Lederer, Johann Georg), Der kleine Lateiner oder gemeinnützige Kenntnisse aus der Natur und Kunst in der Gestalt eines neuen lateinischen Lesebuchs für Kinder zur Bildung des Verstandes und Herzens durch das Gedächtnis. Mit Kupfern. 4. verb. Auflage. Nürnberg, A. G. Schneider u. C. Weigel 1802. X, 150 S. mit Frontispiz u. 46 weiteren kolorierten Kupfern. Klein-8°. – Wegehaupt 1253; Rümann 219; Rammensee 917; Pilz S. 341. *Abb. 48*

Lehnert, Johann Heinrich, Wanderungen im Gebiete deutscher Vorzeit. Eine Auswahl lehrreicher und angenehm unterhaltender Volkssagen, zunächst für die wissbegierige Jugend, herausgegeben von Johann Heinrich Lehnert, Prediger zu Falkenrehde bei Potsdam. Mit illuminirten Kupfern. Berlin, C. F. Amelang (1831). VIII, 296 S. (davon die letzten 4 S. Verlagsanzeigen). Mit 7 kolorierten Kupfern von W. Linger. Klein-4°. *Abb. 214*

Leske, Marie, Illustriertes Spielbuch für Mädchen. 1500 unterhaltende und anregende Belustigungen, Spiele und Beschäftigungen für Körper und Geist, im Freien sowie im Zimmer. Nebst einem Anhange: 500 Allerlei Kurzweil und kurzweiliges Allerlei für jung und alt. Zur geselligen Unterhaltung an langen Winterabenden. 10. Auflage. Mit über 600 Text-Abbildungen, 5 Buntdruckbildern, einem Schnittmusterbogen in Mappe sowie einem Titelbilde. Leipzig u. Berlin, Otto Spamer 1886. 2 Bll. 416 S. Illustrierter Original-Halbleinenband. 8°. – Das Illustrierte goldene Kinderbuch. 3/III. *Abb. 87*

Lewin-Dorsch, Eugen, Die Dollarmännchen. Acht Märchen. Berlin, Malik Verlag (1928). 70 S. m. 8 Lithographien u. zahlreichen Vignetten v. Heinrich M(aria) Davringhausen. Illustrierter Original-Pappband. 4°. – Die Märchen der Armen 2. *Abb. 197*

Lichtwer, M(agnus) G(ottfried), Auserlesene verbesserte Fabeln und Erzählungen in zweyen Büchern. (Hrsg. v. Karl Wilhelm Ramler). Greifswalde u. Leipzig, Johann Jacob Weitbrecht 1761. Titel, 3 Bll. 136 S. Gestochene Titel-Vignette von (Carl) Crusius u. zahlreiche Holzschnitt-Vignetten im Text. 8°. *Abb. 208*

Liedersammlung für Kinder und Kinderfreunde am Clavier. Winterlieder. (Hrsg. v. Placidus Partsch. Komponiert von Wenzel Müller, Wanhal, Franz Fraundorffer, Karl Ferdinandi, Leopold Hoffmann, Johann Henneberg, J. Stephan, Josef Schmidt, M. Muller und vom Herausgeber. Texte von Christian Weiße, Joseph Wührer, Matthias Claudius, Overbeck, Stolberg und Hölty.) Wien, Ignaz Alberti k. k. Priv. Buchdrucker 1791. Titel mit Kupferstichvignette von Cl. Kohl nach Ch. Sambach. 30 Bll. mit Noten und Text. Quer-4°. *Abb. 155*

Der listige Reineke Fuchs. Das ist: Ein sehr Nutzliches Lust- und Sinn-reiches Büchlein, Darinnen auf verblümte, jedoch löbliche Schreib-Art, unter den Namen des Löwen, Bären, Fuchses, Wolffes, etc. Das Hof- wie auch aller Stände der Welt Leben und Wesen, sowohl nach ihren Tugenden, als auch insonderheit nach denen darinn vorfallenden Lastern, mecklich beschrieben und gleichsam mit lebendigen Farben bezeichnet wird. Zuvor niemals also gedruckt. Ohne Ort, Drucker u. Jahr (um 1670). 351 S. Titel in Rot- und Schwarzdruck mit Holzschnitt-Vignette, zahlreiche Holzschnittvignetten im Text. 8°. *Abb. 207*

Löhr, J(ohann) A(ndreas) L. (Christian), Das Fabelbuch für Kindheit und Jugend. Neue, vermehrte Auflage (3. Auflage, hrsg. v. Christian August Lebrecht Kästner). Leipzig, Carl Cnobloch (1824). XVI, 408 S. Mit Titelvignette und 15 kolorierten Kupferstichen von Rosmäsler. Klein-8°. – Wegehaupt 1293/94; Rümann 228; Hauswedell 779 (alle 1. bzw. 2. Auflage). *Abb. 198*

Löhr, J(ohann) A(ndreas) C(hristian), Tändeleyen und

Scherze für unsere Kinder. Erstes Bändchen, Mit acht Kupfern. Leipzig, Gerhard Fleischer d. J. (1805). VI, 146 S. Gestochener Titel mit Vignette und 8 kolorierte Kupfer von Rosmäsler. Illustrierter Original-Pappband. 4°. – Ein 2. Bd. erschien 1808. – Rümann 233; Hauswedell 785. *Abb. 219*

Löhr, Johann Andreas Christian, Der Weihnachtsabend in der Familie Thalberg. Für Kinder beschrieben. Mit 15 Kupfern. Leipzig, Gerhard Fleischer (1805). IV, 133 S. u. 15 kolorierte Kupfer (nach Rosmäsler?). Quer-8°. – Wegehaupt 1309; Rümann 229; Hauswedell 786. *Abb. 218*

Lossius, Caspar Friedrich, Moralische Bilderbibel mit Kupfern nach Schubertschen Zeichnungen und mit Erklärungen von Kaspar Friedrich Lossius, Diakonus an der Prediger-Kirche zu Erfurt und Mitglied der dasigen Akademie nützlicher Wissenschaften. Gotha, Justus Perthes 1805–1812. 5 Bde. mit je 15 (Bd. 1 mit 14) Kupfern von Boettger und Darnstedt nach Johann David Schubert. 8°. – Wegehaupt 1332. *Abb. 35*

Loth, Johann, Der erste Unterricht meiner Tochter; Ein ABC Buch, Dem zartesten Kindesalter gewidmet. Prag, Kretzschmar (1844). 25 Bll. Lithographien in Schwarz- und Golddruck, teilweise koloriert. Quer-4°. *Abb. 17*

Lucas, Agnes, Puppenmütterchens Nähschule. Eine Puppengeschichte, zugleich eine Anleitung, nach welcher junge Mädchen ihre Puppenkleider selbstständig herstellen können. 2. Auflage. Ravensburg, Otto Maier (um 1900). 70 S. m. 8 Farbtafeln u. 9 Abbildungen im Text, 3 Bll. Verlagsanzeigen. Illustrierter Original-Pappband mit Leinenrücken. 8°. *Abb. 86*

Lütje, J(ulius), Die Struwwel-Liese oder lustige Geschichten und drollige Bilder für Kinder. Zeichnungen von F. Maddalena. 70. Auflage. Hamburg, G. Fritzsche (um 1910). 23 Bll. mit farbigen Illustrationen. Illustrierter Original-Pappband m. Leinenrükken. 4°. *Abb. 136*

Das Lutherbüchlein oder Dr. Martin Luthers Leben durch Schrift und Bild dargestellt. Leipzig, Baumgärtner 1840. 32 S. mit 11 kolorierten Lithographien. Klein-quer-8°. *Abb. 36*

Lyser, J(ohann) P(eter) (d. i. Ludwig Peter August Burmeister), Abendländische Tausend und eine Nacht oder: Die schönsten Mährchen und Sagen aller europäischen Völker. Zum ersten Male gesammelt und neu bearbeitet. Mit 30 Bildern nach Originalzeichnungen des Herausgebers. Meissen, F. W. Goedsche (1838/39). 15 Bde. m. je 2 Abt. u. 30 lithographierten Titelbildern. Klein-4°. – Wegehaupt 1351; Rümann, Illustrierte Bücher 1263; Hauswedell 797. *Abb. 178*

Lyser, J(ohann) P(eter) T(heodor) (d. i. Ludwig Peter August Burmeister), De Swienegel als Wettrenner. Ein plattdeutsches Märchen. Neu illustrirt und mit einem Nachwort versehen. Hamburg, Hoffmann u. Campe (1853). 28 S. Mit 10 Holzschnitten nach Lyser. 12°. – Rümann 241. *Abb. 210*

Männlein, Männlein wandle dich! 8192 verschiedene Männlein. Für Kinder von 5–75 und darüber. Farbige Illustrationen von Walter Trier. (Esslingen, J. F. Schreiber um 1930.) 16 Farbtafeln, dreifach quergeteilt, in Spiralheftung. Illustrierter Original-Pappband. 8°. *Abb. 152*

Das Märchen vom gestiefelten Kater, in den Bearbeitungen von Straparola, Basile, Perrault und Ludwig Tieck. Mit zwölf Radierungen von Otto Speckter. Leipzig, F.A. Brockhaus 1843. X, 112 S. Lithographierter Titel, 12 Radierungen. 4°. – Wegehaupt 1359; Rümann 246; Rümann, Illustrierte Bücher 2498; Seebaß 1210; Hauswedell 805; Ehmke 22. *Abb. 182*

Das Märchenbuch vom Jungbrunnen. Bd. 1 mit Märchen von den Gebrüdern Grimm, Ludwig Bechstein, Hans Christian Andersen und J. K. August Musäus. Illustriert von Franz Stassen, Bernhard Wenig, Maximilian Dasio und Georg A. Strödel. Berlin, Fischer u. Franke (1900). 4 Teile mit farbigen Zwischentiteln in 1 Band. Durchgehend reich illustriert. Einbandillustration von Georg Barlösius. 4°. *Abb. 5*

Mannigfaltiges Bilder- und Lese-Buch zum Nutzen und Vergnügen für die Jugend. Mainz, Philipp Jacob Döring (um 1820). 2 Bll. 56 S. 1 Bl. XVI S. mit 20 Kupfern auf 10 Tafeln von (Johann Benedikt) Wunder. Klein-8°. – Rümann 46; Hauswedell 203a. *Abb. 222*

Mathesius, Johann, Ein Wiegenlied für gotselige Kindermeidlein, vnd andere Christliche personen, so der lieben Kindlin warten. Ein kinder Joseph, nicht in der Kirchen, sondern im Hause zu singen. Nürnberg, Friedrich Gutknecht (1548). 4 Bll. mit Titelholzschnitt (Frau mit Wiege). 12°. *Abb. 154*

(Mattsperger, Melchior), Geistliche Herzens-Einbildungen (erster und anderer Theil) Inn (je) Zweihundert und Fünfzig Biblischen Figur-Sprüchen angedeutet. Allen andächtigen Herzen u. der Tugent-liebenden Jugent zu einer Gottseligen Belustigung. Augsburg, Bodenehr 1684 ff. 2 Teile in 1 Band mit insgesamt 501 Abbildungen auf 167 Kupfertafeln von Hanns Georg Bodenehr nach Melchior Mattsperger. Quer-4°. – Rümann 247; Seebaß 1236; Hauswedell 816 ff. *Abb. 39*

Maukisch, Heinrich Eduard, Das Jagen und Fangen, Zähmen und Abrichten der Thiere. Ein Bilder- und Lesebuch zur Unterhaltung und Belehrung in der Naturgeschichte und Völkerkunde nebst einem Anhange unterhaltender und merkwürdiger Begebenheiten aus der Thierwelt für die Jugend. Mit 55 fein kolorirten Abbildungen auf 7 Kupfertafeln. 2. Auflage. Nürnberg, Lotzbeck (1853). IV, 60 S. kolorierte Kupferstichfrontispiz u. 6 weitere kolorierte Kupfertafeln. Quer-klein-2°. – Wegehaupt 1382 (1. Auflage 1837); Rammensee 1056 u. 1057 (andere Auflagen). *Abb. 57*

Maukisch, (Heinrich) Ed(uard), John Ross zweite Entdeckungsreise nach den Gegenden des Nordpols für die Jugend bearbeitet. Mit 6 Kupfern u. 1 Karte. Leipzig, Fischer u. Fuchs (1836). 430 S. lithographierter Titel, Frontispiz in kolorierter Lithographie und 5 weitere kolorierte Lithographien von A(lbert) Schule, 1 lithographierte Faltkarte. Illustrierter Original-Pappband. Klein-8°. – Wegehaupt 1383; Seebaß 1237. *Abb. 249*

Meggendorfer, Lothar, Bubenstreiche. Ein Verwandlungsbilderbuch. Esslingen, J. F. Schreiber (1899). 6 farbige Tafeln (mehrmals quer durchgeschnitten u. von weiteren 6 Tafeln jalousieartig unterlegt) Text a. d. Rückseite u. 3 S. illustrierter Text. Illustrierter Original-Pappband m. Leinenrücken. 2°. – Krahé 25. *Abb. 151*

Meggendorfer, Lothar, Internationaler Circus. Ein Bilderbuch zum Aufstellen mit mehr als 450 größtenteils ausgeschnittenen Einzelfiguren. Esslingen u. München, J. F. Schreiber 1887. 8 farbige Tafeln auf Karton zum Aufstellen im Halbrund, davor je 3 ausgeschnittene Szenerien, die sich aufstellen. Illustrierter Original-Pappband. 2°. – Krahé 72. *Abb. 153*

Meigen, J(ohann) W(ilhelm), Handbuch für Schmetterlingsliebhaber, besonders für Anfänger im Sammeln. Von J. W. Meigen, Mitglied verschiedener naturforschender Gesellschaften. Mit 16 Steintafeln. Aachen, LaRuelle u. Destez 1827. III, 248 S. lithographierter Titel u. 16 lithographierte Tafeln. Illustrierter Original-Pappband. 8°. *Abb. 80*

Meissen, Conny, Das Männchen. Ohne Ort u. Verlag 1922. 20 Bll. m. handgeschriebenem (faksimiliertem) Text u. kolorierten Illustrationen. Illustrierter Original-Pappband. 8°. Eines v. 46 Exemplaren. *Abb. 123*

Melodien zu Dr. Heinrich Hoffmanns Struwwelpeter. Zusammengestellt von Andreas Hußla, Kaiserl. russischer Kapellmeister a. D., Frankfurt a. M. Literarische Anstalt Rütten u. Loening (um 1900). 16 S. Illustrierter Original-Pappband. 4°. – Seebaß 937; Hauswedell 636. *Abb. 131*

Der Mensch und die Elemente, dargestellt in Bildern und Erzählungen für die reifere Jugend. Kempten, Tobias Dannheimer 1846. 2 Bll. 142 S. 13 kolorierte Lithographien. 4°. – Hauswedell 838. *Abb. 67*

Miris (d. i. Franz Bonn), Der pädagogisch verbesserte Struwwelpeter. Frei nach H. Hoffmann. Illustriert von Adolf Oberländer. München, Braun u. Schneider 1880. 31 S. 8°. *Abb. 139*

Moralische Lese Übungen. Ein nützliches Geschenk für junge Leute beiderley Geschlechts, von 10 bis 15 Jahren, mit 12 auf den Text gerichteten Kupfern. Stuttgart. Ebner'sche Kunsthandlung (1805). Gestochener Titel v. I. G. Löffler, 132 S. u. 12 Kupfertafeln. Quer-8°. *Abb. 224*

Müchler, Karl (Friedrich), Der kleine Fabelerzähler. Enthaltend achtzig Fabeln und Erzählungen. Mit acht illuminirten Kupfern. Berlin, Hasselberg (1825). VI, 122 S. Mit 8 kolorierten Radierungen. Illustrierter Original-Pappband. 12°. *Abb. 213*

Müller, Heinrich, Bitte! Bitte! liebe Mutter! lieber Vater! guter Onkel! beste Tante! schenke mir dies allerliebste Buch mit den schönen ausgemalten Kupfern und den vielen hübschen Erzählungen. Ein verbessertes ABC- und Lesebuch nach Pestalozzi's und Stephani's Lehrmethode von Heinrich Müller, Pastor in Wollmirsleben. Mit ausgemalten Kupfern und den interessantesten, den Fassungskräften des Kindes angemessenen Erzählungen. 6. verb. Auflage. Hamburg, Herold (1841). VIII, 184 S. Gestochenes Frontispiz, 2 Tafeln m. je 12 Kupfern zum Alphabet u. 2 Tafeln m. 4 Kupfern zu den Erzählungen. Illustrierter Original-Pappband. 8°. – Wegehaupt 1472; Hauswedell 872. *Abb. 229*

Müller, H(einrich), Des Knaben von Neapel Gefahr und Rettung. Oder Reiseabentheuer von Rom nach Tibet. Ein Lehr- und Sittenbuch für die Jugend beiderlei Geschlechts von 10 bis 14 Jahren von Pastor H. Müller. Verfasser des: Bitte, bitte! Jugend und Tugend u. m. a. Mit 6 col. Kupfern. Leipzig, Ch. C. Krappe (1838). 1 Bl. 248 S. 1 Bl. Verlagsanzeigen. Gestochener kolorierter Titel, koloriertes Kupferstichfrontispiz und 4 weitere kolorierte Kupfer. Illustrierter Original-Pappband. Klein-8°. – Rümann 256. *Abb. 236*

Müller, H(einrich), Vater Beresfort's naturhistorische Unterhaltungen mit seinen Söhnen über die Wunder, die Pracht und den Nutzen der Meteore. Anleitung zur Betrachtung und Kenntniß großer, mächtiger, freundlicher und ergötzlicher Naturerscheinungen von Pastor H. Müller, Verfasser des Bitte! Bitte! Owin und Elima. Jugend und Tugend. Mit 1 colorirten Titelkupfer. Leipzig, Ch. C. Krappe (1837). IV, 224 S. m. koloriertem Kupferstichfrontispiz v. A(lbert) Schule. 8°. – Wegehaupt 1484. *Abb. 55*

Müller, H(einrich), Die Wunder der Natur und die Wunderwerke der Welt, oder Vater Brissons Unterhaltungen mit seinen Kindern über Natur- und Kunstmerkwürdigkeiten. Ein physikalisches und belehrendes Bilderbuch. Hrsg. von H. Müller, Prediger in Wollmirsleben, Ritter. Mit 32 colorirten Abbildungen. Hamburg, Herold (1831). IV, 116 S. mit 24 Abbildungen auf 4 kolorierten Kupfertafeln. Illustrierter Original-Pappband. Klein-8°. – Wegehaupt 1487. *Abb. 61*

Münchener Fibel. Erstes Lesebuch für die Volksschulen Münchens. Herausgegeben im Auftrage der Lokalschulkommission. München, Schnell (1906). 79 S. mit zahlreichen farbigen Illustrationen von Adolf Hengeler. Illustrierter Original-Leinenband. 8°. *Abb. 23*

Musäus, J(ohann) K(arl) A(ugust), Volksmährchen der Deutschen. Prachtausgabe in einem Bande. Hrsg. von

Julius Ludwig Klee. Mit Holzschnitten nach Originalzeichnungen von R. Jordan, G. Osterwald, L. Richter, A. Schröder. 3. illustr. Prachtausgabe. Leipzig, Gustav Mayer 1847. XVI, 654 S. 1 Bl. 4°. – Wegehaupt 1509; Rümann, Illustrierte Bücher 2051; Hoff-Budde 156. *Abb. 183*

Musäus Volks-Mährchen, Für die reifere Jugend neu bearbeitet von Franz Hoffmann. Mit 8 colorirten Kupfern (von Peter Carl Geißler) in Braundruck, gedruckt in Carl Mayer's Kunst-Anstalt in Nürnberg. Stuttgart, Schmidt u. Spring 1848. IV S. 1 Bl. 398 S. 2 Bll. Verlagsanzeigen. Klein-8°. – Seebaß 1335; Hauswedell 913. *Abb. 175*

Musäus, J(ohann) K(arl) A(ugust), Die Nymphe des Brunnens. Text bearbeitet von Hans Fraungruber. Bilder von Ignaz Taschner. Wien u. Leipzig, Martin Gerlach u. Co. (1902). 50 S. Original-Leinenband. Klein-4°. – Gerlach's Jugendbücherei 11. *Abb. 191*

Nassauer, Max, Der gute Doktor. Ein nützlich Bilderbuch für Kinder und Eltern. Bilder von Hellmut Maison. 6. Auflage. München, Braun u. Schneider (um 1920). 31 S. m. 14 Farbtafeln. Illustrierter Original-Pappband m. Leinenrücken. 2°. *Abb. 141*

(Neolitzky, Geschwister), Der Aegyptische Struwwelpeter. 999. Auflage. Wien, Carl Gerold's Sohn (1895). 16 Bll. mit farbigen Illustrationen. Illustrierter Original-Pappband mit Leinenrücken. 4°. *Abb. 138*

Neue ABC Tafeln nach Pestalozzi Lehrart. Mit Kupfern geziert. Nürnberg, Schneider u. Weigel (um 1800). 16 S. 14 Kupferstiche und 1 Falttafel von Kellner. Klein-8°. – Rammensee 69. *Abb. 9*

Neuer Lust-Weg zum Ziel nützlicher Künste und Wissenschaften. Ein unterhaltendes Lehrbuch für Zöglinge aus dem Kindesalter, um ihnen durch bildliche Vorstellungen die Erlernung des A, b, c, Buchstabirens, Lesens und Schreibens, sowohl in deutscher als in lateinischer Sprache, zu einer Spielbeschäftigung zu machen, u. dadurch auf die angenehmste Weise zu erleichtern. Mit emblematischen Kupferstichen und Erklärungen derselben in vier verschiedenen Sprachen. Nürnberg, Christoph Weigel (um 1810). 3 Teile in 1 Bd. Frontispiz, Titel und 51 Bll. mit drei Zwischentiteln in Kupferstich (teils figürliche Darstellungen, teils Alphabet). Klein-8°. – Rümann 238 u. Rammensee 958–60 (andere Ausgaben); Hauswedell 28. *Abb. 8*

Neuester orbis pictus für die Jugend Oder lehrreiche und unterhaltende Bilderschau von Gegenstaenden aus der Natur, der Kunst und dem Menschenleben, mit beigefügter Erklärung in deutscher, französischer, italienischer und englischer Sprache. 24 fein ausgemalte Folio-Tafeln mit entsprechenden Randverzierungen nach Original-Zeichnungen von P(eter) C(arl) Geissler. Nürnberg, C. H. Zeh'sche Buchhandlung 1842, 24 kolorierte Lithographien u. 24 Textbll. 2°. – Rammensee 496; Pilz S. 375. *Abb. 43*

Neuestes Pfefferkuchen-ABC für artige Kinder. 30 feine Farbdruckbilder mit lustigen Reimen. Stuttgart, Wilhelm Effenberger (A. Loewe's Verlag), (1887). Mit 30 Farblithographien. Orig.-Leinenband in Gestalt eines mandelbesetzten Lebkuchens. Klein-8°. *Abb. 22*

Die Nibelungen, dem deutschen Volke wiedererzählt von Franz Keim. Bilder und Ausstattung von C(arl) O(tto) Czeschka. Wien u. Leipzig. Gerlach u. Wiedling 1924. 67 S. Klein-4°. – Gerlach's Jugendbücherei 22. *Abb. 216*

Normann, F(riedrich) G(ustav), Die Thurmuhr eine Rechen-Fibel für kleine Kinder zur Erkennung der Uhr, Erlernung der Zahlen u. practisch. Entwickelung der ersten Begriffe der Rechen-Kunst in Bildern und Reimen. Berlin, Plahn'sche Buchhandlung (I. Nitze), (1841). Titel und 26 kolorierte Lithographien nach Friedrich Gustav Normann. Illustrierter Original-Pappband mit Leinenrücken. Quer-8°. *Abb. 45*

Nürnberger Puppenstubenspielbuch. Mit Bildern von Else Wenz-Viëtor. 2. verb. Auflage. Oldenburg, Stalling (1921). 5 farbige illustrierte Papptafeln mit Einsteckschlitzen für Figuren und Gegenstände. Illustrierter Original-Pappband m. Leinenrücken. Quer-2°. – Nürnberger Bilderbücher 1a. *Abb. 148*

Ostini, Fritz v., Der kleine König. Ein Märchen zu zwölf Bildern von Hanns Pellar. München, Georg W. Dietrich (1909). 24 S. und 12 Tafeln in zwölffarbiger Lithographie nach Hanns Pellar. Illustrierter Pappband mit Leinenrücken. Quer-4°. *Abb. 193*

(Oswalt, H.), Der kleine A-B-C-Schütz; Lustiges Bilder-Alphabet. Frankfurt a. M., Literarische Anstalt Rütten u. Loening (1874). 26 Bll. mit kolorierten Holzstichen. Quer-4°. *Abb. 16*

Panorama. Ein Bilderbuch für kleine Kinder (Einbandtitel). Neuhaldensleben, C.A. Eyraud (1831). 14 Bll. mit 14 kolorierten Lithographien. Illustrierter Original-Pappband mit Leinenrücken. Quer-8°. – Hauswedell 955. *Abb. 109*

Pflanz, J(oseph) A(nton), Die Natur in Bildern. Ein belehrendes und unterhaltendes Bilderbuch zum Behufe einer naturgemäßen Entwicklung und Bildung des Verstandes und Gemüthes der Kinder. Mit sehr vielen Scenen aus der Natur, und 350 Abbildungen einzelner naturhistorischer Gegenstände. 2. Auflage. Stuttgart, Hallberger (1842). 2 Teile in 1 Bd. VIII, 52 S. 1 Bl. 92 S. 28 kolorierte Tafeln in Lithographie. 4°. – Wegehaupt 1688; Hauswedell 961. *Abb. 56*

Phantasus. Tausend und Ein Mährchen. Vom Verfasser der grauen Mappe (d.i. Johann Christoph Haken). Berlin, Johann Gottfried Braun 1802. 2 Bde. XVI, 647 S. m. Titelkupfer u. Titelvignette v. Fr. Bolt, u. 520 S. 1 Vignette v. Fr. Bolt. 8°. *Abb. 177*

Pocci, Franz, Geschichten und Lieder mit Bildern als Fortsetzung des Festkalenders. München, Literarisch-artistische Anstalt (1841–1845). 3 Bde. Bilder und Text lithographiert. 8°. – Wegehaupt 1702 (Bd. 2); Rümann 269; Rümann, Illustrierte Bücher 1606; Seebaß 1445; Hauswedell 976; Pocci (Enkel) 133, 166, 188. *Abb. 159*

Pocci, Franz, Lustige Gesellschaft. Bilderbuch. München, Braun u. Schneider 1867. 59 S. m. kolorierten Holzschnitten. Illustrierter Original-Pappband. Quer-4°. – Rümann, Illustrierte Bücher 1612; Seebaß 1450; Hauswedell 979; Pocci (Enkel) 494. *Abb. 117*

Pocci, Franz, Schattenspiel. München, Literarisch artistische Anstalt (1847). 29 Bll. m. lithographierten Silhouetten u. Versen. Quer-Klein-4°. – Rümann, Illustrierte Bücher 1619; Pocci (Enkel) 223; Hauswedell 981. *Abb. 116*

Poscharsky, Christian Friedrich, Die kleinen Gärtner, oder Gartenbeschäftigungen für Kinder, enthält einen deutlichen Unterricht, wie Kinder einen kleinen Garten anlegen, behandeln und abwarten können, ohne dabey einen Gärtner zu Hülfe zu nehmen, herausgegeben von Christian Friedrich Poscharsky, Kunstgärtner in Dresden. Pirna, Carl August Friese 1810. IV, 143 S. 2 kolorierte Kupfer v. T.J. Beyer. Klein-4°. – Wegehaupt 1713. *Abb. 72*

Praetorius, Johannes, Bekannte und unbekannte Historien von dem abenteuerlichen und weltberufenen Gespenste dem Rübezahl. Leipzig, Insel-Verlag 1920. 134 S. m. 26 Holzschnitten. 4°. – Sarkowski 1263. *Abb. 204*

The Progress of Man. Neuer englischer Orbis Pictus oder Die Geschichte des Menschen und menschlichen Gesellschaft in Bildern zur Belehrung und Unterhaltung der Jugend. Mit Kupfern. Leipzig, J. G. Baumgärtner (um 1800). IV, 42 S. Gestochenes Titelblatt u. 15 weitere kolorierte Kupfer. Klein-8°. – Rümann 276; Pilz S. 351. *Abb. 49*

Psalterium puerorum. (Venedig), Erhard Ratdolt (nicht nach 1486). 8 Bll. zu 22 Zeilen. Mit Holzschnitt-Titelbordüre in Rotdruck und Initialen. Rubrizierung und Foliierung (105-112) von der Hand Hartmann Schedels. Ursprünglich Beiband eines Sammelbandes. 4°. – Hain 13532. *Abb. 12*

Raff, Georg Christian, Naturgeschichte für Kinder. Mit vierzehn Kupfertafeln. 6. verb. Auflage. Nach des Verfassers Tode besorgt von D. F. A. A. Meyer. Göttingen, Dieterich 1793. XV. 627 S. 6 Bll. 14 Kupfertafeln v. E. Riepenhausen. 8°. – Wegehaupt 1732. *Abb. 54*

(Raspe, Rudolf Erich), Wunderbare Reisen zu Wasser und Lande, Feldzüge und lustige Abenteuer des Freiherrn von Münchhausen, wie er dieselben bei der Flasche im Zirkel seiner Freunde selbst zu erzählen pflegt. Aus dem Englischen nach der neuesten Ausgabe übersetzt, hier und da erweitert, und mit noch mehr Kupferstichen gezieret. Herausgegeben von Gottfried August Bürger. 3. Auflage. Hamburg, Vollmer 1812. 150 S. 8 Kupfertafeln mit 16 Abbildungen v. E. Riepenhausen. Klein-8°. – Wackermann 1. 19; Seebaß 1320 (5. Auflage von 1834). *Abb. 246*

Reinick, Robert, ABC-Buch für kleine und große Kinder. Gezeichnet von Dresdner Künstlern. Mit Erzählungen und Liedern von Reinick und Singweisen von Ferd. Hiller. Leipzig, Georg Wigand 1845. 2 Bll. 96 S. Mit Holzschnitt-Titel nach Ludwig Richter und 26 Holzschnitten nach Eduard von Bendemann, Karl L. Ehrhardt, Julius Hübner, Ernst Oehme, Theobald v. Oer, Carl Peschel, Robert Reinick, Ludwig Richter, Ernst Rietschel und Otto Wagner. 4°. – Wegehaupt 1765; Rümann 285; Rümann, Illustrierte Bücher 1801 u. 1876; Hauswedell 64; Hoff-Budde 1151–1153. *Abb. 15*

Reinick, R(obert), Die Wurzelprinzessin. Ein Kindermärchen. Mit 8 Bildern nach Th(eobald) von Oer und R(obert) Reinick. Leipzig, Georg Wigand 1848. 36 S. m. 8 kolorierten Lithographien v. E. Hasse nach Reinick u. Oer. 4°. – Wegehaupt 1768; Hauswedell 1032; Rümann, Illustrierte Bücher 1808. *Abb. 172*

Reiser, Hans, Holdeguck und Dieterwackel oder Die Reise ins Wunderland. Eine lustige Erzählung wie sie Kinder gerne lesen. Mit schönen Bildern von Bruno Goldschmitt. Stuttgart u. Heilbronn, Walter Seifert 1921. 36 S. mit Farbillustrationen. Illustrierter Original-Pappband mit Leinenrücken. Groß-4°. *Abb. 242*

Reißbuch zu gutem unterricht der Jugendt (Kupfertitel). Theoria artis pictoriae, das ist: Reiß-Buch, bestehend in kunstrichtiger, leichter und der Natur gemässer Anweisung zu der Mahlerey: vermittelst der grundverständigen Abbildung, Aufreißung oder Verzeichniß aller Gliedmassen der Menschen u. Thiere, zu Behuf der lieben Jugend, lehrartig verfasst. (Typographischer Titel). Nürnberg, Paulus Fürst 1656. 8 Bll. 50 Kupfertafeln von Jacopo Palma. 2°. – Rammensee 1291 u. 1292 (Ausgaben von 1651 und 1700). *Abb. 70*

(Riedl, Christine Charlotte), Die kleine Köchin. Lindau, Stoffel u. Wachter 1854. 48 S. Illustrierter Original-Pappband. Klein-4°. *Abb. 84*

Rockstroh, Heinrich, Belustigungen für die Jugend beiderlei Geschlechts, durch Selbstanfertigung mannichfacher, leicht ausführbarer technischer Künsteleien und Spielwerke; faßlich dargestellt und auf die frühzeitige Erweckung des Kunstsinnes und Ausbildung der Geschicklichkeit in Handarbeiten berechnet. Berlin, Wilhelm Schüppel 1836. VIII, 52 S. m. 18 kolorierten Kupfern v. Steglich. Quer-8°. – Wegehaupt 1805. *Abb. 71*

Rockstroh, H(einrich), Der gestirnte Himmel oder Anweisung zur Kenntniß der Gestirne und der vorzüglichsten Sterne. Zur Belehrung und Unterhaltung für gebildete Leser besonders jüngeren Alters. Mit 40 erläuternden Kupfertafeln. Berlin, C. F. Amelang 1830.

IV, 428 S. gestochener Titel u. Frontispiz von G. W. Lehmann nach L. Wolf, 38 teils gefaltete Kupfertafeln. Klein-4°. – Seebaß 1634. *Abb. 60*

Rockstroh, Heinrich, Leichte Künsteleien zum Vergnügen und zum Nutzen für Kinder und Nichtkinder. Ein Buch mannigfaltigen Inhaltes. Mit sieben Kupfern. Berlin, Ludwig Wilhelm Wittich 1819. XVI, 271 S. koloriertes Titelkupfer u. 6 unkolorierte Kupfer. Klein-4°. *Abb. 75*

Rockstroh, Heinrich, Mechanemata oder der Tausendkünstler. Eine reichhaltige Sammlung leicht ausführbarer physikalischer Experimente und mathematischer, physikalischer, technischer und anderer Belustigungen. Zur Selbstbelehrung, so wie auch zur Unterhaltung im geselligen Kreise, für die Jugend und für Erwachsene. Berlin, C. F. Amelang (1831). XVI, 344 S. 3 Kupfer und 2 Faltkupfer. 8°. *Abb. 82*

Rollenhagen, Georg, Der Froschmäusler oder Geschichte des Frosch- und Mäusekriegs von Marx Hupfinsloch von Mauseloch (Georg Rollenhagen). Ein Volksbuch aus dem sechzehnten Jahrhundert. Für Volk und Jugend neu bearbeitet von Friedrich Seidel. Mit Illustrationen von A. Wiedemann. Langensalza, Schulbuchhandlung d. Th. L. V. 1861. IV, 139 S. m. zahlreichen Holzstich-Vignetten im Text. Illustrierter Original-Pappband. Klein-8°. *Abb. 209*

Romen, Hermann, Lieder- und Märchenschatz. Ein Buch für den Papa, die Mama, das Kind, die Amme und alle Kinderfreunde. Sammlung von Kinderliedchen, Mährchen, Spielen, Scherzen und Räthseln zur Lust guter Kinder auserlesen. Mit 12 colorirten Bildern. Wesel, Bagel (um 1850). 180 S. mit Titel, Frontispiz u. 10 Tafeln in Farblithographie. Illustrierter Original-Pappband. 8°. *Abb. 186*

Eine Sammlung auserlesener Gebeter und Lieder, zum Gebrauch der Jugend, sowohl zu Hause als auch in der Schule. Hrsg. von A. Henkel. Neumarkt, S. Henkel 1824. 2 Bll. 80 S. mit Holzschnittvignetten auf Titel und im Text. Illustrierter Original-Pappband. Klein-8°. *Abb. 34*

Saubertus, Johannes, Lese Büchlein, auß H. Schrifft, der lieben Jugend zum besten gedruckt (Kupfertitel). Lesebüchlein für kleine Kinder welche allbereit nunmehr im Lesen einen Anfang machen sollen (Gedruckter Titel). Nürnberg, Wolfgang Endter 1639. 125 S. m. Kupfern. 8°. – Rammsee 1322. *Abb. 29*

Scherer, Georg (Hrsg.), Funfzehn Radirungen aus den alten und neuen Kinderliedern. Besondere Ausgabe in großem Format. Leipzig, Gustav Mayer 1849. 15 Radierungen von Eugen Neureuther, Brennhäuser, Voltz, C. Stauber und Ludwig Richter nach Kaulbach, A. Kreling, Ludwig Richter, Eugen Neureuther, Moritz v. Schwind und C. H. Schmolze zu Volksliedern und Liedern von Pocci, Güll, Scherer u. a. (Texte auf Umschlag). 4°. – Wegehaupt 1883; Rümann, Illustrierte Bücher 1455. *Abb. 4 u. 162*

Schiefertafel-Bilder zu deutschen Kinder Liedern. nach Arnim, Brentano, Simrock u. A. Leipzig, Romberg (1851). Lithographierter Titel und 22 im Rand kolorierte Lithographien v. Eduard Wilhelm Engelmann u. a. Illustrierter Original-Pappband mit Leinenrükken. Quer-2°. – Rümann 301; Seebaß 1708; Hauswedell 1123. *Abb. 158*

Schiefertafel-Bilder zur nützlichen Selbstbeschäftigung der Kinder. (Heft 2 von 3). (Wesel, Bagel 1854). 8 Bll. Lithographien. Illustrierter Originalumschlag. Klein-8°. – Rümann 302. *Abb. 100*

(Schmid, Christoph v.), Die Ostereier. Eine Erzählung zum Ostergeschenk für Kinder und Kinderfreunde. Von dem Verfasser der Genoveva. Mit 6 Kupfern. Karlsruhe, Johann Velten 1835. 26 S. u. 6 lithographierte Tafeln. Groß-4°. – Wegehaupt 1946–1949 (andere Ausgaben); Hauswedell 1131. *Abb. 225*

Schmid, Christoph v., Zwey und fünfzig Bilder für die Jugendwelt in Original-Zeichnungen entworfen zur Bildung des Verstandes und Herzens als Versinnlichung der kleinen und lehrreichen Erzählungen des Christoph Schmid, Domdechant in Augsburg. 1. Jahrgang, gezeichnet und herausgegeben von J. M. Benz. Innsbruck, J. Grader (um 1830). 52 lithographierte Bll. mit Vignetten und Text in deutscher und italienischer Sprache. Illustrierter Original-Pappband. 2°. *Abb. 232*

Schmiedtgen, J(ohann) G(ottfried D(aniel), Erzählungen aus dem alten und neuen Testament. Für die Jugend. Neue mit Kupfern vermehrte Ausgabe. Leipzig, J. C. Hinrichs 1807. 2 Teile in 1 Bd. Mit 12 Steinradierungen von Thoenert (jeweils 6 kleine Darstellungen nach Bildern von Raffael, Rubens, Rembrandt, Poussin etc. auf einem Blatt). Illustrierter Original-Pappband. Klein-8°. *Abb. 32*

Ain schöne frag Vnd Antwurt den Jungen kündern. Zu underweysen, got zu erkennen, auch in anruffen, als ain vatter. Den junngen vast nützlich. (Augsburg, Melchior Ramminger) 1522. Titelblatt m. Holzschnitt-Randleisten u. 2 kleinen Holzschnitten. 6 Bll. 1 leeres Bl. 4°. – Rammensee 1193. *Abb. 27*

Schönlank, Bruno, Sonniges Land. Kindergedichte. Berlin, Cassirer 1920. 66 S. Illustrationen und Einband von George Grosz. Farbig illustrierter Original-Pappband mit Leinenrücken. Klein-4°. – Lang 14. *Abb. 167*

Schoppe, geb. Weise, Amalia, Hundert kleine Geschichten. Das allerliebste Buch für gute Kleine Kinder. Zur Erweckung des Gemüths und Bildung des Verstandes. Für Schule und Haus. Mit 50 colorirten Abbildungen. Berlin, C. F. Amelang (1836). 255 S. 1 S. Verlagsanzeigen. Mit koloriertem Kupferstichtitel u. Frontispiz sowie 6 weiteren kolorierten Kupfern von F. Tallnig. Klein-4°. – Rümann, Illustrierte Bücher 2299 (unter Scholz und Szczepanski). *Abb. 220*

Schoppe, geb. Weise, Amalia, Wilhelm und Elfriede oder die glücklichen Tage der Kindheit. Ein nützliches und unterhaltendes Lesebuch für gute Kinder, die eben so wohl Unterhaltung als Belehrung suchen. Leipzig, Taubert 1829. 174 S. Mit koloriertem Kupferstichtitel u. Frontispiz sowie 5 weiteren kolorierten Kupfern von Böttger nach Straßberger. Klein-4°. – Rümann, Illustrierte Bücher 2300 (unter Scholz und Szczepanski). *Abb. 227*

Schröder, Friedrich, Wilhelm's und Clara's Bilder-A-B-C-Buch. Die erste Stufe des Elementar-Unterrichts. Wesel, Bagel (um 1850). 16 Bll. mit Farblithographien. Illustrierter Original-Pappband. 8°. *Abb. 14*

Schultheiß, W. K., Aehrenlese auf dem Gebiethe des Nützlichen und Schönen für Knaben und Mädchen. Nürnberg, C. H. Zeh'sche Buchhandlung 1831. 94 S. Titel u. 6 Tafeln in koloriertem Kupferstich von Peter Carl Geißler. Illustrierter Original-Pappband. Quer-4°. – Rammensee 1405. *Abb. 20*

Schulz, J., Schreiblesebuch für den ersten Unterricht taubstummer Kinder. Mit 330 Versinnlichungsbildern. Erfurt, bei dem Verfasser und Keyser in Commission 1842. VIII, 120 S. in Lithographie, teils deutsche Schrift, teils kleine bildliche Darstellungen. 8°. *Abb. 52*

(Schummel, Johann Gottlieb), Kinderspiele und Gespräche. Erster (-dritter) Theil. Leipzig, Siegfried Lebrecht Crusius 1776–1778. XXVI, 292 S. 4 Bll. 342 S. VIII, 452 S. Jeder Teil mit gestochenem Frontispiz und Titelvignette, in Teil 1 von Daniel Chodowiecki. 8°. – Wegehaupt 2019; Seebaß 1776; Hauswedell 1177. *Abb. 77*

Schwab, Gustav, Buch der schönsten Geschichten und Sagen für Alt und Jung wieder erzählt von Gustav Schwab. Stuttgart, S. G. Liesching 1836–37. 2 Bde. Bd. 2 mit gestochenem Frontispiz von Weng nach Franz Fellner. 8°. – Wegehaupt 2020 (Bd. 2); Hauswedell 1180. *Abb. 201*

Schwitters, Kurt und Käte Steinitz, Die Märchen vom Paradies. Hannover, Apossverlag (1924). 31. S. mit Illustrationen. Original-Pappband mit typographischer Einbandgestaltung. 4°. *Abb. 194*

Schwitters, Kurt, Käte Steinitz und Theo van Doesburg, Die Scheuche. (Merz 14/15). Hannover, Apossverlag 1925. 12 S. Original-Pappband mit typographischer Einbandgestaltung. Quer-4°. *Abb. 195*

Sechzehn Bilder-Tafeln für den Anschauungs-Unterricht gezeichnet von Carl Wilke, Lehrer an der Königlichen Taubstummen-Anstalt zu Berlin. Berlin, G. Bormann (1839). 1 Bl. 16 Lithographien. Groß-quer-2°. *Abb. 97*

Seidmann-Freud, Tom, Buch der erfüllten Wünsche. Ein Bilderbuch. Potsdam, Müller u. Kiepenheuer 1929. 12 Bll. mit farbigen Illustrationen. Illustrierter Original-Pappband m. Leinenrücken. 4°. *Abb. 124*

Seidmann-Freud, Tom, Das Zauberboot. Ein Bilderbuch zum Drehen, Bewegen und Verwandeln (Das neue Wunderhaus). 7/11. Tsd. Berlin, Herbert Stuffer 1930. 6 Bll. m. farbigen Abbildungen (1 eingefügte Drehscheibe, 1 Ziehvorrichtung u. 2 Abdeckfolien). Illustrierter Original-Pappband m. Leinenrücken. Klein-4°. *Abb. 150*

Seifer, Robert, Kinderspiele. Ein Hülfsbuch zur kräftigen Beförderung des Frohsinns, der Unterhaltung, Gesundheit und Heiterkeit guter Knaben und Mädchen. Nach J. G. Ziehnert, etc. bearbeitet und zusammengestellt. Pirna, A. R. Friese (1832). VIII, 132 S. m. 12 z. T. kol. Radierungen. Klein-4°. *Abb. 74*

(Seiferheld, Georg Heinrich), Sammlung Electrischer Spielwerke für junge Electricer Erste (und) Zweyte Lieferung. Nürnberg u. Altdorf, George Peter Monath 1787–1788. 97 S. m. 4 Kupferstich-Falttafeln u. 76 S. m. 4 Kupferstich-Falttafeln. 8°. – Rammensee 1432 (2. Auflage); Seebaß 1686; Hauswedell 1194. *Abb. 76*

Seifried, Albert, 10 Neue Kinderlieder und Reigen. Mit Bildern von Leo Faller und Melodien von Ludwig Egler. Stuttgart, Thienemann (1930). 31 S. Illustrierter Original-Pappband. 4°. *Abb. 169*

Selchow, Felix (d. i. Johann Heinrich Meynier), Europa's Länder und Völker. Ein lehrreiches Unterhaltungsbuch für die gebildete Jugend. 2. verb. Auflage. Stuttgart, Macklot 1826. 3 Teile in 1 Bd. XII, 610 S. 18 kolorierte Kupfer. Klein-8°. – Wegehaupt 1411 (andere Ausgabe). *Abb. 63*

Seltsame Reisen und Abentheuer von Herrn Peter von Großmaul, Taufpathen Münchhausens. Von ihm selbst beschrieben. Mit vielen Vignetten. Peru (Wien, Tendler) u. Wien, Rehm in Commission 1812. 320 S. m. Kupferstich-Frontispiz und 9 weiteren Kupfertafeln. Klein-8°. – Wackermann 2. 26. *Abb. 245*

Spectaculum Naturae & Artium, in vier Sprachen, Deutsch, Lateinisch, Französisch und Italiänisch. Erste (–Zweyte) Lieferung. Berlin, George Ludewig Winter 1761–1765. 2 Bde. m. 51 Kupfern u. 48 Holzschnittvignetten von Johann Wilhelm Meil. 4°. – Rümann, Illustrierte Bücher 1094; Dorn 72–101, 150–169. *Abb. 41*

Sport und Spiel. Bilderbuch von K. F. von Freyhold. Köln, Schaffstein 1906. Titel u. 12 Bll. kolorierte Illustrationen. Illustrierter Original-Pappband m. Leinenrücken. Quer-4°. *Abb. 114*

Spring, A., Fritz Martens erste Seereise. Nach eignen Erlebnissen der Jugend erzählt von Kapitän A. Spring, Verfasser von ›Selbsterlebtes in Afrika‹. Mit 20 Textillustrationen u. 4 Farbenbildern nach Originalen von R. Hellgreve. Stuttgart, K. Thienemann (1900). 171 S. Illustrierter Original-Leinenband. 8°. *Abb. 251*

Stern, Fried, Der Robinson in Reim und Bild. Frankfurt a. M. Literarische Anstalt Rütten u. Loening (1916). 64 S. Mit zahlreichen, zum Teil kolorierten Abbildungen nach Zeichnungen des Verfassers. Illustrierter Pappband mit Leinenrücken. 2°. *Abb. 240*

Stern, Fried, Der Struwwelpeter von heute. Ein Bilderbuch für die Großen. Frankfurt a. M. F.A.C. Prestel 1914. 27 Bll. mit 12 Illustrationen von Fried Stern. Illustrierter Original-Pappband. 2°. – Der Text wurde mit der Feder geschrieben von Johann Friedrich Riese. *Abb. 140*

Stoy, J(ohann) S(igmund), Bilder-Akademie für die Jugend. Abbildungen und Beschreibungen der vornehmsten Gegenstände der jugendlichen Aufmerksamkeit – aus der biblischen und Profangeschichte, aus dem gemeinen Leben, dem Naturreiche und den Berufsgeschäften, aus der heidnischen Götter- und Alterthumslehre, aus den besten Sammlungen guter Fabeln und moralischer Erzählungen – nebst einem Auszuge aus Herrn Basedows Elementarwerke. In 54 Kupfertafeln und 2 Bdn. Erklärungen hrsg. Nürnberg, bei dem Verfasser 1784. Mit 54 Kupfertafeln von Johann Rudolf Schellenberg, Johann Georg Pentzel, Carl Christian Glassbach, Johann David Schleuen, Ephraim Krüger und Bock nach Daniel Chodowiecki u. a. Quer-Groß-4°. – Wegehaupt 2096; Rümann 330; Hauswedell 1238; Pilz S. 337; Rammensee 1476. *Abb. 47*

Süs, Gustav, Hähnchen Kikeriki! Eine Historia zum Nutzen u. Frommen der lieben Jugend. In Bild und Reim. Berlin, Winckelmann u. Söhne (1853). Titel u. 12 Bll. m. 25 kolorierten Lithographien mit Tonplatte. 4°. – Rümann 154; Rümann, Illustrierte Bücher 2585; Hauswedell 1253; Semrau 4. *Abb. 107*

Süs, Gustav, Die Mähr von einer Nachtigall, Mit ihrem Frühlingszauberschall, In dunklen grünen Zweigen! Braunschweig, Fr. Vieweg u. Sohn 1857. 19 S. Holzstich-Titel u. 15 halbseitige Holzstiche mit Tonplatte. Illustrierter Original-Pappband m. Leinenrücken. 4°. – Rümann 2591; Seebaß 1910; Hauswedell 1254; Semrau 13. *Abb. 105*

(Swift, Jonathan), Des weltberühmten Schiffcapitains Lemuel Gulliver's Reisen nach Lilliput, Brobdignak und anderen wundervollen Ländern. Zur Unterhaltung der Jugend neu bearbeitet (von Johann Heinrich Meynier). Zweite verb. Auflage. Nürnberg, Friedrich Campe 1823. XII, 338 S. Koloriertes Kupferstich-Frontispiz und 3 kolorierte Kupfer. Klein-8°. – Rammensee 1500 (1. Ausgabe von 1821). *Abb. 234*

Tausend und eine Nacht. Arabische Erzählungen. Zum Erstenmale aus dem arabischen Urtext übersetzt von Dr. Gustav Weil. Hrsg. und mit einer Vorhalle von August Lewald. Mit 2000 Bildern und Vignetten von F. Groß. Stuttgart, Verlag der Klassiker (ab Bd. 2: Pforzheim, Denning, Finck u. Co.) 1838–1841. 4 Bde. 4°. *Abb. 179*

Teutsche Kinder Tafel. Anfang des Christenlichen Glaubens vnd Teutscher sprach, wie sie die jungen kinder in den teütschen schulen lernen sollen. L.C.V.C. Nürnberg, Gutknecht 1534. 12 Bll. 8°. – ABC-Bücher des 15., 16. u. 17. Jahrhunderts. In originalgetreuen Neudrucken hrsg. v. Heinrich Fechner. Berlin, Wiegand u. Grieben 1906. – Rammensee 729. *Abb. 26*

Thalheim, Louise, Der Kindermund, illustrirt und auf Stein gezeichnet von Louise Thalheim, Verfasserin von Sing-Sang, Wischwasche Plaudertasche, Liederborn. (Berlin), Plahn (Henri Sauvage), (1863). 20 Bll. kolorierte Lithographien mit Text. Illustrierter Original-Pappband mit Leinenrücken. 4°. – Semrau 7. *Abb. 164*

Trachten der Völker für Kinder. Costumes des differentes nations à l'usage de la jeunesse. Wien, H. F. Müller (um 1840). 1 Bl. 96 S. Mit 48 kolorierten Abbildungen auf 8 Kupfertafeln. 8°. *Abb. 65*

Verne, Jules, Robur der Flieger. Eine Erzählung für die reifere Jugend. Deutsch von Paul Heichen. Illustriert von M(ax) Wulff. Berlin, A. Weichert (1912). 223 S. mit 4 Farbtafeln und zahlreichen Abbildungen im Text. Illustrierter Original-Leinenband. 8°. *Abb. 254*

Verne, Jules, Zwanzigtausend Meilen unter'm Meer. Mit 114 Illustrationen. Wien, Pest u. Leipzig, A. Hartleben 1874. 462 S. mit Holzstichen. Illustrierter Original-Leinenband. 4°. – Bekannte und unbekannte Welten. Abenteuerliche Reisen von Julius Verne 4/5. *Abb. 253*

Das Vogel-ABC in 52 Bildern. Darmstadt 1920. 54 kolorierte Lithographien von F(riedrich) W(ilhelm) Kleukens. Illustrierter Original-Pappband. 4°. – Erster Ratio-Druck in 110 numerierten und von Kleukens signierten Exemplaren. – Hauswedell 93. *Abb. 24*

Waldis, Burkhard, Esopus Gantz neuw gemacht, vnd in Reimen gefaßt. Mit sampt Hundert neuwer Fabeln, vormals im Druck nicht gesehen, noch außgegangen. Durch Burcardum Waldis. Frankfurt a. M. Georg Rab und Weygand Han Erben 1565. 6, 360, 8 Bll. Titel in Rot- u. Schwarzdruck m. Holzschnittvignette v. Virgil Solis. Klein-8°. – Wegehaupt 2201 (Ausgabe 1555) Hauswedell 97. *Abb. 206*

Des weltberühmten Niclas Klim höchst merkwürdige Reisen und Abentheuer in einer ganz neuen Welt. Zur Unterhaltung der Jugend neu bearbeitet. Nürnberg, Friedrich Campe 1824. IV, 291 S. Koloriertes Kupferstich-Frontispiz und 3 kolorierte Kupfer. Klein-8°. – Wegehaupt 2260; Rammensee 1137 (2. Auflage, bearbeitet von G. E. Jerrer, d. i. J. H. Meynier). *Abb. 235*

Wie Auguste und Wilhelmine ihre Puppe erzogen. Von einer Kinderfreundin. Mit acht Kupfern. Berlin, J. G. Hasselberg (1837). 126 S. m. 8 kolorierten Radierungen. Illustrierter Original-Pappband. Klein-4°. – Hauswedell 133. *Abb. 73*

Wilde, Oscar, Die Erzählungen und Märchen. Übersetzt von Franz Blei und Felix Paul Greve. Illustrationen und Buchschmuck von Heinrich Vogeler-Worpswede. 133/140. Tsd. Leipzig, Insel-Verlag 1926. 214 S. Illustrierter Original-Halbleinenband. 8°. – Sarkowski 1907 B. *Abb. 187*

Wilmsen, F(riedrich) P(hilipp) v., Benigna oder Das Leben der Natur. Eine Vorschule der Naturgeschichte. Lesebuch für die Jugend. Berlin, F. A. Herbig 1827. XII, 378 S. 5 kolorierte Kupfer von Ludwig Meyer nach L. Wolf. Klein-4°. – Seebaß 2080. *Abb. 59*

Wilmsen, F(riedrich) P(hilipp) v., Euphrosyne oder Deutsches Lesebuch zur Bildung des Geistes und Herzens für die Schule und das Haus. Berlin, C. F. Amelang 1820. 2 Teile (VI, 260 S. 2 Bll. Verlagsanzeigen u. IV. 266 S. 1 Bl. Verlagsanzeigen) m. koloriertem Kupferstichtitel u. Frontispiz sowie 9 nicht kolorierten u. 5 kolorierten Kupfern. Klein-4°. – Wegehaupt 2286 (2. Auflage). *Abb. 223*

Winter, A., Rechenbuch mit Bildern. Für die ersten Beschäftigungen des Kindes mit Zahlen. I. Heft. 5. Auflage. Langensalza, Schulbuchhandlung von F.G.L. Gressler (um 1860). 31 Bll. mit Farblithographien. Klein-4°. *Abb. 51*

Das wunderbare Bilderbuch. Ein Festgeschenk Voll komischer Sachen, zum Staunen und Lachen für heitere Kinder. Nach Originalzeichnungen v. W. v. Breitschwert. Stuttgart, Julius Hoffmann (K. Thienemann), (um 1865). 12 kolorierte Lithographien m. aufgeklebten Klapptafeln zum Verändern des Bildes. Illustrierter Original-Pappband m. Leinenrücken. 4°. *Abb. 144*

Zähler, Julius, Robinson's Thierbude. Ein Bilderbuch für große und kleinere Kinder. Mit Verschen und Geschichten von Julius Zähler. Und mit in Ton gedruckten Bildern nach Originalzeichnungen, aufgenommen in der Kreuzberg'schen Menagerie von Fedor Flinzer. Dresden, Meinhold (1856). 48 S. Titel u. 16 weitere kolorierte Lithographien mit Tonplatte. Quer-8°. *Abb. 58*

Zeitvertreib für Kinder. Mit 360 Kupfern. Augsburg, Conrad Heinrich Stage 1790. Gestochenes Titelblatt u. 15 Bll. m. 90 kol. Kupfern (Teil?). 8°. *Abb. 88*

Zur Mühlen, Hermynia, Es war einmal... und es wird sein. Märchen. Berlin, Jugendinternationale (1930). 64 S. Umschlag, Initialen u. 12 Illustrationen v. Heinrich Vogeler-Worpswede. Illustrierter Original-Pappband. 4°. *Abb. 196*

Die Zwiesprach der Tiere. Nach dem Dialogus Creaturarum, 1480 von Peter van Leu in Gouda gedruckt. München, Verlag der Münchner Drucke, gedruckt in den alten Huttlerschen Typen der Offizin G. J. Manz 1923. 77 S. Mit 38 Holzschnitten nach dem holländischen Frühdruck. 8°. – Eines von 500 numerierten Exemplaren. *Abb. 205*

Zwölf Blätter Kinder-Bilder zur Unterhaltung und mündlichen Belehrung. 1. Heft für Mädchen. (2. Heft für Knaben). Nürnberg, Renner (um 1835). 24 kolorierte Kupfertafeln. Quer-4°. – Hauswedell 698 (Ausgabe Herzberg, Augsburg). *Abb. 95*

Literaturverzeichnis

Alte Kinderbücher. Katalog der Dauerleihgabe des Stadtmuseums Bautzen an die Deutsche Staatsbibliothek Berlin. Berlin 1967

Arntz, Wilhelm F., Der Struwwelpeter und andere Original-Manuskripte des Struwwelpeter-Hoffmann. Beilage zum Katalog der 19. Kunstauktion des Stuttgarter Kunstkabinett. Stuttgart 1954

Aus der Kinderwelt. Kinderbücher aus drei Jahrhunderten. Antiquariatskatalog 31. München, Antiquariat Hugendubel 1978

Bang, Ilse, Die Entwicklung der deutschen Märchenillustration. München 1944

Bettelheim, Bruno, Kinder brauchen Märchen. Dt. v. Liselotte Mickel u. Brigitte Weitbrecht. München 1980

Die bibliophilen Taschenbücher. Dortmund, 1978ff. Nr. 17, 22, 30, 55, 65, 78, 80, 89, 96, 101, 107, 111, 116, 123, 139, 155, 159

Das Bilderbuch. Geschichte und Entwicklung des Bilderbuchs in Deutschland von den Anfängen bis zur Gegenwart. Hrsg. v. Klaus Doderer und Helmut Müller. Weinheim u. Basel 1973

Bogeng, G. A. E. Der Struwwelpeter und sein Vater. Geschichte eines Bilderbuchs. Potsdam 1939

Bohadti, Gustav, Friedrich Johann Justin Bertuch. Berlin u. Stuttgart (1969)

Bolte, Johannes u. Georg Polivka, Anmerkungen zu den Kinder- und Hausmärchen der Brüder Grimm. Leipzig 1912–32. Reprint. Hildesheim 1963. 5 Bde.

Brackert, Helmut (Hrsg.) Und wenn sie nicht gestorben sind... Perspektiven auf das Märchen. Frankfurt a. M. 1980

Brieger, Lothar, Theodor Hosemann. Ein Altmeister Berliner Malerei. Mit einem Katalog der graphischen Werke des Künstlers von Karl Hobrecker. München 1920

Brüggemann – Kinder- und Jugendliteratur 1698–1950. Katalog der Sammlung Th. Brüggemann. Ein bibliographischer Versuch. Köln 1975

Crusius, Otto, Aus der Geschichte der Fabel. In: Christian Heinrich Kleukens, Das Buch der Fabeln. 2. Auflage. Leipzig 1920

Denecke, Ludwig, Jacob Grimm und sein Bruder Wilhelm. Stuttgart 1971. – Sammlung Metzler 100

Deutsche Kinderbücher des 18. Jahrhunderts. Ein Beitrag zur Vorbereitung einer Bibliographie alter deutscher Kinderbücher. Ausstellung der Herzog August Bibliothek. Wolfenbüttel 1978

Dielmann, Karl, Märchenillustrationen von Ludwig Emil Grimm. In: Hanauer Geschichtsblätter. Nr. 18. 1962. S. 281–306

Doderer, Klaus, Klassische Kinder- und Jugendbücher. Kritische Betrachtungen. 3. Auflage. Weinheim u. Basel 1975

Doede, Werner, Bibliographie deutscher Schreibmeisterbücher von Neudörffer bis 1800. Hamburg 1958

Dorn, Wilhelm, Meil-Bibliographie. Verzeichnis der von dem Radierer Johann Wilhelm Meil illustrierten Bücher und Almanache. Berlin 1928

Drews, Jörg (Hrsg.), Zum Kinderbuch. Betrachtungen. Kritisches. Praktisches. Frankfurt a. M. 1975

Dyhrenfurth, Irene, Geschichte des deutschen Jugendbuches. Mit einem Beitrag über die Entwicklung nach 1945 von *Margarete Dierks.* 3. neubearb. Auflage. Zürich/Freiburg 1967

Eckstein, Friedrich (Hrsg.), Comenius und die Böhmischen Brüder. Leipzig (um 1916). – Österreichische Bibliothek 13

Ehmcke, F. H., Otto Speckter. Mit einer Bibliographie v. K. Hobrecker. Berlin 1857. Reprint Leipzig 1926

Engelmann, Wilhelm, Daniel Chodowiecki's sämmtliche Kupferstiche. Leipzig 1926

Enzensberger, Hans Magnus (Hrsg.), Allerleirauh. Viele schöne Kinderreime. Frankfurt a. M. 1961

Europäische Kinderbücher vom 15. bis zum 19. Jahrhundert. Bearbeitet v. Johanna Monschein. Ausstellung. Wien, Österreichische Nationalbibliothek 1979

Ey Herr Jee! Das möcht' ich haben! Kinderbücher vor 100 und mehr Jahren. Liste 34. Zürich, Antiquariat Ziegler (um 1950)

Fraenger, Wilhelm, Ernst Kreidolf. Ein Schweizer Maler und Dichter. Zürich 1917. – Schriften für Schweizer Art und Kunst 63/66

Geister, Wolfram, Druckgraphische Arbeiten von Theodor Hosemann. Ausstellungskatalog Berlin 1975

Gerstner, Hermann, Deutsche Künstler illustrieren Märchenbücher. In: Imprimatur. Neue Folge. Band IV. 1963/64. S. 26–60

Göbels, Hubert, Bildergalerie für Groß und Klein. Alte deutsche Kinderbuch-Illustrationen. Gütersloh 1962

Grimm, Ludwig Emil, Erinnerungen aus meinem Leben. Hrsg. u. ergänzt v. Adolf Stoll. Leipzig 1911

Groddeck, Georg, Das sind Könige, die nie etwas von Königen gehört haben. In: Die Arche. Jg. 3. 1927. Nr. 3/4. S. 34–44

Gumuchian – Les Livres de l'enfance du XVe au XIXe siècle. Préface de Paul Gavault. Paris, en vente à la Librairie Gumuchian & Cie (1930). 2 Bde.

Haas, Gerhard (Hrsg.), Kinder- und Jugendliteratur. Zur Typologie und Funktion einer literarischen Gattung. 2. Auflage. Stuttgart 1976

Hain, Ludwig, Repertorium bibliographicum in quo libri omnes ab arte typographica inventa usque ad annum MD typis expressi ordine alphabetico vel simpliciter exnumerantur vel adcuratius recensentur. Stuttgart u. Paris 1826–1838. 4 Teile in 2 Bdn.

Halbey, Hans Adolf, Das Bilderbuch in Deutschland im 20. Jahrhundert. In: Aspekte der gemalten Welt. Hrsg. v. Alfred Clemens Baumgärtner. Weinheim 1968. S. 11–31

Hauswedell – Alte deutsche Kinderbücher. Auktion 200. Hamburg, Dr. Ernst Hauswedell & Ernst Nolte 1974

Hazard, Paul, Kinder, Bücher und grosse Leute. Aus dem Französischen von Harriet Wegener. Vorwort von Erich Kästner. Hamburg 1952

Historische Aspekte zur Jugendliteratur. Hrsg. v. Karl Ernst Maier. Stuttgart 1974

Hobrecker, Karl, Alte vergessene Kinderbücher. Berlin 1924

Hobrecker, Karl, Hey–Speckters fünfzig Fabeln. Nebst einem ernsthaften Anhange. In: Zeitschrift für Bücherfreunde. 3. Folge. Jg. 37.1933. S. 187–191

Hoff, Johann Friedrich, Adrian Ludwig Richter. Maler und Radierer. Verzeichnis seines gesamten graphischen Werkes. 2. Auflage. Hrsg. v. *Karl Budde.* Freiburg 1922

Hoffmann, Heinrich, »Struwwelpeter-Hoffmann« erzählt aus seinem Leben. Lebenserinnerungen. Hrsg. v. Eduard Hessenberg. Frankfurt a. M. 1926

Holland, Hyacinth, Franz Graf Pocci als Dichter und Künstler. München 1877

Horodisch, Abraham, Die Geburt eines Kinderbuches im 16. Jahrhundert. In: Gutenberg-Jahrbuch. 1960. S. 211–222

Hürlimann, Bettina, Europäische Kinderbücher in drei Jahrhunderten. 2. erweiterte Auflage. Zürich und Freiburg 1963

Das Kinderbuch der guten alten Zeit. Bücher mit farbigen Bildern und Verwandtes. Vorbericht v. Karl Hobrecker. Katalog Nr. 131. Leipzig, Adolf Weigel 1925

Köster, Hermann L., Geschichte der deutschen Jugendliteratur. In Monographien. 4. Auflage. Braunschweig 1927

Krahé, Hildegard, Meggendorfer-Bibliographie. In: Marginalien. H. 70. 1978. S. 1–36

Kreutzer, Joachim, Der Mythos vom Volksbuch. Studien zur Wirkungsgeschichte des frühen Romans seit der Romantik. Stuttgart 1977

Kromer, H. E., Ernst Kreidolf. In: Dekorative Kunst. Jg. XI (= Die Kunst Bd. XVIII). 1907. S. 97–104

Kunze, Horst, Schatzbehalter. Vom Besten aus der älteren deutschen Kinderliteratur. Hanau 1965

Lang, Lothar, George Grosz-Bibliographie. In: Marginalien. H. 30. 1968

Leibfried, Erwin, Fabel. 3. Auflage. Stuttgart 1976. – Sammlung Metzler 66

Leube, Dietrich, Aus alt mach' neu – Haben moderne Verlage das alte Kinderbuch entdeckt? In: Aus dem Antiquariat. 1979. H. 7. S. 233–241

Lexikon der Kinder- und Jugendliteratur. Hrsg. v. Klaus Doderer. Weinheim u. Basel 1975–79. 3 Bde. – Ergänzungs- u. Registerband in Vorbereitung

Lucas, Anna, Franz Pocci und das Kinderbuch. Mit einer Bearbeitung der Schattenspiele. Münster 1929

Lüthi, Max, Märchen. 3. Auflage. Stuttgart 1968. – Sammlung Metzler 16

Mahony, Bertha E., Louise P. Latimer u. Beulah Folmsbee (Hrsg.), Illustrators of Children's Books 1744–1945. Boston 1970

Mallon, Otto, Arnim-Bibliographie. Berlin 1925. Reprint. Hildesheim 1965

Mallon, Otto, Brentano-Bibliographie (Clemens Brentano, 1778 bis 1842). Berlin 1926. Reprint. Hildesheim 1965

Merget, A., Geschichte der deutschen Jugendlitteratur. 3. Auflage, revidiert von Dr. Ludwig Berthold. Berlin 1882

Muir, Percy, English Children's Books 1600 to 1900. 2. Auflage. London 1969

Muir, Percy, Victorian Illustrated Books. London 1971

Murken, Barbara, Geschichte der Pädagogik im Kinderbuch. In: Aus dem Antiquariat. 1974. H. 8. S. 245–260

Pauli, Gustav, Das Bilderbuch. In: Dekorative Kunst. Jg. V (= Die Kunst Bd. VI). 1902. S. 273–320

Pilz, Kurt, Johann Amos Comenius. Die Ausgaben des Orbis Sensualium Pictus. Eine Bibliographie. Nürnberg 1967

Pleticha, Heinrich (Hrsg.), Alte Kinder- und Jugendbücher. Faksimileausgaben, Nachdrucke und Neudrukke mit den Bildern früher Ausgaben. München, Arbeitskreis f. Jugendliteratur e. V. (1979)

Pocci, Franz (Enkel), Das Werk des Künstlers Franz Pocci, München 1926. – Einzelschriften zur Bücher- und Handschriftenkunde 5

Pörnbacher, Hans (Hrsg.), Christoph von Schmid und seine Zeit. Mit Beitr. v. Joseph Bernhart, Josef Bellot, Hildebrand Dussler, Ludwig Fischer, Monika Grießer, Josef Heinle, Peter Rummel, Hubert Schiel, Julius Schoettl, Franziska Werfer, Friedrich Zoepfl. Weißenhorn 1968

Pressler, Christine, Alte ABC-Bücher – Lernen durch das Bild. In: Novum Gebrauchsgraphik. 1979. H. 3. S. 44–52

Pressler, Christine, Alte Kinderbücher in Wien. In: Aus dem Antiquariat. 1979. H. 6. S. 209–211

The Publishing Archive of Lothar Meggendorfer. Original drawings, hand-colored lithographs and production files for his children's book illustrations. With an appreciation by Maurice Sendak. Offered for sale by Justin Schiller. New York 1975

Quayle, Eric, Collector's Book of Children's Books. Photographs by Gabriel Monro. London 1971

Rammensee, Dorothea, Bibliographie der Nürnberger Kinder- und Jugendbücher 1522–1914. Bamberg 1961

Ries, Hans, »Das deutsche Bilderbuch«. Eine Märchen-

buch-Reihe des Josef-Scholz-Verlags 1904ff. In: Die Schiefertafel. Jg. 3. H. 3
Robinson – Du–atlantis (Themenheft Robinson). Mit Beiträgen von Hugo Loescher, Bettina Hürlimann, Detlef Droese, Klara Fuhrimann, Bogumil Goltz u. a. Zürich. Jg. 26. 1966. H. 303
Rümann, Arthur, Alte Deutsche Kinderbücher. Mit Bibliographie und 150 Bildtafeln. Wien, Leipzig, Zürich 1937
Rümann, Arthur, Hey-Speckters Fünfzig Fabeln. Neue Beiträge. In: Philobiblon. Jg. 7. 1934. H. 7. S. 297–313
Rümann, Arthur, Die illustrierten deutschen Bücher des 18. Jahrhunderts. Stuttgart 1927. – Taschenbibliographien für Büchersammler V
Rümann, Arthur, Die illustrierten deutschen Bücher des 19. Jahrhunderts. Stuttgart 1926. – Taschenbibliographien für Büchersammler IV
Rumpf, Albert, Kind und Buch. Das Lieblingsbuch der deutschen Jugend zwischen 9 und 16 Jahren. Aufgrund einer Umfrage. 2. verm. Auflage. Berlin u. Bonn 1928
Sarkowski, Heinz, Der Insel-Verlag. Eine Bibliographie. 1899–1969. Frankfurt a. M. 1970
Schatzki, Walter, Children's Books, Old and Rare. Catalogue No. 1. New York 1941. Reprint. Foreword by Leslie Shepard. Detroit 1974
Schatzki, Walter, Unbekannte alte Kinderbücher. In: Zeitschrift für Bücherfreunde. 3. Folge. Jg. 36. 1932. H. 5. S. 97–102
Scherf, Walter, Vom Zaubergarten der Volksmärchen. Einführung zu: Sieben Märchen und eine Sage aus dem Buche »Das Märchenjahr« von Lisa Tetzner mit 17 Arbeiten von Kindern aus dem Malstudio F. Steidle der Internationalen Jugendbibliothek München. München 1960
Die Schiefertafel. Mitteilungen zur Vorbereitung einer Bibliographie Alter Deutscher Kinderbücher. Hamburg 1978 ff.
Schleucher, Kurt, Das Leben der Amalie Schoppe und Johanna Schopenhauer. Darmstadt 1978
Schmidt, Egon, Die deutsche Kinder- und Jugendliteratur von der Mitte des 18. Jahrhunderts bis zum Anfang des 19. Jahrhunderts. Berlin (1973). – Studien zur Geschichte der deutschen Kinder- und Jugendliteratur, hrsg. v. Horst Kunze, 2
Schmidt, Joachim, Volksdichtung und Kinderlektüre in der ersten Hälfte des 19. Jahrhunderts. Berlin, 1977. – Studien zur Geschichte der deutschen Kinder- und Jugendliteratur, hrsg. v. Horst Kunze, 3
Schmidt, Werner, Friedrich Justin Bertuchs Beitrag zur Kinderliteratur. In: Marginalien. H. 22. 1966. S. 49–62
Schöne alte Kinderbücher. Eine Ausstellung der Arbeitsgemeinschaft Antiquariat im Börsenverein des Deutschen Buchhandels. Frankfurt 1978
Schoof, Wilhelm, Die Brüder Grimm in Berlin. Berlin 1964
Schulz, Ernst, Das erste Lesebuch an den Lateinschulen des späten Mittelalters. In: Gutenberg-Jahrbuch. 1929. S. 18–30
Schur, Ernst, Das neue deutsche Kinderbuch. In: Dekorative Kunst. Jg. XII (= Die Kunst Bd. XX). 1908. S. 105–124
Seebaß – Alte Kinderbücher und Jugendschriften. Livres de l'enfance. Children's Books. Bearbeitet v. Adolf Seebaß. Katalog 636. Basel, Haus der Bücher (1954)
Semrau, Eberhard, Die Illustrationen zu Grimms Märchen im 19. Jahrhundert. (und:) Die deutschen Illustrationen zu Grimms Märchen. Zweite Folge: Zwischen 1900 und 1945. In: Illustration 63. Jg. 14. 1977. H. 1 u. 3
Semrau, Eberhard, Der Jugendbuchillustrator und Tierschriftsteller Gustav Süs. In: Philobiblon. Jg. 22. 1978. H. 4. S. 298–313
Semrau, Eberhard, Die Kinderbuchillustratorin Louise Thalheim. In: Philobiblon. Jg. 18. 1974. H. 1 u. 4
Söhn, Gerhart, Conrad Felixmüller. Das graphische Werk 1912–1974. Einführung v. Friedrich W. Heckmanns. Düsseldorf 1975
Strobach – Alte deutsche Kinderbücher. Ausstellung aus der Bibliothek Dr. Strobach. Paderborn 1978
Struwwelpeter-Hoffmann. Ausstellung zum 150. Geburtstag Heinrich Hoffmanns (13. VI. 1959). Frankfurt a. M. Stadt- und Universitätsbibliothek 1959
Struwwelpeter-Hoffmann. Texte, Bilder, Dokumentation, Hrsg. v. G. H. Herzog u. Helmut Siefert. Frankfurt a. M. 1978
Stuck-Villa – Illustrierte Kinderbücher aus 3 Jahrhunderten. Ausstellungskatalog. München (1970)
Ullrich, Hermann, Defoes Robinson Crusoe. Die Geschichte eines Weltbuches. Leipzig 1924
Ullrich, Hermann, Robinson und Robinsonaden. Bibliographie, Geschichte, Kritik. Tl. I. Bibliographie. Weimar 1898. – Literarhistorische Forschungen VII
Vanselow, Albert, Die Erstdrucke und Erstausgaben der Werke von Wilhelm Busch. Ein bibliographisches Verzeichnis. Leipzig 1913
Wackermann, Erwin, Münchhausiana, Bibliographie der Münchhausen-Ausgaben und Münchhausiaden. Mit einem Beitrag zur Geschichte der frühen Ausgaben. Stuttgart 1969. – Bibliographien des Antiquariats Fritz Eggert Bd. 4
Wegehaupt, Heinz (unter Mitarbeit v. *Edith Fichtner*), Alte deutsche Kinderbücher. Bibliographie 1507–1850. Zugleich Bestandsverzeichnis der Kinder- und Jugendbuchabteilung der Deutschen Staatsbibliothek zu Berlin. Hamburg 1979
Wegehaupt, Heinz, Der Kinderbuchillustrator Oscar Pletsch. In: Marginalien. H. 22. 1966. S. 26–35
Wegehaupt, Heinz, Vorstufen und Vorläufer der deutschen Kinder- und Jugendliteratur bis in die Mitte des 18. Jahrhunderts. Berlin 1977. – Studien zur Geschichte der deutschen Kinder- und Jugendliteratur, hrsg. v. Horst Kunze, 1
Wustmann, Gustav, C. G. H. Geißler, der Zeichner der Leipziger Völkerschlacht. Leipzig 1912

Register der Illustratoren und Stecher

Gerade Ziffern verweisen auf Textseiten, kursive Ziffern auf Abbildungsnummern.

Standortverzeichnis

Augsburg, Staats- und Stadtbibliothek: 7, 27, 30, 143; Braunschweig, Universitätsbibliothek (Sammlung Hobrecker): 26, 32, 33, 52, 57–59, 62, 70–80, 82, 83, 96–98, 100, 102, 104, 108, 130, 134, 140, 142, 167, 173, 177, 178, 185, 195–199, 201, 206–209, 213, 214, 221, 228, 236–239, 243, 245, 246, 249, 250; Kassel, Brüder Grimm-Museum: 2; München, Bayerische Staatsbibliothek: 12, 46, 69; München, Internationale Jugendbibliothek: 37, 38, 81, 87, 139, 248; München, Stadtmuseum (Puppentheatersammlung): 137; Nürnberg, Stadtbibliothek: 29, 31; alle anderen Vorlagen in Privatbesitz.